工业和信息化高职高专"十三五"规划教材立项项目

高等职业教育财经类**名校精品**规划教材

会计从业资格考试辅导教材

FINANCIAL REGULATIONS AND ACCOUNTING OCCUPATION MORAL EXAM GUIDE AND SIMULATION TEST

财经法规与会计职业道德应试指导及全真模拟测试题

李菁 贺旭红 何万能 主编

戴文琛 钟莉 刘小海 副主编

陈春泉 王文成 主审

人民邮电出版社

北京

图书在版编目（CIP）数据

财经法规与会计职业道德应试指导及全真模拟测试题/李菁，贺旭红，何万能主编. -- 北京 : 人民邮电出版社，2016.9
高等职业教育财经类名校精品规划教材
ISBN 978-7-115-43595-8

Ⅰ. ①财… Ⅱ. ①李… ②贺… ③何… Ⅲ. ①财政法－中国－高等职业教育－教学参考资料②经济法－中国－高等职业教育－教学参考资料③会计人员－职业道德－高等职业教育－教学参考资料 Ⅳ. ①D922.2②F233

中国版本图书馆CIP数据核字(2016)第219090号

内 容 提 要

本书根据财政部最新会计从业资格考试大纲组织编写。全书针对会计基础工作的特点，按照职业教育“5个对接”的原则，既强调针对会计从业资格证的考试标准，又兼顾会计、税收实务操作。按照上述思路，各章设计了主要考点、复习重点、历年真题及解析、强化练习和强化练习参考答案及解析等模块，帮助考生掌握重点内容，并通过一些典型的习题来理解和巩固所学的知识点，顺利通过会计做作业资格考试。

本书共分为5章：第一章会计法律制度、第二章支付结算法律制度、第三章税收法律制度、第四章财政法律制度、第五章会计职业道德。

本书既可作为会计从业资格考试的复习教材，也可供会计从业人员学习财经法规知识使用。

◆ 主　　编　李　菁　贺旭红　何万能
副 主 编　戴文琛　钟　莉　刘小海
主　　审　陈春泉　王文成
责任编辑　李育民
责任印制　焦志炜

◆ 人民邮电出版社出版发行　　北京市丰台区成寿寺路11号
邮编　100164　　电子邮件　315@ptpress.com.cn
网址　http://www.ptpress.com.cn
三河市海波印务有限公司印刷

◆ 开本：787×1092　1/16
印张：11.75　　　　2016年9月第1版
字数：298千字　　　2016年9月河北第1次印刷

定价：29.80元

读者服务热线：(010)81055256　印装质量热线：(010)81055316
反盗版热线：(010)81055315

前言

Preface

本书以财政部最新的会计从业资格考试教材和考试大纲为准绳，在经过很长时间的一线教学和对历年真题的反复研究的基础上编撰而成。

本书具有“简”“新”“准”3大特点。

“简”——本书紧扣会计从业资格考试大纲和教材，精选习题，将学习难点化繁为简，方便考生把握重点、难点，提高复习效率。

“新”——本书按最新会计从业资格考试大纲和要求编写，准确抓住考试重点，具有很强的针对性。

“准”——本书涵盖会计从业资格考试的全部重要考点，书中的细节考点部分能精准地把握考题中最有可能出现的考点。

本书每章分为5个部分：第1部分主要是让考生了解本章的考点，把握本章要复习的重点内容；第2部分为本章复习重点，主要帮助考生从整体上全面、系统、有重点、有针对性地进行总结并找出考试的重点、难点及容易忽视的薄弱环节，以提高学习效率；第3部分为历年真题及解析，主要让考生了解近年来本章的考试题型和出题方式，了解考试的难易程度；第4部分为强化练习，主要是让考生通过做一些典型的习题来理解和巩固所学的知识点，帮助记忆，以便更好地掌握教材中的重点内容；第5部分为强化练习参考答案及解析。

本书由湖南财经工业职业技术学院的李菁、贺旭红、何万能、戴文琛、钟莉、管晨智、谭玲、刘英华、李慧、刘小海，蒸湘区统计局的杨邦生，新道科技湖南公司的徐金鸿，立信会计师事务所深圳分所的赵勇刚，中国财政杂志社的张璐怡等同志共同编写，其中李菁、贺旭红、何万能任主编，戴文琛、钟莉、刘小海任副主编，最后由陈春泉、王文成主审。

编 者

2016年8月

目 录

Contents

第一章 会计法律制度

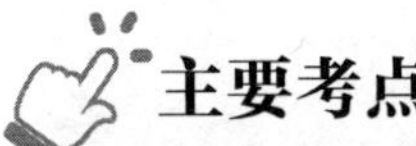

主要考点

1. 会计法律制度的概念及其构成
2. 会计工作管理体制
3. 会计核算
4. 会计监督
5. 会计机构和会计人员
6. 法律责任

复习重点

第一节 会计法律制度的概念及其构成

一、会计法律制度的概念

会计法律制度是指国家权力机关和行政机关制定的，用以调整会计关系的各种法律、法规、规章和规范性文件的总和。

【例 1-1】下列属于会计法律制度的有（　　）。

A.《中华人民共和国商标法》　　B.《中华人民共和国总会计师条例》

C.《中华人民共和国道路交通法》　　D.《中华人民共和国律师法》

答案：B

【解析】会计法律制度调整的是会计法律关系，而不是其他法律关系。

二、会计法律制度的构成

我国的会计法律制度主要由会计法律、会计行政法规、会计部门规章和地方性法规组成。

【例 1-2】我国的会计法律制度主要由会计法律、会计行政法规、会计部门规章组成。（　　）

答案：×

【解析】由我国的会计法律制度 4 大部分组成，而不是 3 大部分。

第二节 会计工作管理体制

一、会计工作行政管理

《会计法》第七条规定：国务院财政部门主管全国的会计工作。县级以上的地方各级人民政府财政部门管理本行政区域内的会计工作。

财政部门的会计行政管理职能主要如下。

（1）会计准则制度及相关标准规范的制定和组织实施。

（2）会计市场管理。

（3）会计专业人才的评价。

（4）会计监督检查。

【例 1-3】企业会计制度以预算管理为中心，是国家财政总预算会计和行政、事业单位进行会计核算的规范（　　）。

答案：×

【解析】这是预算会计制度，而不是企业会计制度。

二、会计工作的自律管理

1．中国注册会计师协会

中国注册会计师协会成立于 1988 年 11 月，是中国注册会计师行业的自律管理组织。中国注册会计师协会最高权力机构为全国会员代表大会，全国会员代表大会选举产生理事会。协会下设秘书处，为其常设执行机构。中国注册会计师协会是中国注册会计师行业的自律管理组织。

2．中国会计学会

中国会计学会成立于 1980 年，是财政部所属由全国会计领域各类专业组织，以及会计理论界、实务界会计工作者自愿结成的学术性、专业性、非营利性社会组织。

中国会计学会下设有 20 个分会、12 个专业委员会，主办有《会计研究》会刊，《会计最新动态》《会计研究动态》电子期刊。

3．中国总会计师协会

中国总会计师协会成立于 1990 年，是总会计师行业的自律组织。协会主办《中国总会计师》杂志。

【例 1-4】我国会计行业的自律组织主要有（　　）。

A．中国注册会计师协会　　B．中国会计学会

C．中国总会计师协会　　D．中华人民共和国财政部

答案：A、B、C

【解析】财政部不属于会计行业的自律组织，其他 3 个组织属于，所以选择 A、B、C。

三、单位内部的会计工作管理

1．单位负责人的职责

《会计法》第四条规定："单位负责人对本单位的会计工作和会计资料的真实性和完整性负责。"

2．会计机构的设置

会计机构的设置主要有以下 3 种情况。

（1）根据业务需要设置会计机构（根本单位规模的大小、经济业务和财务收支的繁简、经营管理的要求来决定是否单独设置会计机构）。

（2）不设置会计机构的应设置会计人员并指定会计主管（单位财务收支数额不大、会计业务比较简单）。

（3）可以实行代理记账（根据企业实际情况及业务需要）。

3．会计人员的选拔任用

《会计法》第三十八条规定："从事会计工作的人员，必须取得会计从业资格证书。担任单位会计机构负责人（会计主管人员）的，除取得会计从业资格证书外，还应当具备会计师以上专业技术职务资格或者从事会计工作三年以上经历。"

《总会计师条例》规定："担任总会计师应当在取得会计师任职资格后，主管一个单位或者单位内一个重要方面的财务会计工作不少于三年。"

4．会计人员回避制度

（1）回避制度是我国人事管理的一项重要制度，同时也是会计工作的一项重要制度。

（2）国家机关、国有企业、事业单位任用会计人员应当实行回避制度。单位负责人的直系亲属不得担任单位的会计机构负责人、会计主管人员，会计机构负责人、会计主管人员的直系亲属不得在本单位会计机构中担任出纳工作。

（3）直系亲属包括配偶、直系血亲关系、三代以内旁系血亲以及近姻亲关系。

【例 1-5】某民营企业单位负责人张某任命自己的妻子王某担任该企业的会计机构负责人，该项任命违反了会计人员回避制度。

答案：×

【解析】国家机关、国有企业、事业单位任用会计人员应当实行回避制度，民营企业不在其内，因此该项任命并不违反会计人员回避制度。

第三节　会计核算

一、总体要求

1．会计核算的依据

（1）依法设账。

（2）根据实际发生的经济业务进行会计核算。会计核算应当以实际发生的经济业务为依据，体现会计核算的真实性和客观性要求。

2．对会计资料的基本要求

（1）对会计资料的生成和提供必须符合国家统一的会计准则、制度的规定。

会计资料主要是指会计凭证、会计账簿、财务会计报告和其他会计核算资料。

会计资料的内容和要求必须符合国家统一的会计准则制度的规定，保证会计资料的真实性和完整性。

（2）提供虚假的会计资料是违法行为。

① 伪造会计资料包括伪造会计凭证、会计账簿和其他会计资料，是以虚假的经济业务为前提来编制会计凭证、会计账簿和其他资料，旨在以假充真。

② 变造会计资料包括变造会计凭证、会计账簿和其他会计资料，使用涂改、挖补等手段来改变会计凭证、会计账簿和其他会计资料的真实内容，以歪曲事实真相。

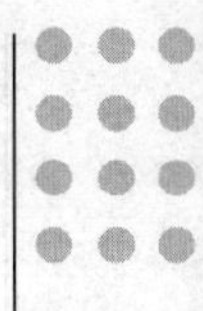

【例 1-6】伪造会计凭证的行为是指采取涂改、挖补以及其他方法改变会计凭证真实内容的行为。（　　）

答案：×

【解析】这是变造会计凭证的行为，而不是伪造会计凭证的行为。

二、会计凭证

（1）会计凭证按其来源和用途，分为原始凭证和记账凭证两种。

（2）原始凭证又称单据，是在经济业务发生时，由业务经办人直接取得或者填制，用以表明某项经济业务已经发生或完成情况并明确有关经济责任的一种凭证。

（3）作为记账依据的原始凭证必须具备的基本要素包括：①凭证的名称；②填制凭证的日期；③接受凭证单位的名称；④经济业务内容摘要；⑤经济业务的数量、单价和金额；⑥填制凭证单位的名称和盖章；⑦经办人员的签名或盖章。

（4）填制原始凭证时，凡填有大写和小写金额的原始凭证，大写与小写的金额必须相等。

（5）职工出差借款凭据必须附在记账凭证之后。收回借款时会计出纳应当另开收据或者退还借据副本，不得退还原借款凭据。从个人取得的原始凭证，必须有填制人员的签名或盖章。

（6）会计机构和会计人员应当按照国家统一的会计制度的规定对原始凭证进行认真审核：①对不真实、不合法的原始凭证有权不予接受，并向单位负责人报告；②对记载不准确、不完整的原始凭证予以退回，并要求按照国家统一的会计制度的规定更正、补充；③原始凭证非金额错误的，应当由出具单位重开或者更正，更正处应当加盖出具单位公章；④原始凭证金额有错误的，只能由出具单位重开，不得在原始凭证上更正。

（7）记账凭证有不同的种类，按照记账凭证的用途，可分为专用记账凭证和通用记账凭证；按照记账凭证的填制方法，可分为复式记账凭证、单式记账凭证和汇总记账凭证。

（8）记账凭证上应有填制人员、稽核人员、记账人员和会计机构负责人（会计主管人员）的签名或盖章。

（9）原始凭证不得外借，其他单位确需借用原始凭证时，经本单位会计机构负责人（会计主管人员）批准，可以复制。

（10）对丢失原始凭证（如丢失火车票、轮船票、飞机票等）的处理：①由当事人写出详细情况；②由会计机构负责人（会计主管人员）和单位负责人批准后，代为制作原始凭证。

三、会计账簿和财务会计报告

（1）会计账簿有不同的种类，按照会计账簿的用途不同，可分为日记账、分类账和辅助账；按照会计账簿的形式不同，可分为订本式、活页式和卡片式。

（2）登记会计账簿时，应当将会计凭证的日期、编号、业务内容摘要、金额等有关资料逐项记入账内。

（3）会计上的更正方法一般有划线更正法、补充更正法和红字更正法 3 种，撕掉重抄等不是会计上的更正方法。

（4）各单位的对账工作每年至少进行一次。

（5）按照不同的会计期间，结账可分为月结、季结和年结等，结算出各个会计科目的本期借方发生额、贷方发生额和余额 3 项。

（6）财务会计报告也称财务报告、会计报告、会计报表，它是一个单位向有关方面和国家有关部门提供财务状况和经营成果的书面文件。

（7）各单位必须按照国家统一的会计制度规定编制月度、季度、年度财务会计报告。股份有限公司还应当编制半年度财务会计报告。

（8）对外提供的财务会计报告的编制要求、提供对象和提供期限等应当符合国家有关统一规定；单位内部使用的财务报告（简称“单位内部会计报告”），其格式和要求由各单位自行规定。

（9）会计报告的封面上应由单位负责人、主管会计工作的负责人或总会计师以及会计机构负责人（会计主管人员）签名并盖章（注：签章的形式是“签名并盖章”）。

（10）对于错误较多的财务会计报告，编制单位应当重新编制。

（11）财产清查是指通过对单位的各项资产进行实地盘点，对各种债权、债务进行核查，以确定账实是否相符的一种专门方法。财产清查按范围分为全面清查和局部清查，按时间分为定期清查和不定期清查。

（12）企业在编制年度财务会计报告前，应当全面清查财产。

【例 1-7】按照《会计法》和《会计基础工作规范》的规定，单位有关负责人在财务会计报告上签章的下列做法中，正确的是（　　）。

A．签名　　B．盖章　　C．签名或盖章　　D．签名并盖章

答案：C

【解析】根据《企业财务会计报告条例》规定，会计报告的封面上应由单位负责人、主管会计工作的负责人或总会计师以及会计机构负责人（会计主管人员）签名并盖章。

四、会计档案

（1）各单位的××预算、××计划、××制度等文件材料属于文书档案，不属于会计档案。

（2）会计档案一般分为会计凭证类、会计账簿类、财务会计报告类、其他类。会计移交清册、会计档案保管清册、会计档案销毁清册等也属于会计核算专业资料，属于会计档案的其他类。

（3）会计档案保管期限分为永久和定期两类。会计档案的定期保管期限分为 10 年和 30 年两种。会计档案的保管期限从会计年度终了后的第一天算起。

（4）会计档案保管期满需要销毁的，由本单位档案部门和财会部门共同编制会计档案销毁清册。单位负责人应当在会计档案销毁清册上签署意见。

（5）除永久类会计档案不得销毁外，定期类的会计档案中对于保管期满但有如下情况的均不得销毁：①未结清的债权债务原始凭证；②涉及其他未了事项的原始凭证；③正在建设期间的建设单位的会计档案。

【例 1-8】会计档案的保管期限分为永久和定期两类，其中定期保管的会计档案的最长期限是（　　）年。

A．5　　B．10　　C．15　　D．30

答案：D

【解析】根据新的《会计档案管理办法》规定，会计档案定期分为 10 年和 30 年两种。

第四节 | 会计监督

一、单位内部会计监督

（1）会计监督是会计的基本职能之一，是我国经济监督体系的重要组成部分。

（2）我国三位一体的会计监督体系具体包括单位内部会计监督、政府监督和社会监督 3 种。

（3）各单位应当建立、健全本单位内部的会计监督制度，会计机构则应当建立内部稽核制度。

（4）单位内部会计监督的主体是各单位的会计机构和会计人员。内部会计监督的对象是单位的经济活动。

（5）单位负责人应负责对内部会计监督制度的组织实施，对本单位内部会计监督制度的建立及有效实施承担最终责任。

（6）记账人员与经济业务事项或会计事项的审批人员、经办人员、财务保管人员的职责权限应当明确，相互分离和相互制约。即上述 4 种人的职责权限要相互分开，不能兼职，杜绝徇私舞弊行为的发生。

（7）会计机构和会计人员在发现会计账簿记录与实物、款项及有关资料不相符时，有权自行处理的，应当及时处理；无权自行处理的，应当立即向单位负责人报告，请求查明原因，做出处理。

二、会计工作的政府监督

（1）会计工作的政府监督也称国家监督，它和社会监督都是一种外部监督手段。说明：对各单位的会计监督，首先由各单位自我进行内部监督，然后接受政府部门（外部）监督和注册会计师及事务所的社会监督（外部）。

（2）政府监督分为财政监督、审计监督、税务监督、人民银行监督、证券监督、保险监督等，没有工商监督。财政部门监督的对象是面向所有单位，而其他政府部门只对相关单位有权监督。

（3）财政部门会计监督检查的主要内容包括：①对单位依法设置会计账簿的检查；②对单位会计资料真实性、完整性的检查；③对单位会计核算情况的检查；④对单位会计人员从业资格和任职资格的检查。财政部门对会计机构负责人是否符合任职条件有权检查。

（4）对会计师事务所出具的审计报告有权检查的是财政部及其派出机构和省一级的财政厅。

三、会计工作的社会监督

（1）会计工作的社会监督主要是指由注册会计师及其所在的会计师事务所依法对委托单位的经济活动进行审计、鉴证的一种监督制度。此外，单位和个人检举违反《会计法》和国家统一的会计制度规定的行为，也属于会计工作社会监督的范畴。

（2）内部审计依据的是内部审计准则和相关规定；注册会计师审计依据的是独立审计准则。

（3）内部审计根据本部门、本单位经营管理的需要自觉施行；注册会计师审计则是受托审计，只有接受委托后才能对被审计单位进行审计。

（4）内部审计的结果只对本部门、本单位负责，对外不起鉴证作用，而注册会计师对出具的审计报告具有鉴证作用。

（5）内部审计独立性较弱（因为单位领导干预性强）；注册会计师审计独立性较强（不受任何单位、任何人干预）。

（6）注册会计师从事的业务范围包括：①承办各类审计业务；②承办会计咨询业务；③开展会计人员继续教育等服务业务。注：不能代办“申请工商登记”，因为与会计、审计业务范围不相关。

（7）注册会计师开展审计业务，其法律责任应由注册会计师及会计师事务所共同承担。

（8）任何单位或者个人不得以任何方式要求或者示意注册会计师及其所在的会计师事务所出具不实或者不当的审计报告。

（9）注册会计师进行审计仅对其出具的审计报告负责。

（10）注册会计师审计不能替代或减轻单位负责人对会计资料真实性、完整性承担的责任。

【例 1-9】单位内部会计监督的主体是各单位的（　　）。

A．会计机构、会计人员　　　　B．单位负责人

C．审计人员　　　　D．纪检监察人员

答案：A

【解析】各单位的会计机构及人员是单位内部监督的主体。

第五节　会计机构和会计人员

一、会计机构的设置

（1）各单位应该根据会计业务的需要，设置会计机构，或者在有关机构中设置会计人员并指定会计主管人员；不具备设置条件的，应当委托经批准设立从事会计代理记账业务的中介机构代理记账。

（2）一个单位应当设置会计机构还是在有关机构中设置专职会计人员，由各单位根据会计业务的繁简、实际需要及经济管理的需要来决定。

（3）一般来说，凡实行企业化管理的事业单位、中型企业及业务较多的行政单位、社会团体应设置会计机构。

（4）申请设立的代理记账机构，应当经所在地的县级以上人民政府财政部门批准，并领取由财政部统一印制的代理记账许可证书。

（5）设立代理记账机构应当符合：①3 名以上持有会计从业资格证书的专职从业人员；②主管代理记账业务的负责人具有会计师以上专业技术职务资格等条件。

（6）担任单位会计机构负责人（会计主管人员）的，除取得会计从业资格证书外，还应当具备会计师以上专业技术职务资格或者从事会计工作 3 年以上经历。

（7）会计机构负责人（会计主管人员）是指在一个单位内具体负责会计工作的中层领导人员。

二、代理记账

（1）代理记账的业务范围包括以下几个方面。

① 根据委托人提供的原始凭证和其他资料进行会计核算。

② 对外提供财务会计报告。

③ 向税务机关提供税务资料。

④ 委托人委托的其他会计业务。

（2）委托代理记账的委托人的义务包括以下几个方面。

① 对本单位发生的经济业务事项，应当填制或者取得原始凭证。

② 应当配备专人负责日常货币收支和保管。

③ 及时向代理记账机构提供真实、完整的原始凭证和其他相关资料。

④ 对于代理记账机构退回的原始凭证，应当及时予以更正、补充。

（3）代理记账机构及其从业人员的义务包括以下几个方面。

① 在办公场所的显著位置摆放“代理记账许可证书”。

② 遵守国家法律法规和委托合同，办理代理记账业务。

③ 为委托人保守商业秘密。

④ 拒绝委托人的违法要求。

（4）委托人对代理记账机构在委托合同约定范围内的行为承担责任，而代理记账机构对记账业务活动承担责任。

（5）代理记账机构在经营期间达不到规定的设立条件的，由县级以上财政局责令限期整改，限期为不超过 2 个月。

三、会计从业资格

（1）凡是从事会计工作的会计人员，必须取得会计从业资格证书。凡是没有会计从业资格证书的，一律不得从事会计工作。

（2）会计从业资格证书一经取得，全国范围内有效。

（3）会计从业资格考试大纲由财政部统一制定并公布。

（4）会计从业资格管理机构应建立持证人员从业档案信息系统，及时记载、更新持证人员的下列信息（一般全选）：持证人员相关基础信息和注册、变更、调转登记情况；持证人员从事会计工作的情况；持证人员接受继续教育的情况；持证人员受到奖罚的情况。

（5）会计人员所在单位负责组织和督促本单位的会计人员参加继续教育，这说明会计人员继续教育与其所在单位有关。

四、会计工作岗位设置

（1）对于会计工作岗位的设置，《会计基础工作规范》提出了如下示范性要求。

① 根据本单位会计业务的需要设置会计工作岗位。

② 符合内部牵制制度的要求。

③ 对会计人员的工作岗位要有计划地进行轮换。

④ 要建立岗位责任制。

轮换规定：对现有在岗一般财务人员实行两年一轮换；对财务负责人实行三年一轮换。

（2）出纳不得兼管稽核、会计档案保管和收入、费用、债权债务账目的登记工作，其日常工作范围包括以下几个方面。

① 办理收款、付款。

② 登记现金和银行存款日记账。

③ 保管现金、空白票据和部分印章。

④ 可以兼管固定资产账目的登记。

（3）下列岗位不属于会计工作岗位。

① 会计档案移交后会计档案的管理岗位。

② 医院门诊收费员、住院处收费员、药房收费员、药品库房记账员、商场收费（银）员所在的岗位。

③ 单位内部审计、社会审计、政府审计工作所在的岗位。

五、会计人员的工作交接

（1）会计人员必须办理交接的范围包括以下几个方面：①工作调动；②因病不能工作超

过 3 个月；③因故临时离职超过 3 个月；④撤销会计职务；⑤单位撤销；⑥单位合并；⑦单位分立。

（2）会计人员交接前已经受理的经济业务尚未填制会计凭证的应当由移交人填制完毕，尚未登记的账目应当登记完毕，结出余额，并在最后一笔余额后加盖经办人（即移交人）印章。

（3）会计机构负责人（会计主管人员）移交时，应将财务会计工作、重大财务收支问题和会计人员的情况等向接替人员介绍清楚。

（4）现金要根据会计账簿记录余额进行当面点交，不得短缺。有价证券的数量要与会计账簿记录一致。

（5）一般会计人员（如出纳）办理交接手续，由会计机构负责人（会计主管人员）监交。

（6）会计机构负责人（会计主管人员）办理交接手续，由单位负责人监交，必要时主管单位可以派人会同监交。

（7）会计工作交接完毕后，交接双方和监交人（注：共有 3 人）在移交清册上签名或盖章。

（8）接管人员应继续使用移交前的账簿，不得擅自另立账簿。

【例 1-10】 只要考取了注册会计师，就可以从事会计工作。

答案：×

【解析】 从事会计工作必须取得会计从业资格证书。考取了注册会计师，如果没有取得会计从业资格证书，也不能从事会计工作。

第六节 法律责任

一、法律责任的概念和形式

（1）法律责任是指法律关系主体由于违法行为、违约行为或者由于法律规定而应承受的某种不利的法律后果。

（2）违法是一种对社会有危害的行为，但不是一切有社会危害的行为都是违法行为。

（3）正当防卫、紧急避险或因不可抗力造成危害，均不能认定是违法行为。

（4）严重违法行为，即犯罪，也就是刑事违法行为。

（5）一般违法行为又分为民事违法行为和行政违法行为。行政违法行为具体又分为两类：一类是职务过错，另一类是行政过错。职务过错的违法主体是国家工作人员，行政过错的违法主体是公民、法人和其他组织。

（6）根据我国法律的规定，违法者应当承担的法律责任按其性质，可分为民事责任、行政责任和刑事责任 3 种形式。

（7）承担民事责任的主要形式有：①停止侵害；②排除妨碍；③消除危害；④返还财产；⑤恢复原状；⑥修理、重做、更换；⑦赔偿损失；⑧支付违约金；⑨消除影响、恢复名誉；⑩赔礼道歉。

（8）行政责任包括行政处罚和行政处分。

（9）根据规定，公民、法人或者其他组织违反行政管理秩序的行为，应当给予行政处罚。

（10）行政处罚主要分为 6 种，即警告，罚款，没收违法所得、没收非法财物，责令停产、停业，暂扣或者吊销许可证、执照，行政拘留。

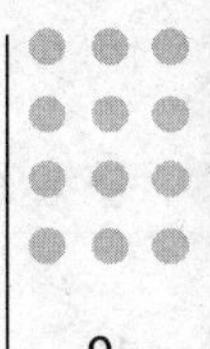

（11）行政处罚由违法行为发生地的县级以上地方人民政府具有行政处罚权的行政机关管辖。

（12）对当事人的同一个违法行为，规定不得给予两次以上罚款的行政处罚，即“一事不再罚”原则。

（13）行政处分是国家工作人员违反行政法律规范所应承担的一种行政法律责任，因此，行政处分的对象是国家工作人员。

（14）行政处分的方式主要包括警告、记过、记大过、降级、撤职、留用察看和开除等惩罚性措施。

行政处罚与行政处分的比较如表 1–1 所示。

表 1-1　行政处罚与行政处分的区别与联系

责任形式	制裁对象	制裁依据	制裁方式	制裁机关
行政处罚	公民、法人、其他组织	《行政处罚法》	有 6 种	行政机关
行政处分	国家工作人员	《公务员法》《行政监察法》《公务员处分条例》	有 7 种	所在单位或上级机关

（15）我国刑法上的犯罪具有 3 个基本特征：①严重的社会危害性；②刑事违法性；③应受刑罚处罚性。其中，社会危害性是本质特征。

（16）构成犯罪必须具备 4 个基本要件，即犯罪的客体、犯罪的客观方面、犯罪的主体、犯罪的主观方面。

（17）《刑法》对单位犯罪基本上采用两罚制，既处罚单位，如判处罚金，又处罚直接负责的主管人员和其他直接责任人员。

（18）主刑分为管制、拘役、有期徒刑、无期徒刑和死刑。

（19）附加刑分为罚金、剥夺政治权利、没收财产和驱逐出境。

（20）主刑只能独立适用，不能附加适用；附加刑既可独立适用，也可附加适用。

（21）对犯罪分子数罪并罚，处以管制最高不得超过 3 年，拘役≤1 年，有期徒刑≤20 年。

（22）法律制裁是实现法律责任的方式，包括制裁、补偿和强制。其中，制裁是最主要的实现法律责任的方式。

二、会计违法行为的法律责任

（1）违反《会计法》的一般违法行为应承担的行政责任有：①责令限期改正；②罚款；③给予行政处分；④吊销“会计从业资格证”。其中，对单位罚款为 3 000 元～5 万元，对个人罚款为 2 000 元～2 万元。

（2）伪造、变造会计资料或者故意隐匿、销毁会计资料应承担的行政责任有：①通报；②罚款；③行政处分；④吊销“会计从业资格证”。其中，对单位罚款为 5 000 元～10 万元，对个人罚款为 3 000 元～5 万元。

（3）单位负责人授意、指使、强令会计人员伪造、变造会计资料和隐匿、故意销毁会计资料，构成犯罪的应作为共同犯罪，定罪处罚；不构成犯罪的，处以 5 000 元～5 万元的罚款；属于国家工作人员的，还应当由其所在单位或者有关单位（注：非财政部门只有处罚权，没有处分权）给予降级、撤职、开除的行政处分。

（4）公司提供虚假的财务会计报告，构成犯罪的，对直接责任人处以 3 年以下有期徒刑，并处或单处 2～20 万元的罚金；尚不构成犯罪的，按上述第 2 点中的伪造行为处理。

（5）注册会计师等社会中介组织故意提供虚假证明文件，构成犯罪的，可处以 5 年以下有期徒刑。

（6）单位领导人犯打击报复会计人员罪的，处以 3 年以下有期徒刑或者拘役；不构成犯罪的，由其所在单位或者有关单位依法给予行政处分（注：总会计师既是单位高层领导，同时也属于会计人员范畴）。

（7）将检举人姓名和检举材料转给被检举单位和被检举人个人的，应当视情节轻重，给予行政处分。

【例 1-11】根据《中华人民共和国会计法》的规定，对不依法设置账簿的行为，县级以上人民政府财政部门责令限期改正，并可对直接负责的主管人员和其他直接责任人处（　　）元的罚款。

A．1 000～10 000　　B．2 000～20 000　　C．3 000～30 000　　D．5 000～50 000

答案：B

【解析】根据《会计法》第四十二条规定。

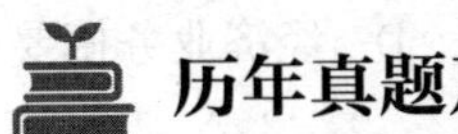

历年真题及解析

一、单项选择题

1. 下列各项中，有权制定国家统一的会计制度的部门是（　　）。

A. 国务院证券监管部门　　B. 国务院财政部门

C. 国务院审计部门　　D. 国务院税务部门

答案：B

【解析】国家统一的会计制度制定的法定部门是国务院财政部门。

2. 下列有关于会计记录文字的表述中，符合《会计法》要求的是（　　）。

A. 民族自治地区会计，会计记录可以只是用当地记录的一种民族文字

B. 在我国境内的外国企业，会计记录可以只使用其本国文字

C. 在我国境内的外国企业，会计记录在使用中文的同时，可以使用其本国文字

D. 在我国境外的企业，会计记录必须全部使用中文

答案：C

【解析】根据我国会计法律法规，在我国境内的外国企业，会计记录必须使用中文，同时可以使用其本国文字，但不能只使用其本国文字。

3. 某单位会计王某采用涂改手段，将金额为 10 000 元的购货发票改为 40 000 元。根据《中华人民共和国会计法》有关规定，该行为属于（　　）。

A. 伪造会计凭证　　B. 变造会计凭证　　C. 伪造会计账簿　　D. 变造会计账簿

答案：B

【解析】发票属于会计凭证，行为属于变造，所以是变造会计凭证。

4. 下列各项中，属于代理记账机构不能办理的业务的是（　　）。

A. 接受委托进行会计核算　　B. 对外提供财务会计报告

C. 向税务机关提供税务资料　　D. 接受委托进行社会审计

答案：D

【解析】接受委托进行社会审计的是注册会计师及其会计师事务所。

5. 会计人员继续教育的对象为（　　）。

A. 出纳　　B. 在职会计人员

C. 单位负责人　　D. 取得会计从业资格证书的人员

答案：D

【解析】根据会计法律法规规定，从事继续教育的对象为取得会计从业资格证书的人员。

二、多项选择题

1. 我国会计工作的自律管理不包括（　　）。

A. 注册会计师协会的自律管理　　B. 中国会计学会的自律管理

C. 工商部门的管理　　D. 财政部门的管理

答案：C、D

【解析】我国会计工作的自律管理包括注册会计师协会的自律管理、中国会计学会的自律管理和中国总会计师协会的自律管理。

2. 记账凭证必须具备的基本要素包括（　　）等。

A. 记账符号　　B. 填制凭证的日期　　C. 凭证的名称和编号　　D. 经济业务摘要

答案：A、B、C、D

【解析】A、B、C、D 几个要素都属于记账凭证的基本要素。

3. 在下列各项中，根据《会计从业资格管理办法》的规定，必须取得会计从业资格证书后才能从事的工作有（　　）。

A. 会计机构负责人　　B. 出纳

C. 资本、基金核算　　D. 会计机构内会计档案管理

答案：A、B、C、D

【解析】A、B、C、D 都属于会计人员，会计人员从事会计工作必须取得会计从业资格。

4. 根据《会计基础工作规范》的规定，会计机构负责人的直系亲属能够担任本单位的（　　）。

A. 出纳工作　　B. 稽核工作

C. 财务会计报告编制工作　　D. 固定资产卡片登记工作

答案：B、C、D

【解析】会计机构负责人的直系亲属不能担任本单位的出纳工作，但可以从事其他会计工作。

5. 主刑分为（　　）。

A. 罚金　　B. 管制　　C. 拘役　　D. 死刑

答案：B、C、D

【解析】罚金属于附加刑，不是主刑。

三、判断题

1. 医院门诊收费员、住院处收费员、药房收费员、药品库房记账员、商场收费（银）员所从事的工作均不属于会计岗位。（　　）

答案：√

【解析】收费员、仓库记账员不是会计岗位。

2. 经涂改的原始凭证不能作为填制记账凭证或登记会计账簿的依据。（　　）

答案：√

【解析】原始凭证不能涂改，不能作为填制记账凭证或登记会计账簿的依据。

3. 国务院发布的《财务会计报告条例》的法律地位低于全国人民代表大会常务委员会通过的《中华人民共和国注册会计师法》。（　　）

答案：√

【解析】上位法高于下位法，法律高于规律制度。全国人大发布的是法律，国务院是法规。

4. 业务收支以人民币以外的货币为主的单位，可以选定其中的一种外币，并以选定的外币作为记账本位币，且以选定的外币编报单位财务会计报告。（　　）

答案：×

【解析】业务收支以人民币以外的货币为主的单位，可以选定其中的一种外币，并以选定的外币作为记账本位币，并以人民币编报单位财务会计报告。

5. 单位人员公出借款的收据，在收回借款时，应当退还原借款收据。（　　）

答案：×

【解析】单位人员公出借款的收据，在收回借款时，应当开具收款收据。

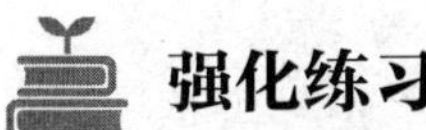

强化练习

一、单项选择题

1. 下列做法中，违反《会计法》规定的有（　　）。
   A. 某企业将财会部与企管部合并
   B. 某医院在行政办公室设置了会计人员并指定了符合条件的会计主管人员
   C. 某私营企业委托持有会计从业资格证的物业人员为其代理记账
   D. 某企业聘请一位从事会计工作满5年，且具有会计师专业技术职务资格的人担任会计机构负责人

2. 按“内部牵制”原则的要求，会计机构中保管会计档案的人员，不得由（　　）担任。
   A. 会计人员　B. 会计机构负责人　C. 出纳人员　D. 会计主管人员

3. 根据会计法律制度的有关规定，会计人员在办理会计工作交接手续中发现“白条顶库”现象时，应采取的做法是（　　）。
   A. 由监交人员负责查清处理　B. 由移交人员在规定期限内负责查清处理
   C. 由接管人员在移交后负责查清处理　D. 由会计档案管理人员负责查清处理

4. 原始凭证应由（　　）审核。
   A. 销售人员　B. 会计机构、会计人员
   C. 采购人员　D. 经办人员

5. 我国从事会计工作人员的基本任职条件是（　　）。
   A. 具有会计专业技术资格　B. 具有会计从业资格证书
   C. 具有中专以上专业学历　D. 担任会计专业职务

6. 关于《会计法》的表述，不正确的是（　　）。
   A.《会计法》是会计工作的最高准则
   B.《会计法》是会计法律制度中层次最高的法律规范
   C.《会计法》是制定其他会计法规的依据
   D.《会计法》是国家宪法

7. 以虚假的经济业务或者资金往来为前提，编制虚假的会计凭证的行为，属于（ ）的行为。

A. 伪造会计凭证　B. 篡改会计凭证　C. 捏造会计凭证　D. 变造会计凭证

8. 根据《会计法》的规定，下列关于单位内部会计监督的说法中，不正确的是（ ）。

A. 单位负责人负责单位内部会计监督制度的组织实施，对本单位内部会计监督制度的建立及有效实施承担最终责任

B. 会计机构和会计人员对单位内部的会计资料和财产物资实施监督

C. 内部会计监督的主体是各单位的内部审计机构，内部会计监督的对象是本单位的经济行为

D. 记账人员与经济业务事项和会计事项的审核人员、经办人员、财物保管人员的职责权限应当明确，并相互分离、相互制约

9. 反映公司企业现金和现金等价物的流入和流出情况的会计报表是（ ）。

A. 资产负债表　B. 利润表

C. 现金流量表　D. 股东权益增减变动表

10. 主营代理记账业务的负责人必须具有（ ）以上的专业技术资格。

A. 助理会计师　B. 会计师　C. 注册会计师　D. 高级会计师

11. 根据《会计师》规定，担任单位会计机构负责人（会计主管人员）的，除取得会计从业资格证书外，还应当具备会计师以上专业技术职务资格或者从事会计工作（ ）以上经历。

A. 5 年　B. 3 年　C. 2 年　D. 1 年

12. 对违反《中华人民共和国会计法》规定行为的，财政部门可以处以一定数额的罚款，这里的财政部门是指（ ）。

A. 乡级以上人民政府财政部门　B. 县级以上人民政府财政部门

C. 市集以上人民政府财政部门　D. 省级以上人民政府财政部门

13. 会计机构负责人因调动工作或离职办理交接手续的，负责交接监督的人员是（ ）。

A. 单位负责人　B. 主管单位派出的人员

C. 人事部门负责人　D. 内部审计机构负责人

14. 在年度中间成立的单位，应当自（ ）起至当年的 12 月 31 日止作为第一个会计年度。

A. 1月1日　B. 成立次日　C. 成立之日　D. 成立之月

15. 国家对会计从业资格的取得实行（ ）。

A. 考试制度　B. 评审制度　C. 考试与评审结合制度　D. 审批制度

16. 给会计专业技术资格考试合格者颁发会计专业资格证书的是（ ）。

A. 人事部　B. 财政部　C. 省级人事部门　D. 省级财政部门

17. 一般的单位销毁会计档案时，其监督者为（ ）。

A. 政府财政部门　B. 会计机构负责人

C. 单位负责人　D. 档案部门和会计部门共同派出的人员

18. “企业严格限制无关人员对资产的接触，只有经过授权批准的人员才能接触资产”。这种方式属于（ ）规定。

A. 风险控制　B. 财产保全控制　C. 授权批准控制　D. 内部报告控制

19. 广达贸易公司出纳员在审核该公司创办者王某购买办公用品的发票时，发现出具发票

的商场误将“广达贸易公司”写成“广大贸易公司”，该出纳员应该（ ）。

A. 因金额正确，不影响记账，可不必理会

B. 不予接受，并向单位负责人报告

C. 因错误仅一字之差，可自行更正并加盖出纳印章后入账

D. 将该原始凭证退给王某，并要求其按照会计制度规定更正

20.《中华人民共和国会计法》对财政部门实施会计工作的监督内容做了规定，下列各项不属于财政部门监督内容的是（ ）。

A. 各单位从事会计工作的人员是否取得了会计从业资格证书并接受管理

B. 会计机构负责人是否符合任职条件

C. 会计主管人员是否符合任职条件

D. 会计机构负责人的任免是否经过财政部审批

二、多项选择题

1. 记账凭证必须具备的基本要素包括（ ）等。

A. 记账符号　B. 填制凭证的日期　C. 凭证的名称和编号　D. 经济业务摘要

2. 会计规章的效力低于（ ）。

A. 宪法　B. 会计法律　C. 会计行政法规　D. 会计分析报告

3. 中国会计学会是（ ）性质的社会组织。

A. 学术性　B. 营利性　C. 专业性　D. 非营利性

4. 下列各项中不符合从事代理记账业务的中介机构的条件有（ ）。

A. 2 名以上持有会计从业资格证的专职从业人员

B. 无固定的办公场所

C. 没有健全的代理记账业务规范和财务会计管理制度

D. 主管代理记账业务的负责人具有会计师以上专业技术职务资格

5. 根据《刑法》的规定，下列各项中，属于偷税行为的有（ ）。

A. 纳税人虚假纳税申报，不缴或少缴应纳税款

B. 纳税人在账簿上多列支出，不缴或少缴应纳税款

C. 纳税人隐匿账簿、记账凭证，不缴或少缴应纳税款

D. 纳税人伪造账簿、记账凭证，不缴或少缴应纳税款

6. 根据有关法律、行政法规规定的职责和权限，（ ）可以对有关单位的会计资料实施监督检查。

A. 审计部门　B. 税务部门　C. 会计师事务所　D. 中国银行

7. 下列各项中，属于委托代理记账的委托人义务的有（ ）。

A. 协助代理记账机构从业人员填制和审核记账凭

B. 协助代理机构从业人员提供税务资料

C. 对单位发生的经济业务事项，按规定取得和填制原始凭证

D. 配备专人负责日常货币的收支和保管

8. 对财务会计报告的编制依据、编制要求、提供对象做出规定的法规制度主要有（ ）。

A.《会计法》　B.《企业财务会计报告条例》

C.《会计从业资格管理办法》　D.《会计基础工作规范》

9. 下列情况中应当承担相应的法律责任的有（　　）。
   A. 代理记账机构造成委托人会计核算混乱
   B. 代理记账机构损害国家和委托人利益
   C. 委托人故意向代理记账机构隐瞒真实情况
   D. 委托人会同代理记账机构共同提供不真实会计资料
10. 下列属于会计档案的有（　　）。
   A. 原始凭证　　B. 记账凭证　　C. 会计账簿　　D. 财务会计报告
11. 总会计师（　　）。
   A. 是单位负责人
   B. 全面负责本单位的财务会计管理和经济核算
   C. 参与本单位的重大经营决策
   D. 是我国所有公司都必须设置的岗位
12. 下列属于会计行政法规的有（　　）。
   A.《会计法》　　B.《总会计师条例》
   C.《会计基础工作规范》　　D.《企业财务报告条例》
13. 会计工作交接完毕后，（　　）在移交清册上签名或盖章。
   A. 移交人　　B. 监交人　　C. 接管人　　D. 审计人员
14. 财政部门在会计人员管理中的工作职责主要包括（　　）。
   A. 会计从业资格管理　　B. 会计专业技术职务资格管理
   C. 会计人员评优表彰奖惩　　D. 会计人员继续教育管理
15. 财政部门对各单位实施监督的事项主要包括（　　）。
   A. 是否依法设置会计账簿
   B. 从事会计工作的人员是否具备会计从业资格
   C. 会计凭证、会计账簿、财务会计报告和其他会计资料是否真实、完整
   D. 会计核算是否符合《会计法》和国家统一的会计制度的规定
16. 根据规定，会计人员在办理移交手续前必须做好（　　）准备工作。
   A. 已经受理的经济业务尚未填制会计凭证的应当填制完毕
   B. 尚未登记的账目应当登记完毕，结出余额，并在最后一笔余额后加盖经办人印章
   C. 整理好应该移交的各项资料，对未了事项和遗留问题要写出书面说明材料
   D. 编制移交清册，列明应当移交的会计凭证、会计账簿、现金、有价证券等内容，实行会计电算化的单位，从事该项工作的移交人员还应当在移交清册中列明会计软件及密码，会计软件数据磁盘（磁带等）及有关资料、实物等内容
17. 国有企业单位负责人的（　　）不得担任本单位的会计机构负责人或会计主管人员。
   A. 妻子　　B. 儿女　　C. 兄弟　　D. 伯父
18. 登记会计账簿的基本规则包括（　　）等。
   A. 凡需结出余额的账户，应当定期结出余额
   B. 各种账簿需按页次顺序连续登记，不得跳行、隔页
   C. 及时对账、定期结账
   D. 应当将会计凭证日期、编号、业务内容摘要、金额和其他有关资料逐项计入账内

19. 注册会计师及所在的会计师事务所依法承办的审计业务有（　　）。

A. 验证企业资本、出具验资报告　　B. 审查企业财务会计报告、出具审计报告

C. 办理企业合并、分立的审计业务　　D. 办理企业清算事宜中的审计业务

三、判断题

1. 职工因公出差借支旅费时所填的借款单应在职工报销差旅费并结清借款时退还给职工。（　　）

2. 行政机关在做出处罚决定后，应当立即告知当事人做出处罚决定的事实、理由、依据以及当事人依法享有的有关权利。（　　）

3. 会计工作办理交接后，为了分清责任，接替人员应另立账簿进行记账。（　　）

4. 会计行政法规是指由国务院制定、发布或者由国务院有关部门拟定、经国务院批准后发布的，用以调整各种会计关系的法律规范。（　　）

5. 会计从业资格证书是证明能够从事会计工作的凭证，一经取得，全国范围内有效。（　　）

6. 业务收支以人民币以外的货币为主的单位，其编制的财务会计报告应当折算为人民币。（　　）

7. 单位对会计人员的工作岗位要有计划地轮岗。（　　）

8. 取得会计从业资格证书的人员才能上岗从事会计工作；未取得会计从业资格证书的人员不得从事会计工作。（　　）

9. 会计资料的真实性和完整性由该会计资料的经办人全权负责。（　　）

10. 从事会计工作的人员，必须取得会计专业专科以上学历证书。（　　）

11. 伪造、变造会计凭证、会计账簿，编制虚假财务会计报告构成犯罪的，依法追究刑事责任。（　　）

12. 根据现有相关法律、行政法规的规定，上市公司的财务会计报告必须经过注册会计师审计后才能对外提供。（　　）

13. 在编制年度财务会计报告之前，必须进行财产清查。（　　）

14. 会计机构负责人（会计主管人员）办理交接手续，由单位负责人监交。（　　）

15. 国有企业单位负责人的直系亲属不得担任本单位的会计机构负责人、会计主管人员。（　　）

强化练习参考答案及解析

一、单项选择题

1. 答案：C

【解析】代理记账必须委托代理记账机构进行记账，物业人员不符合规定。

2. 答案：C

【解析】会计人员不能兼管会计档案管理。

3. 答案：B

【解析】根据相关会计法律法规，发现“白条抵库”现象时应由移交人员在规定期限内负责清查处理。

4. 答案：B

【解析】原始凭证由会计机构和会计人员审核。

5. 答案：B

【解析】从事会计工作的会计人员必须具有会计从业资格证书。

6. 答案：D

【解析】我国宪法是《中华人民共和国宪法》。

7. 答案：A

【解析】以虚假为前提，编制虚假会计凭证的行为属于伪造会计凭证。

8. 答案：C

【解析】单位内部会计监督的主体是单位内部会计机构和会计人员。

9. 答案：C

【解析】反映公司企业、现金和现金等价物的流入和流出情况的会计报表是现金流量表。

10. 答案：B

【解析】主管代理记账的负责人必须具有会计师以上专业技术资格。

11. 答案：B

【解析】3 年以上。

12. 答案：B

【解析】县级以上财政部门。

13. 答案：A

【解析】会计机构负责人办理移交手续时，由单位负责人负责监督交接。

14. 答案：C

【解析】自成立之日起。

15. 答案：A

【解析】会计从业资格的取得实行考试制度。

16. 答案：C

【解析】会计专业资格证书由省级人事部门颁发，会计从业资格证书由财政部门颁发。

17. 答案：D

【解析】一般单位销毁会计档案由本单位会计部门和档案部门共同派员监督。

18. 答案：B

【解析】属于财产保全控制。

19. 答案：D

【解析】D 项处理符合国家统一的会计制度的要求。

20. 答案：D

【解析】会计机构负责人的任命不需要财政部门的审批。

二、多项选择题

1. 答案：A、B、C、D

【解析】A、B、C、D 4 项都属于记账凭证的基本要素。

2. 答案：A、B、C

【解析】宪法、法律、行政法规效力高于规章，会计分析报告不属于我国法的形式。

3. 答案：A、C、D

【解析】中国会计学会是具有学术性、专业性、非营利性的社会组织。

4. 答案：A、B、C

【解析】从事代理记账的中介机构，主管代理记账的负责人应具有会计师以上专业技术资格，这点符合代理记账机构的要求，其他不符合。

5. 答案：A、B、C、D

【解析】4 种行为都构成偷税行为，至于是否构成偷税罪，要看是否符合《刑法》中关于偷税罪的相关要求和标准。

6. 答案：A、B

【解析】根据《会计法》的相关规定，审计部门和税务部门可以对本部门本行业相关单位进行会计监督。

7. 答案：C、D

【解析】A、B 不属于委托人的义务。

8. 答案：A、B、D

【解析】《会计从业资格管理办法》不涉及财务报告编制等。

9. 答案：A、B、C、D

【解析】4 种情况都涉及会计违法，应当承担法律责任。

10. 答案：A、B、C、D

【解析】4 个选项的内容都属于会计档案。

11. 答案：B、C

【解析】总会计师不是单位负责人，也不是所有公司都需要设置总会计师岗位。

12. 答案：B、D

【解析】《会计法》是法律，《会计基础工作规范》是规章。

13. 答案：A、B、C

【解析】会计工作交接完毕后，交接双方和监交人在移交清册上签名或盖章。

14. 答案：A、B、C、D

【解析】4 项内容都属于财政部门会计工作管理的职责内容。

15. 答案：A、B、C、D

【解析】4 项内容都属于财政部门会计监督的内容。

16. 答案：A、B、C、D

【解析】4 项内容都属于交接前必须做好的准备。

17. 答案：A、B、C、D

【解析】A、B、C、D 都属于单位负责人的直系亲属，在国有企业中应该实行会计人员回避制度。

18. 答案：A、B、C、D

【解析】4 项内容都是属于登记会计账簿的基本规则。

19. 答案：A、B、C、D

【解析】验资和审计业务都属于注册会计师及会计师事务所的业务范围。

三、判断题

1. 答案：×

【解析】不能直接退还原件，如果有副本，只能退副本；没有副本的须另开证明。

2. 答案：×

【解析】在做出处罚决定之前，而不是之后。

3. 答案：×

【解析】应继续使用原来的账簿。

4. 答案：×

【解析】行政法规只能由国务院制定发布。

5. 答案：√

【解析】会计从业资格证在全国范围内有效。

6. 答案：√

【解析】不管业务收支以什么货币为主，编制财务报告时必须折算成人民币。

7. 答案：√

【解析】会计人员实行轮岗制度。

8. 答案：√

【解析】在我国，从事会计工作的会计人员必须取得会计从业资格证书。

9. 答案：×

【解析】单位会计资料的真实性和完整性由单位负责人负责。

10. 答案：×

【解析】从事会计工作的人员必须取得会计从业资格证书。

11. 答案：√

【解析】构成犯罪的，追究刑事责任。

12. 答案：√

【解析】《公司法》和《会计法》都有相关规定。

13. 答案：√

【解析】编制年度财务报告前，必须进行财产清查。

14. 答案：√

【解析】根据相关会计法律法规，会计机构负责人（会计主管人员）办理交接手续，由单位负责人监交。

15. 答案：√

【解析】国有企业单位负责人的直系亲属必须实行会计人员回避制度。

第二章 支付结算法律制度

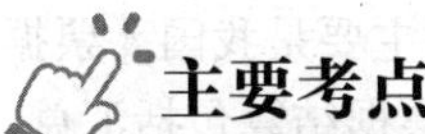

主要考点

1．支付结算基本规定
2．现金管理
3．银行结算账户
4．票据结算方式
5．非票据结算方式

复习重点

第一节 支付结算基本规定

一、支付结算的概念和特征

1．概念

支付结算有广义和狭义之分。广义的支付结算包括现金结算和转账结算。广义的支付结算是指单位、个人在社会经济活动中使用现金、票据、银行卡和结算凭证进行货币给付及资金清算的行为。支付结算的主要功能是将资金从一方当事人付给另一方当事人。我国《支付结算办法》中所说的支付结算，仅指狭义的支付结算，即银行转账结算。

支付结算的主体为单位、个人，如国家机关、企事业单位、社会团体、其他组织、部队、银行、个体工商户、自然人等。支付结算的中介机构是银行，包括商业银行、政策性银行，非银行金融机构（如城市信用合作社、农村信用合作社）。办理支付结算的方式主要有票据、结算凭证、银行卡和国内信用证等。

2．特征

支付结算具有以下特征。

（1）支付结算必须通过中国人民银行批准的金融机构依法进行。未经中国人民银行批准的非银行金融机构和其他单位不得作为中介机构经营支付结算业务。

（2）支付结算是一种要式行为。

（3）支付结算的发生取决于委托人的意志。

（4）支付结算实行统一管理和分级管理相结合的管理体制。

二、支付结算的基本原则

在支付结算的过程中必须坚持以下原则。

（1）恪守信用，履约付款。

（2）谁的钱进谁的账，由谁支配。

（3）银行不垫款。

三、支付结算的主要支付工具

办理支付结算的工具主要有票据结算和非票据结算两大类。其中，票据主要是我国《票据法》中所规定的 4 大类票据，即银行汇票、商业汇票、银行本票和支票。非票据结算包括汇兑、委托收款、托收承付、银行卡和国内信用证。

1．汇票

汇票是出票人签发的，委托付款人在见票时或者在指定日期无条件支付确定的金额给收款人或者持票人的票据。汇票又有银行汇票和商业汇票之分。

汇票是一种无条件支付的委托，其基本当事人有以下 3 类。

（1）出票人，即签发票据的人。

（2）付款人，即接受出票人委托而无条件支付票据金额的人，付款人可以是包括银行在内的他人，也可以是出票人。

（3）收款人，即持有汇票而向付款人请求付款的人。

2．本票

本票是出票人签发的，承诺自己在见票时无条件支付确定的金额给收款人或者持票人的票据。

3．支票

支票是出票人签发的，委托办理支票存款业务的银行或者其他金融机构在见票时无条件支付确定的金额给收款人或者持票人的票据。

其基本当事人有以下 3 类。

（1）出票人，即在开户银行有相应存款的签发票据的人。

（2）付款人，即银行等法定金融机构。

（3）收款人，即接受付款的人。

4．汇兑

汇兑是指汇款人委托银行将其款项支付给收款人的结算方式。汇兑便于汇款人向收款人主动付款，是一种非票据结算方式。

5．委托收款

委托收款是收款人委托银行向付款人收取款项的结算方式。它同汇兑一样，也是一种非票据结算方式。

6．托收承付

托收承付是根据购销合同由收款人发货后委托银行向异地付款人收取款项，由付款人向银行承认付款的结算方式。

四、支付结算的主要法律依据

办理支付结算方面的法律、法规和制度，主要包括：l996 年 1 月 1 日起施行的《票据法》、2004 年通过的《全国人民代表大会常务委员会关于修改〈中华人民共和国票据法〉的决定》、1997 年 10 月 1 日起施行的《票据管理实施办法》、1997 年 12 月 1 日起施行的《支付结算办法》、2003 年 9 月 1 日起施行的《人民币银行结算账户管理办法》、1995 年 1 月 1 日起实施的《异地托收承付结算办法》，2005 年 10 月 26 日起实施的《电子支付指引（第一号）》。

五、办理支付结算的具体要求

（1）单位、个人和银行应当按照《人民币银行结算账户管理办法》的规定开立、使用账户。

（2）单位、个人和银行办理支付结算必须使用按中国人民银行统一规定印制的票据和结算凭证。未使用中国人民银行统一规定格式的结算凭证，银行不予受理。

（3）填写票据和结算凭证的基本要求。

① 中文大写金额数字应用正楷或行书填写，不得自造简化字。如果金额数字书写中使用繁体字，也应受理。

② 中文大写金额数字到“元”为止的，在“元”之后应写“整”（或“正”）字；到“角”为止的，在“角”之后可以不写“整”（或“正”）字；大写金额数字有“分”的，“分”后面不写“整”（或“正”）字。

③ 中文大写金额数字前应标明“人民币”字样，大写金额数字应紧接“人民币”字样填写，不得留有空白。大写金额数字前未印“人民币”字样的，应加填“人民币”3 个字。

④ 阿拉伯小写金额数字中有“0”时，中文大写应按照汉语语言规律、金额数字构成和防止涂改的要求进行书写。

a. 阿拉伯数字中间有“0”时，中文大写金额要写“零”字。

b. 阿拉伯数字中间连续有几个“0”时，中文大写金额中间可以只写一个“零”字。

c. 阿拉伯数字万位或元位是“0”，或者数字中间连续有几个“0”，万位、元位也是“0”，但千位、角位不是“0”时，中文大写金额中可以只写一个“零”字，也可以不写“零”字。

d. 阿拉伯金额数字角位是“0”，而分位不是“0”时，中文大写金额“元”字后面应写“零”字。

e. 阿拉伯小写金额数字前面，均应填写人民币符号“¥”。阿拉伯小写金额数字要认真填写，不得连写以免分辨不清。

f. 票据的出票日期必须使用中文大写。为防止变造票据的出票日期，在填写月、日时，月为壹、贰和壹拾的，日为壹至玖和壹拾、贰拾、叁拾的，应在其前面加“零”；日为拾壹至拾玖的，应在其前面加“壹”。例如，2 月 12 日，应写成零贰月壹拾贰日；10 月 30 日，应写成零壹拾月零叁拾日。

g. 票据出票日期使用小写填写的，银行不予受理。大写日期未按要求规范填写的，银行可予受理；但由此造成损失的，由出票人自行承担。

（4）填写票据和结算凭证应当规范，做到要素齐全、数字正确、字迹清晰、不错不漏、不潦草，防止涂改。

票据和结算凭证的金额、出票或者签发日期、收款人名称不得更改，更改的票据无效；更改的结算凭证，银行不予受理。对票据和结算凭证上的其他记载事项（如用途），原记载人可以更改，更改时应当由原记载人在更改处签章证明。

票据和结算凭证金额以中文大写和阿拉伯数字同时记载的，二者必须一致，否则银行不予受理。

（5）票据和结算凭证上的签章和其他记载事项应当真实，不得伪造、变造。

【例 2-1】 票据出票日期为“2 月 16 日”，填写正确的是（　　）。

A．零贰月零拾陆日　B．零贰月壹拾陆日　C．零贰月拾陆日　D．贰月壹拾陆日

答案：B

【解析】 出票日期月份为壹、贰、拾月的，大写出票日期前加“零”字，出票日期为拾壹至拾玖的，大写出票日期前加“壹”字。

第二节　现金管理

一、现金管理的基本要求

1．现金管理概述

（1）我国的现金主要是指人民币（包括纸币和硬币）。

（2）现金管理是现金管理机关按照国家方针政策和有关规定，管理各单位的现金收入、支出和库存的一种管理活动，是国家的一项重要财经管理活动。

（3）法律依据是《现金管理暂行条例》。

2．现金管理规定

（1）凡在银行和其他金融机构开立账户的机关、社会团体、企事业单位和其他组织，必须依照规定收支和使用现金，接受开户银行的监督；国家鼓励采取转账方式进行结算，减少使用现金。

（2）开户单位直接的经济业务往来，除按规定的范围可以使用现金外，应当通过开户银行进行转账结算。

（3）各级人民银行应当严格履行金融主管机关的职责，负责对开户银行的现金管理情况进行监督和稽核。

（4）开户银行根据规定负责现金管理的具体实施，对开户单位收支、使用现金进行监督管理。

二、现金使用规定

《现金管理暂行条例》规定，开户单位使用现金的范围如下。

（1）职工工资、各种工资性津贴。

（2）个人劳务报酬，包括稿费和讲课费及其他专门工作报酬。

（3）支付给个人的各种奖金，包括根据国家规定颁发给个人的各种科学技术、文化艺术、体育等奖金。

（4）各种劳保、福利费用以及国家规定的对个人的其他现金支出。

（5）收购单位向个人收购农副产品和其他物资支付的价款。

（6）出差人员必须随身携带的差旅费。

（7）结算起点（1 000 元）以下的零星支出。

（8）中国人民银行确定需要支付现金的其他支出。结算起点为 1 000 元，需要增加时由中国人民银行总行确定后，报国务院备案。

三、开户单位办理现金收支的具体要求

1. 转账结算与现金支付的同等效力

开户单位在购销活动中，不得对现金结算给予比转账结算优惠的待遇；不得只收现金而拒收支票、银行汇票、银行本票和其他转账结算凭证。

2. 库存现金限额规定

（1）限额一般根据单位 3～5 天日常零星开支所需的现金数额确定。

（2）边远地区和交通不便地区的开户单位，其库存现金限额核定天数可多于 5 天，但不得超过 15 天的日常零星开支。

（3）开户单位如需增加或减少库存现金限额，应向开户银行提出申请，由开户银行核定。

（4）开户单位必须严格遵守开户银行核定的库存现金限额。库存现金限额由开户银行根据开户单位 3～5 天的日常零星开支所需要的现金核定，开户单位需要增加或者减少库存限额的，应当向开户银行提出申请，由开户银行重新核定。

3. 现金管理“七不准”

开户单位应当建立、健全现金账目，逐笔记载现金支付。账目应当日清月结、账款相符，严格执行《现金管理暂行条例实施细则》规定的 7 项“不准”。

（1）开户单位不准用不符合财务制度的凭证顶替库存现金。

（2）开户单位不准单位之间相互借用现金。

（3）开户单位不准谎报用途套取现金。

（4）开户单位不准利用银行账户代其他单位和个人存入或支取现金。

（5）开户单位不准将单位收入的现金以个人名义存入银行。

（6）开户单位不准保留账外公款（即不准私设小金库）。

（7）开户单位不得发行变相货币，不准以任何票券代替人民币在市场上流通。

4. 基本结算账户规定

开户单位只能在一家金融机构开立一个基本结算账户。

5. 大额现金支付登记备案制度

开户银行要建立大额现金支取台账，实行逐笔登记，并于每季末后 15 日内报送中国人民银行当地支行备案。开户银行对本行签发的超过大额现金标准、注明“现金”字样的银行汇票、银行本票，视同大额现金支付，实行备案登记。

6. 办理现金收支的其他要求

（1）开户单位的现金收入应当于当日送存开户银行。当日送存有困难的，由开户银行确定具体送存时间。

（2）开户单位支付现金，可以从本单位库存现金限额中支付或者从开户银行提取，不得从本单位的现金收入中直接支付（即坐支）。

（3）开户单位在规定的现金使用范围内从开户银行提取现金，应当写明用途，由本单位财会部门负责人签字盖章，经开户银行审核后，予以支付现金。

（4）因采购地点不固定、交通不便、生产或者市场急需、抢险救灾以及其他特殊情况必须使用现金的，开户单位应当向开户银行提出申请，由本单位财会部门负责人签字盖章，经开户银行审核后，予以支付现金。

四、健全现金核算内部控制制度

现金核算内部控制制度要求钱和账必须分管，即管钱的人不管账，管账的人不管钱。

一方面，出纳人员负责办理现金收付业务和现金保管业务，非出纳人员不得经管现金收付业务和现金保管业务（即不得规定由同一人负责办理现金收付业务的全过程）；另一方面，出纳人员不得兼管稽核、会计档案保管和收入、费用、债权、债务账目的登记工作。

对于重要的货币资金业务，单位应当进行集体决策审批。

【例 2-2】根据《现金管理暂行条例》规定，下列可以使用现金的是（　　）。

A．职工工资、津贴　　B．2 000 元的零星支出

C．出差人员必须随身携带的差旅费　　D．向个人收购农副产品和其他物资的货款

答案：A、C、D

【解析】根据《现金管理暂行条例》规定：职工工资、各种工资性津贴、个人劳务报酬、支付给个人的各种奖金、福利，出差人员必须随身携带的差旅费以及结算起点 1 000 元以下的零星支出均可使用现金。

第三节　银行结算账户

一、银行结算账户的概念及分类

1．概念

银行结算账户是指存款人在经办银行开立的办理资金收付结算的人民币活期存款账户。这里的存款人包括单位和个人；经办行既包括商业银行，也包括政策性银行，还包括信用合作社。

2．分类

（1）银行结算账户按用途不同，分为基本存款账户、一般存款账户、专用存款账户和临时存款账户 4 种。

存款人开立基本存款账户、临时存款账户和预算单位开立专用存款账户实行核准制，经中国人民银行核准后由银行核发开户登记证。但存款人因注册验资需要开立的临时存款账户除外。

（2）银行结算账户按存款人不同，分为单位银行结算账户和个人结算账户。

单位银行结算账户是指开户单位以其法定名称在经办行开立的银行结算账户。个体工商户凭营业执照以字号或经营者姓名开立的银行结算账户纳入单位银行结算账户管理。

个人银行结算账户是指自然人凭借个人有效身份证件以其姓名在经办行开立的银行结算账户。邮政储蓄机构办理银行卡业务开立的账户纳入个人银行结算账户管理。

储蓄账户不同于个人银行结算账户，储蓄账户不得转账。

（3）银行结算账户根据开户地点不同，分为本地银行结算账户和异地银行结算账户。

本地银行结算账户的存款人在注册地或住所地；异地银行结算账户是指在异地开立的结算账户。

二、银行结算账户管理原则

1．“一个基本账户”原则

单位银行结算账户的存款人只能在银行开立一个基本存款账户。

2．“自主选择银行开立银行结算账户”原则

存款人可以根据需要自主选择银行，除国家法律、行政法规和国务院另有规定外，任何单位和个人不得强令存款人到指定银行开立银行结算账户。

3．“守法合规”原则

不得利用银行结算账户进行偷逃税款、逃避债务、套取现金及其他违法犯罪活动。

4．“存款信息保密”原则

除国家法律、行政法规另有规定外，银行有权拒绝任何单位或个人查询其他人或单位银行结算账户的存款和有关资料。

三、银行结算账户的开立、变更和撤销

1．银行结算账户的开立

开立程序：存款人向开户行提交开户申请书及有关证明材料→开户银行审查与备案（核准类账户与备案类账户）→存款人同开户行签订银行账户管理协议→开户银行建立存款人预留签章卡片→开户银行为存款人办理付款业务。

对符合开立基本存款账户、临时存款账户和预算单位专用存款账户条件的，银行应将存款人的开户申请书、相关的证明文件和银行审核意见等开户资料报送中国人民银行当地分行，经其核准后办理开户手续；对符合开立一般存款账户、其他专用存款账户和个人银行结算账户条件的，银行应办理开户手续，并于开户之日起5个工作日内向中国人民银行当地分行备案。银行为存款人开立一般存款账户、其他专用存款账户，应自开户之日起3个工作日内书面通知基本存款账户的开户银行。

银行应建立存款人预留签章卡片。存款人为单位的，其预留签章为该单位的公章或财务专用章加其法定代表人（单位负责人）或其授权的代理人的签名或者盖章。

2．银行结算账户的变更

（1）银行结算账户的变更是指存款人的账户信息资料发生的变化或改变，主要为存款人名称、单位法定代表人、住址以及其他开户资料的变更。

（2）存款人更改名称，但不改变开户银行及账号的，应于5个工作日内向开户银行提出银行结算账户的变更申请，并出具有关部门的证明文件。

（3）单位的法定代表人或主要负责人、住址以及其他开户资料发生变更时，应于5个工作日内书面通知开户银行并提供有关证明。

（4）银行接到存款人的变更通知后，应及时办理变更手续，并于2个工作日内向中国人民银行报告。

3．银行结算账户的撤销

存款人有以下情形之一，应当办理销户。

（1）被撤并、解散、宣告破产或关闭的。

（2）注销、被吊销营业执照的。

（3）因迁址需要变更开户银行的。

（4）因其他原因需要撤销银行结算账户的。

有上述情形之一，存款人应于5个工作日内向开户银行提出银行结算账户的撤销申请，并出具有关证明文件。

存款人尚未清偿其开户银行债务的，不得申请撤销银行结算账户。

对1年内未发生任何业务的单位银行账户，开户银行将通知存款人办理销户手续，存款人应在通知发出之日起30日内到开户银行办理核销手续，逾期视同自愿销户。

四、各类银行结算账户的使用

1．基本存款账户

基本存款账户是指存款人办理日常转账结算和现金收付而开立的银行结算账户，是存款人

的主要存款账户。它的使用范围是：存款人日常经营活动的资金收付，以及存款人的工资、奖金和现金的支取。

基本存款账户是存款人的主办账户，一个单位只能开立一个基本存款账户。开户时需提交的有关证明文件主要是营业执照正本或相关部门的批文或证明文件，又或登记证书，如有税务登记证则需一并出具。

2．一般存款账户

一般存款账户是指存款人因借款或其他结算需要，在基本存款账户开户银行以外的银行营业机构开立的银行结算账户。它的使用范围是：办理存款人借款转存、借款归还和其他结算的资金收付。一般存款账户可以办理现金缴存，但不得办理现金支取。

存款人申请开立一般存款账户，应向银行出具其开立基本存款账户规定的证明文件、基本存款账户开户登记证和下列证明文件。

（1）存款人因向银行借款需要，应出具借款合同。

（2）存款人因其他结算需要，应出具有关证明。

3．专用存款账户

专用存款账户是指存款人按照法律、行政法规和规章，对有特定用途的资金进行专项管理和使用而开立的银行结算账户。开设该账户一般需要出具其开立基本存款账户规定的证明文件、基本存款账户开户登记证和各项专用资金的有关证明文件。

专用存款账户的使用范围包括：基本建设资金，更新改造资金，财政预算外资金，粮、棉、油收购资金，证券交易结算资金，期货交易保证金，信托基金，金融机构存放同业资金，单位银行卡备用金，政策性房地产开发资金，住房基金，社会保障基金，收入汇缴资金和业务支出资金，党、团、工会经费专项管理和使用的资金。

专用存款账户的使用应符合以下规定。

（1）单位银行卡账户资金必须由其基本存款账户转账存入。该账户不得用于办理现金收付业务。

（2）财政预算外资金、证券交易结算资金、期货交易保证金和信托基金专用存款账户，不得支取现金。

（3）基本建设资金、更新改造资金、政策性房地产开发资金、金融机构存放同业资金账户需要支取现金的，应在开户时报中国人民银行当地分支行批准。中国人民银行当地分支行应根据国家现金管理的规定审查批准。

（4）粮、棉、油收购资金，社会保障基金，住房基金和党、团、工会经费等专用存款账户支取现金，应按照国家现金管理的规定办理。银行应按照国家对粮、棉、油收购资金使用管理的规定加强监督，不得办理不符合规定的资金收付和现金支取。

（5）收入汇缴资金和业务支出资金账户是指基本存款账户存款人附属的非独立核算单位或派出机构发生的收入和支出的资金账户。收入汇缴账户除向其基本存款账户或预算外资金财政专用存款账户划缴款项外，只收不付，不得支取现金。业务支出账户除从其基本存款账户拨入款项外，只付不收，其现金支取必须按照国家现金管理的规定办理。

4．临时存款账户

临时存款账户是指存款人因临时需要并在规定期限内使用而开立的银行结算账户。临时存款账户应根据有关开户证明文件确定的期限或存款人的需要确定其有效期限，最长不得超过2年。临时存款账户支取现金，应按照国家现金管理的规定办理。注册验资的临时存款账户在验资期间只收不付。

临时存款账户的使用范围如下。

（1）临时存款账户用于办理临时机构以及存款人临时经营活动发生的资金收付。

① 设立临时机构，如工程指挥部、筹备领导小组、摄制组等。

② 异地临时经营活动，如建筑施工及安装单位等。

③ 注册验资（含增资）。

（2）临时存款账户的开户要求如下。

① 临时机构应出具其驻在地主管部门同意设立临时机构的批文。

② 异地建筑施工及安装单位，应出具其营业执照正本或其隶属单位的营业执照正本，以及施工及安装地建设主管部门核发的许可证或建筑施工及安装合同。

（3）异地从事临时经营活动的单位，应出具其营业执照正本以及临时经营地工商行政管理部门的批文。

（4）注册验资资金应出具工商行政管理部门核发的企业名称预先核准通知书或有关部门的批文。其中，开立上述第（2）项和第（3）项临时存款账户时，还应出具其基本存款账户开户登记证。

5．个人银行结算账户

个人银行结算账户是指存款人有投资、消费、结算等需要而凭个人身份证件以自然人名称开立的银行结算账户。开户时要求出具身份证、户口簿、驾驶执照、护照等有效证件。

个人银行结算账户用于办理个人转账收付和现金支取，储蓄账户仅限于办理现金存取业务，不得办理转账结算。下列款项可以转入个人银行结算账户。

（1）工资、奖金收入。

（2）稿费、演出费等劳务收入。

（3）债券、期货、信托等投资的本金和收益。

（4）个人债权或产权转让收益。

（5）个人贷款转存。

（6）证券交易结算资金和期货交易保证金。

（7）继承、赠与款项。

（8）保险理赔、保费退还等款项。

（9）纳税退还。

（10）农、副、矿产品销售收入。

（11）其他合法款项。

单位从其银行结算账户支付给个人银行结算账户的款项，每笔超过5万元的，应向其开户银行提供付款依据。从单位银行结算账户支付给个人银行结算账户的款项应纳税的，税收代扣单位付款时应向其开户银行提供完税证明。

6．异地银行结算账户

异地银行结算账户是指存款人符合法定条件，根据需要在异地开立相应的银行结算账户。

（1）存款人有下列情形之一的，可以在异地开立有关银行结算账户。

① 营业执照注册地与经营地不在同一行政区域（跨省、市、县），需要开立基本存款账户的。

② 办理异地借款和其他结算需要开立一般存款账户的。

③ 存款人因附属的非独立核算单位或派出机构发生的收入汇缴或业务支出需要开立专用存款账户的。

④ 异地临时经营活动需要开立临时存款账户的。

⑤ 自然人根据需要在异地开立个人银行结算账户的。

（2）异地银行结算账户开立要求。存款人需要在异地开立单位银行结算账户，除出具《人民币银行结算账户管理办法》开立本地银行结算账户规定的有关证明文件外，还应出具下列相应的证明文件。

① 经营地与注册地不在同一行政区域的存款人，在异地开立基本存款账户的，应出具注册地中国人民银行分支行的未开立基本存款账户的证明。

② 异地借款的存款人在异地开立一般存款账户的，应出具在异地取得贷款的借款合同。

③ 因经营需要在异地办理收入汇缴和业务支出的存款人，在异地开立专用存款账户的，应出具隶属单位的相关证明。

在异地开立个人银行结算账户，主要依靠其个人有效身份证件来办理。

【例 2-3】 A 市某电台为在 B 市从事拍摄工作而设立了临时机构，并在 B 市某银行开立了银行账户，则该银行账户属于（　　）。

A．基本存款账户　　B．临时存款账户　　C．专用存款账户　　D．一般存款账户

答案：B

【解析】 存款人设立临时机构，或在异地从事临时经营活动，以及注册验资而开立的账户，属于临时存款账户。

各类银行账户使用异同比较如表 2-1 所示。

表 2-1　　各类银行账户使用情况异同比较

种类	性质	使用范围
基本存款账户	办理日常转账结算和现金收付	是存款人的主办账户，一个单位只能开立一个基本存款账户。存款人日常经营活动的资金收付及其工资、奖金和现金的支取，应通过基本存款账户办理
一般存款账户	因借款或其他结算需要，在基本存款账户开户银行以外的银行营业机构开立	用于办理存款人借款转存、借款归还和其他结算的资金收付。一般存款账户可以办理现金缴存，但不得办理现金支取
专用存款账户	对有特定用途的资金进行专项管理和使用	① 单位银行卡账户资金（备用金）由基本存款账户转账存入，该账户不得办理现金收付业务； ② 财政预算外资金、证券交易结算资金、期货交易保证金和信托基金专用存款账户不得支取现金； ③ 基本建设资金、更新改造资金、政策性房地产开发资金、金融机构存放同业资金账户需要支取现金，应在开户时报中国人民银行当地分支行批准； ④ 粮、棉、油收购资金，社会保障基金，住房基金和党、团、工会经费等专用存款账户支取现金应按照国家现金管理的规定办理； ⑤ 收入汇缴账户除向其基本存款账户或预算外资金财政专用存款账户划缴款项外，只收不付，不得支取现金。业务支出账户除从其基本存款账户拨入款项外，只付不收，其现金支取必须按照国家现金管理的规定办理

续表

种类	性质	使用范围
预算单位零余额账户	预算单位使用财政性资金	用于财政授权支付，可以办理转账、提取现金等结算业务，可以向本单位按账户管理规定保留的相应账户划拨工会经费、住房公积金及提租补贴，以及财政部门批准的特殊款项
临时存款账户	临时需要并在规定期限内使用	用于办理临时机构以及存款人临时经营活动发生的资金收付，有效期限最长不得超过2年。注册验资的临时存款账户在验资期间只收不付
个人银行结算账户	因投资、消费、结算等需要凭个人身份证件以自然人姓名开立	从单位银行结算账户支付给个人银行结算账户的款项，每笔超过5万元（不含本数）的，须向其开户银行提供付款依据； 从单位银行结算账户支付给个人银行结算账户的款项应纳税的，税收代扣单位付款时应向其开户银行提供完证明
异地银行结算账户	在其注册地或住所地行政区域之外（跨省、市、县）开立	① 营业执照注册地与经营地不在同一行政区域； ② 办理异地借款和其他结算； ③ 因附属的非独立核算单位或派出机构发生的收入汇缴或业务支出需要； ④ 异地临时经营活动需要； ⑤ 自然人根据需要在异地开立

五、银行结算账户的管理

1．中国人民银行的监管

（1）中国人民银行负责进行账户监督、管理及处罚。

（2）中国人民银行负责对基本存款账户、临时存款账户和预算单位专用存款账户开户登记证进行管理。

2．开户银行的管理

（1）开户行负责所属营业机构银行结算账户开立和使用的管理，监督和检查其执行《人民币银行结算账户管理办法》的情况，纠正违规开立和使用银行结算账户的行为。

（2）银行应明确专人负责银行结算账户的开立、使用和撤销的审查和管理，负责对存款人开户申请资料的审查，并按照本办法的规定及时报送存款人开销户信息资料，建立、健全开销户登记制度，建立银行账户管理档案，按会计档案进行管理。

（3）对已开立的单位银行结算账户定期年检。

（4）对存款人使用银行结算账户的情况进行监督，对存款人的可疑支付应按照中国人民银行规定的程序及时报告。

3．存款人的管理

（1）加强对预留银行签章的管理。

（2）妥善保管密码。

六、违反银行账户结算管理制度的有关规定

1．存款人违反账户管理制度的处罚

（1）对非经营性存款人的罚款金额都是1 000元。

（2）对经营性存款人的罚款金额有以下 3 类。

① 1 万元以上 3 万元以下。

② 5 000 元以上 3 万元以下：违反规定将单位款项转入个人银行结算账户；违反规定支取现金；利用开立银行结算账户逃避银行债务；出租、出借银行结算账户；从基本存款账户之外的银行结算账户转账存入、将销货收入存入或现金存入单位信用卡账户。

③ 1 000 元的罚款：法定代表人或主要负责人、存款人地址以及其他开户资料的变更事项未在规定期限内通知银行。

2．银行及其有关人员违反账户管理制度的处罚

银行有上述所列行为之一的，给予警告，并处以 5 000 元以上 3 万元以下的罚款；对该银行直接负责的高级管理人员、其他直接负责的主管人员、直接责任人员按规定给予纪律处分；情节严重的，中国人民银行有权停止对其开立基本存款账户的核准，构成犯罪的，移交司法机关依法追究刑事责任。

第四节 票据结算方式

一、票据概述

1．票据的概念和种类

票据是指《票据法》所规定的由出票人签发的、约定自己或者委托付款人在见票时或指定的日期向收款人或持票人无条件支付一定金额并可转让的有价证券。

此处的票据指的是汇票、本票和支票。汇票包括银行汇票和商业汇票，商业汇票又包括银行承兑汇票和商业承兑汇票；支票包括现金支票、转账支票和普通支票。

2．票据当事人

（1）基本当事人。票据的基本当事人包括出票人、付款人和收款人。

（2）非基本当事人。票据的非基本当事人包括承兑人、背书人、被背书人、保证人。

3．票据权利与义务

（1）票据权利。持票人向票据债务人请求支付票据金额的权利，包括付款请求权和追索权。

① 付款请求权是指持票人向汇票的承兑人、本票的出票人、支票的付款人出示票据、要求付款的权利。

② 行使付款请求权的持票人可以是票据收款人或最后的被背书人。

③ 票据追索权是指票据当事人行使付款请求权遭到拒绝或其他法定原因存在时，向其前手请求偿还票据金额及其他法定费用的权利。

④ 行使追索权的当事人除票据收款人和最后的被背书人外，还可能是代为清偿票据债务的保证人、背书人。

（2）票据义务。票据义务是指票据债务人向持票人支付票据金额的责任。它是基于债务人特定的票据行为（如出票、背书、承兑等）而应承担的义务，主要包括付款义务和偿还义务。

4．票据行为

（1）出票。出票是指出票人签发票据并将其交付给收款人的行为。

（2）背书。背书是指持票人为将票据权利转让给他人或者将一定的票据权利授予他人行使，而在票据背面或者粘单上记载有关事项并签章的行为。

（3）承兑。承兑是指汇票付款人承诺在汇票到期日支付汇票金额并签章的行为。

（4）保证。保证是指票据债务人以外的人，为担保特定债务人履行票据债务而在票据上记载有关事项并签章的行为。

5．票据签章

银行承兑汇票、商业汇票：经中国人民银行批准使用的该银行汇票专用章加其法定代表人或其授权经办人的签名或者盖章。

个人：该个人的签名或盖章。

支票出票人、商业承兑汇票的承兑人在票据上的签章：其预留银行的签章。

6．票据记载事项

（1）绝对记载事项。绝对记载事项是指《票据法》明文规定必须记载的，如不记载票据即为无效的事项。

（2）相对记载事项。相对记载事项是指《票据法》规定应该记载而未记载，但适用法律的有关规定而不使票据失效的事项，如汇票上未记载付款日期的，为见票即付；汇票上未记载付款地的，付款人的营业场所、住所或经常居住地为付款地等即属于相对记载事项。

（3）任意记载事项。任意记载事项是指《票据法》不强制当事人必须记载而允许当事人自行选择记载的事项。任意记载事项不记载不会影响票据的效力。

7．票据丢失的补救措施

（1）挂失止付。挂失止付是指失票人将丢失票据的情况通知付款人，由接受通知的付款人审查后暂停支付的一种方式。该补救措施仅为一种临时性措施，不能最终解决票据丢失问题。

（2）公示催告。公示催告是指在票据丢失后，由失票人向人民法院提出申请，请求人民法院以公告方式通知不确定的利害关系人限期申报权利，逾期未申报者，则权利失效，而由法院通过除权判决宣告所丧失的票据无效的一种制度或程序。公示催告是一种非诉讼的特别程序。

（3）普通诉讼。普通诉讼是指丧失票据的失票人直接向人民法院提起民事诉讼，要求法院判令付款人向其支付票据金额的活动。

二、支票

1．概念及适用范围

支票是出票人签发的、委托办理支票存款业务的、银行在见票时无条件支付确定的金额给收款人或者持票人的票据，适用于在同一票据交换区域需要支付各种款项的单位和个人。

2．分类

支票分为现金支票、转账支票和普通支票。

现金支票只能用于支取现金；转账支票只能用于转账；普通支票可用于支取现金，也可用于转账。在普通支票左上角划两条平行线的，为划线支票，划线支票只能用于转账，不能用于支取现金。支票票样如图 2-1 所示。

3．出票

支票的出票人是单位和个人；支票的付款人为支票上记载的出票人开户银行。支票的付款地为付款人所在地。支票记载事项的比较如表 2-2 所示。

中国工商银行
现金支票存根
IV V00287398

附加信息

出票日期　年　月　日

收款人：
金　额：
用　途：

单位主管　　会计

中国工商银行现金支票　IV V00287398

出票日期（大写）　年　月　日　付款行名称：
收款人：　出票人账号：

本支票付款期限十天

人民币（大写）	亿	千	百	十	万	千	百	十	元	角	分

用途
上列款项请从
我账户内支付

出票人签章　　复核　　记账

（a）现金支票

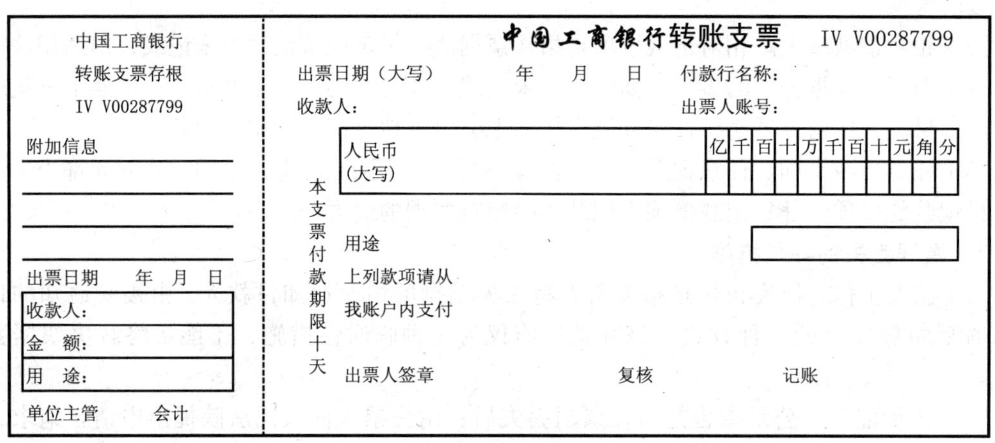

中国工商银行
转账支票存根
IV V00287799

附加信息

出票日期　年　月　日

收款人：
金　额：
用　途：

单位主管　　会计

中国工商银行转账支票　IV V00287799

出票日期（大写）　年　月　日　付款行名称：
收款人：　出票人账号：

本支票付款期限十天

人民币（大写）	亿	千	百	十	万	千	百	十	元	角	分

用途
上列款项请从
我账户内支付

出票人签章　　复核　　记账

（b）转账支票

图 2–1　支票票样

表 2-2　　支票记载事项的比较

绝对记载事项	相对记载事项	出票人授权补记事项
6 项："支票"字样、无条件支付的委托、确定的金额、付款人名称、出票日期、出票人签章，缺少任何一事项，支票无效	2 项：付款地、出票地。 相对记载事项不记载不影响支票的效力，记载则产生票据法定效力	2 项：金额、收款人名称。 出票人授权补记之前，支票不得提示付款和背书转让

4．付款

支票的提示付款期限为自出票日起 10 日内，超过提示付款期限提示付款的，持票人开户银行不予受理，付款人不予付款。

出票人在付款人处的存款足以支付支票金额时，付款人应当在见票当日足额付款。

5．办理要求

（1）领购要求。存款人领购支票，必须填写"票据和结算凭证领用单"并签章，签章应与预留银行的签章相符。存款账户结清时，必须将全部剩余空白支票交回银行注销。

（2）签发要求。

① 签发支票应使用碳素墨水或墨汁填写。

② 签发现金支票和用于支取现金的普通支票必须符合国家现金管理的规定。

③ 支票的出票人签发支票的金额不得超过付款时在付款人处实有的金额。禁止签发空头支票。

④ 支票的出票人在票据上的签章，应为其预留银行的签章，该签章是银行审核支票付款的依据。银行也可以与出票人约定使用支付密码，作为银行审核支付支票金额的条件。

⑤ 出票人不得签发与其预留银行签章不符的支票；使用支付密码的，出票人不得签发支付密码错误的支票。

⑥ 出票人签发空头支票、签章与预留银行签章不符的支票，使用支付密码的地区，支付密码错误的支票，银行应予以退票，并按票面金额处以 5%但不低于 1 000 元的罚款；持票人有权要求出票人赔偿支票金额 2%的赔偿金。对屡次签发空头支票的，银行应停止其签发支票。

6．填写要求

（1）日期为实际出票日期。

（2）收款单位的名称为全称，并与预留银行印鉴中的单位名称保持一致。

（3）大写金额；金额必须是确定的，且不得更改；

（4）小写金额；大、小金额必须一致，如若不一致，支票无效；

（5）用途；必须是明确的；

（6）签章；出票人签章是预留在其开户银行的印鉴，该印鉴是银行审核支票付款的依据，出票人不得签发与其预留银行签章不符的支票；

（7）现金支票签发后，将支票从存根联与正联之间骑缝线剪开，正联交收款人办理提现，存根联则作为记账依据。

三、商业汇票

1．概念及分类

（1）商业汇票。商业汇票是指收款人或付款人签发，由承兑人承兑，并于到期日向收款人或被背书人支付款项的票据。

商业汇票的收款人、付款人或承兑申请人一般指供货或购货单位。商业汇票的付款人为承兑人，付款地为承兑人所在地。

（2）分类。商业汇票按承兑人的不同，可以分为商业承兑汇票和银行承兑汇票。

① 商业承兑汇票是指由收款人或付款人签发，经付款人承兑的汇票，如图 2–2 所示。

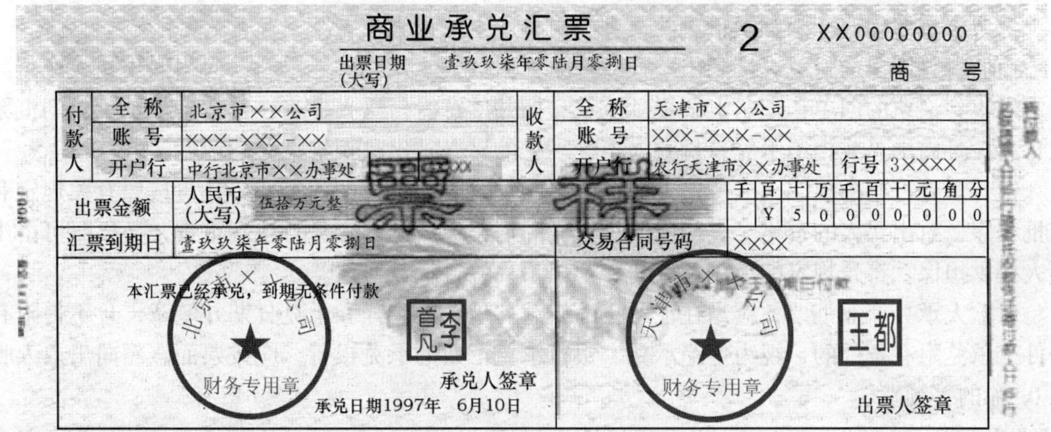

商业承兑汇票　2　XX00000000

出票日期（大写）　壹玖玖柒年零陆月零捌日　　商　号

付款人			收款人		
全称	北京市××公司		全称	天津市××公司	
账号	XXX-XXX-XX		账号	XXX-XXX-XX	
开户行	中行北京市××办事处		开户行	农行天津市××办事处	行号 3XXXX
出票金额	人民币（大写） 伍拾万元整		千百十万千百十元角分	¥ 5 0 0 0 0 0 0 0	
汇票到期日	壹玖玖柒年零陆月零捌日		交易合同号码	XXXX	

本汇票已经承兑，到期无条件付款

财务专用章　承兑人签章

承兑日期1997年　6月10日

财务专用章　出票人签章

图 2–2　商业承兑汇票

② 银行承兑汇票是指由收款人或承兑申请人签发，并由承兑申请人向开户银行提出申请，

经银行审查后同意承兑的汇票，如图 2-3 所示。

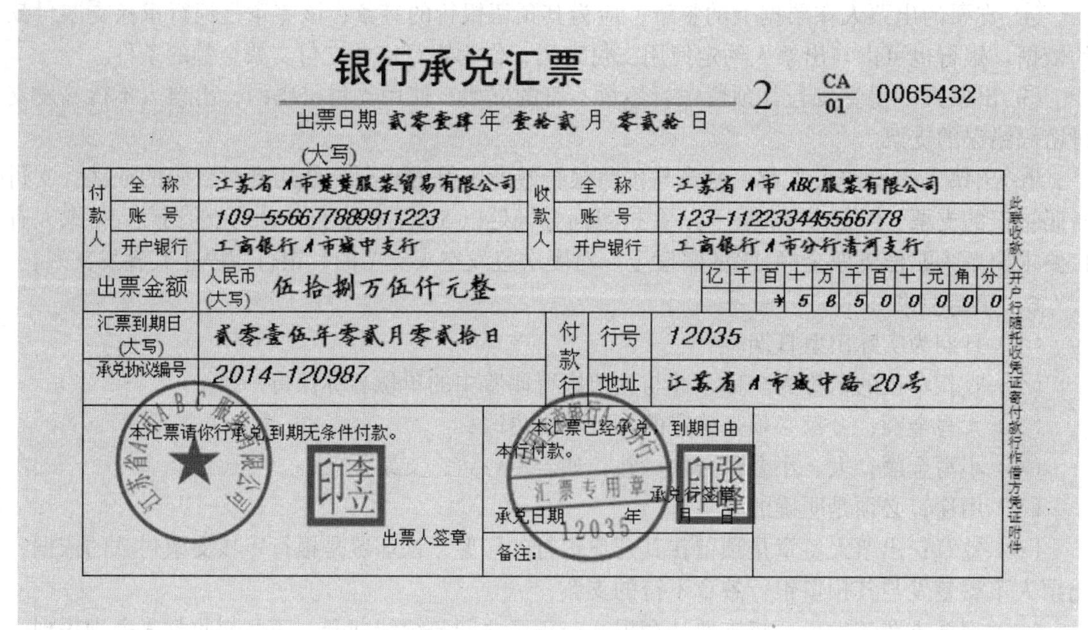

银行承兑汇票　2　CA/01　0065432

出票日期(大写)　贰零壹肆年　壹拾贰月　零贰拾日

付款人	全称	江苏省A市楚楚服装贸易有限公司	收款人	全称	江苏省A市ABC服装有限公司
	账号	109-556677889911223		账号	123-112233445566778
	开户银行	工商银行A市城中支行		开户银行	工商银行A市分行清河支行

出票金额	人民币(大写) 伍拾捌万伍仟元整	亿	千	百	十	万	千	百	十	元	角	分
				¥	5	8	5	0	0	0	0	0

汇票到期日(大写)	贰零壹伍年零贰月零贰拾日	付款行	行号	12035
承兑协议编号	2014-120987		地址	江苏省A市城中路20号

本汇票请你行承兑，到期无条件付款。　出票人签章

本汇票已经承兑，到期日由本行付款。　承兑行签章

承兑日期　年　月　日

备注：

此联收款人开户行随托收凭证寄付款行作借方凭证附件

图 2-3　银行承兑汇票

2．出票

出票人不得签发无对价的商业汇票用以骗取银行或其他票据当事人的资金。

3．承兑

商业汇票可以由付款人签发，也可以由收款人签发，但都必须经过承兑。只有经过承兑的商业汇票才具有法律效力，承兑人负有到期无条件付款的责任。

商业汇票可以在出票时向付款人提示承兑后使用，也可以在出票后先使用再向付款人提示承兑。

定日付款或者出票后定期付款的商业汇票，持票人应当在汇票到期日前向付款人提示承兑。见票后定期付款的汇票，持票人应当自出票日起 1 个月内向付款人提示承兑。

汇票未按照规定期限提示承兑的，丧失对其前手的追索权。

商业承兑汇票的付款人接到出票人或持票人向其提示承兑的汇票时，应当向出票人或持票人签发收到汇票的回单，记名汇票提示承兑日期并签章。付款人应当在自收到提示承兑的汇票之日起 3 日内承兑或拒绝承兑。付款人拒绝承兑的，必须出具拒绝承兑的证明。

银行承兑汇票的出票人或持票人向银行提示承兑时，银行的信贷部门负责按照有关规定和审批程序，对出票人的资格、资信、购销合同和汇票记载的内容进行认真审查，必要时可由出票人提供担保。符合规定的承兑条件的，与出票人签订承兑协议。

付款人承兑商业汇票，应当在汇票正面记载“承兑”字样和承兑日期并签章，且不得附有条件，承兑附有条件的，视为拒绝承兑。银行承兑汇票的承兑银行，应按票面金额向出票人收取 0.5‰的手续费。

4．付款

商业承兑汇票的付款期限，由交易双方商定，最长不得超过 6 个月。定日付款的汇票付款期限自出票日起计算，并在汇票上记载具体的到期日。出票后定期付款的汇票付款期限自出票日起按月计算，并在汇票上记载。见票后定期付款的汇票付款期限自承兑或拒绝承兑日起按月计算，并在汇票上记载。

商业汇票的提示付款期限为自汇票到期日起 10 日内。持票人应在提示付款期限内通过开户银行委托收款或直接向付款人提示付款。持票人超过提示付款期限提示付款的，持票人开户银行不予受理。

银行承兑汇票的出票人应于汇票到期日前将票款足额交存其开户银行，承兑银行应在汇票到期日或到期日后的见票当日支付票款。银行承兑汇票的出票人于汇票到期日未能足额交存票款时，承兑银行除凭票向持票人无条件付款外，对出票人尚未支付的汇票金额按照每天 0.5‰计收利息。

5．背书

背书是指在票据的背面或粘单上签章，依法转让票据权利的一种法律行为，如图 2–4 所示。

（1）商业汇票均可以背书转让。背书必须记载的事项包括被背书人名称和背书人签章。未记载上述事项之一的，背书无效。

（2）票据出票人在票据正面记载“不得转让”字样的，其直接后手再背书转让的，原背书人对其直接后手的背书行为不承担票据保证责任。

（3）背书必须连续，否则背书行为无效。

（4）背书不得附条件，背书附有条件的，所附条件无效，背书行为有效。

（5）将汇票金额的一部分背书转让或者将汇票金额分别背书转让给二人以上的，该背书无效。

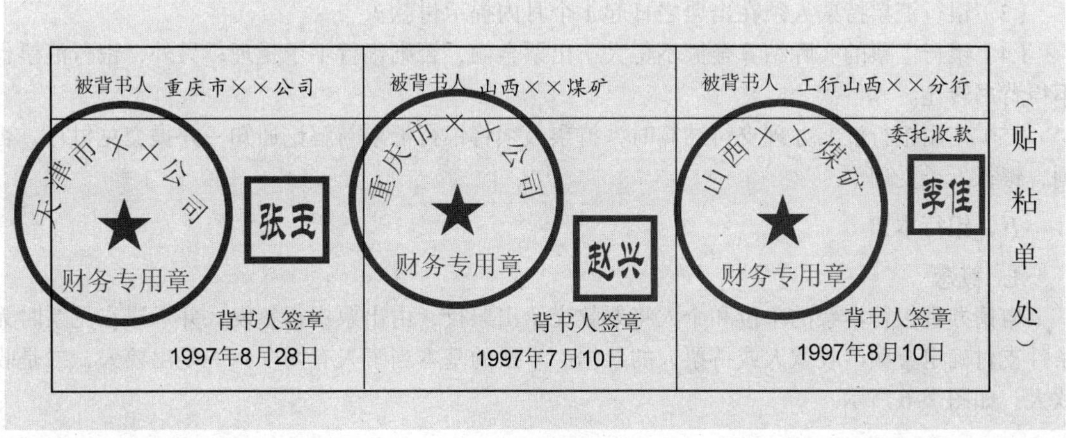

图 2–4　背书

6．保证

（1）商业承兑汇票的债务可以由保证人承担保证责任。保证人必须由票据债务人以外的其他人担任。

（2）保证不得附条件，保证附有条件的，所附条件无效，票据保证有效。

（3）保证人为二人以上的，保证人之间承担连带责任。

（4）保证人向持票人承担票据责任后，有权向被票据保证人及其前手行使追索权。

四、银行汇票

1．概念

银行汇票是出票银行签发，在见票时按实际结算金额无条件支付给收款人或持票人的票据，如图 2–5 所示。

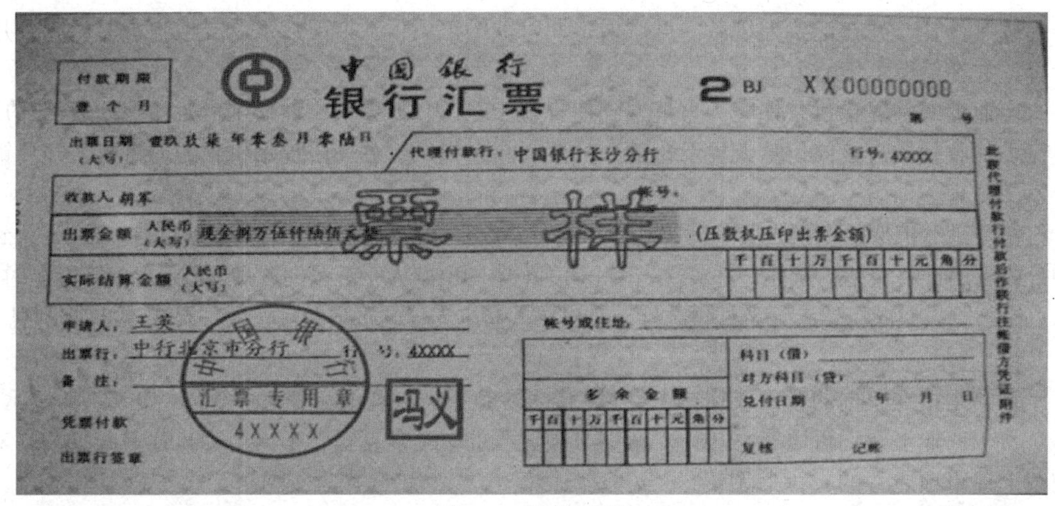

付款期限 壹个月

中国银行
银行汇票

2 BJ　XX00000000
第　号

出票日期（大写） 壹玖玖柒 年零叁月零陆日
代理付款行：中国银行长沙分行　行号：4XXXX

收款人：胡军　帐号：

出票金额 人民币（大写） 现金捌万伍仟陆佰元整　（压数机压印出票金额）

实际结算金额 人民币（大写）

千	百	十	万	千	百	十	元	角	分

申请人：王英　帐号或住址：
出票行：中行北京市分行　行号：4XXXX
备注：
凭票付款
出票行签章

中国银行 汇票专用章 4XXXX　冯双

多余金额

千	百	十	万	千	百	十	元	角	分

科目（借）
对方科目（贷）
兑付日期　年　月　日
复核　记帐

此联代理付款行付款后作联行往帐借方凭证附件

票样

图 2–5　银行汇票

2．使用规定

（1）单位、个人可在同城异地或同一票据交换区域内使用银行汇票。

（2）银行汇票的绝对记载事项包括标明“银行汇票”字样、无条件支付的承诺、确定的金额、出票人名称、付款人名称、收款人名称、出票人签章。

（3）银行汇票持票人须在出票之日起 1 个月内提示付款。

（4）银行汇票的实际结算金额不得大于出票金额，否则银行不予受理；另外，银行汇票也不得背书转让。

（5）使用银行汇票办理支付结算时，持票人须将银行汇票与解讫通知一并提交兑付行，否则，银行不予受理。

五、银行本票

1．概念

申请办理银行本票的单位和个人将票款交给出票行，由出票银行签发，并承诺在见票时无条件支付确定金额给收款人或持票人的票据。本票的基本当事人有两个：一是出票人，二是收款人，如图 2–6 所示。

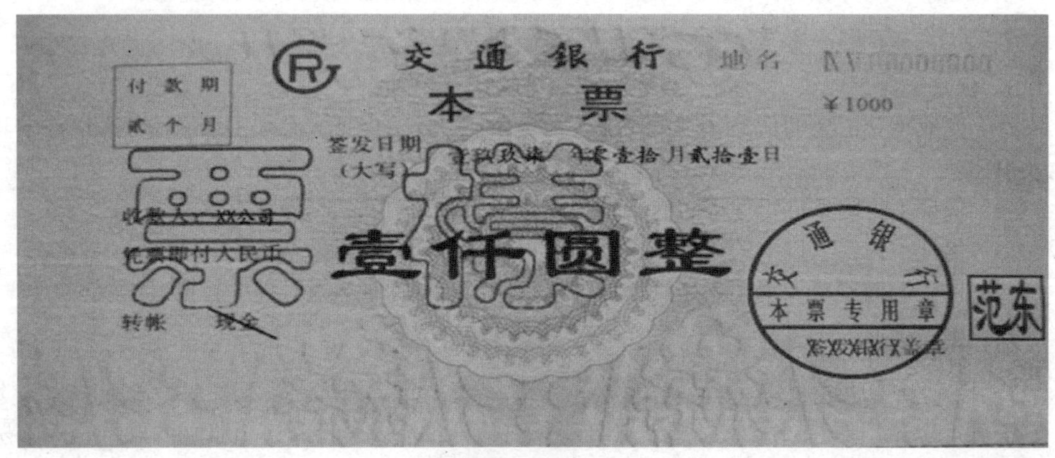

付款期 贰个月

交通银行
本　票

地名
¥1000

签发日期（大写） 壹玖玖柒年壹拾月贰拾壹日

收款人：XX公司
凭票即付人民币 壹仟圆整
转帐　现金

交通银行 本票专用章　范东

票样

图 2–6　银行本票

2．使用规定

（1）单位和个人均可使用银行本票，一般在同城。

（2）银行本票的绝对记载事项包括标明“银行本票”字样、无条件支付的承诺、确定的金额、出票人名称、收款人名称、出票人签章。

（3）银行本票的提示付款期限为出票日起2个月内，持票人未按规定提示付款的，丧失对出票人以外前手的追索权。

（4）本票分为定额本票（1 000元、5 000元、1万元、5万元）和不定额本票两大类。

【例2-4】下列属于无效背书的有（　　）。

A．提示付款期限届满后的背书　　B．被拒绝付款后的背书

C．被拒绝承兑后的背书　　D．附条件的背书

答案：A、B、C

【解析】根据《票据法》规定，提示付款期限届满后的背书、被拒绝付款后的背书和被拒绝承兑后的背书属于期后背书，均无效；附条件的背书，所附条件无效，背书行为有效。

第五节 | 非票据结算方式

一、汇兑

1．概念及分类

汇兑是汇款人委托银行将其款项支付给收款人的一种结算方式。单位、个人各种结算款项均可使用汇兑结算。汇兑分为信汇和电汇两类。

2．办理程序

（1）签发汇兑凭证。签发汇兑凭证时，需要记载以下要素：表明“信汇”或“电汇”字样、无条件支付的委托、确定的金额、收款人名称、汇款人名称、汇入点及汇入行、汇出点及汇出行、委托日期、汇款人签章。上述要素缺少任何一项，银行均不受理。

（2）银行受理并签发汇款回单。

（3）汇入处理并发出收账通知。

3．撤汇与退汇

（1）当款项尚未汇出时，汇款可以向汇出行申请办理撤汇。

（2）当款项已经汇出，收款人拒收汇款或银行发出取款通知，经过2个月无法交付汇款的，汇入行应当办理退汇手续。

二、委托收款

委托收款是收款人（单位或个人）凭借已经承兑商业汇票、债券、存单委托银行向付款人收款的一种结算方式。委托收款的款项划回方式分为邮寄和电报两种，具体由收款人选择使用。

1．记载事项

签发委托收款凭证时，需要记载以下要素：表明“委托收款”字样、确定的金额、付款人名称、收款人名称、委托收款的凭据名称及附寄的单证张数、委托日期、收款人签章。上述要素缺少任何一项，银行均不受理。

2．使用规定

委托收款结算方式使用范围较广，单位、个人，同城、异地均可使用。

三、托收承付

托收承付是依据购销合同由收款人发货后委托银行向异地付款人收款，由付款人向银行付款的一种结算方式。托收承付结算每笔的金额起点为10 000元，新华书店系统每笔的金额起点为1 000元。托收承付的款项划回方式分为邮寄和电报两种，具体由收款人选择使用。

1．使用

采用托收承付办理支付结算的收（付）款双方必须是国有企业、供销合作社以及经营管理较好并经银行审查同意的城乡集体所有制工业企业，个人不得采用托收承付办理支付结算。办理托收承付结算的款项，必须是商品交易以及因商品交易而产生的劳务供应的款项。代销、寄销、赊销商品的款项，不得办理托收承付结算。

2．记载事项

签发托收承付凭证时，需要记载以下要素："托收承付"字样、确定的金额、付款人名称及账号、收款人名称及账号、付款人开户行、收款人开户行、托收附寄的单证张数或册数、合同名称及号码、委托日期、收款人签章。上述要素缺少任何一项，银行均不受理。

3．承付规定

（1）验单付款的，承付期为银行发出承付通知的次日起3天内付款；验货付款的，承付期为运输部门发出提货通知的次日起10天内付款。付款人未在承付期内拒绝付款的，银行视为同意承付，应于承付期满次日上午划款给收款人。

（2）对付款人逾期未付的款项，付款单位开户银行可按每日0.5‰计算逾期付款赔偿金。

（3）收款人对同一付款人发货托收累计3次收不回货款的，银行有权停办托收。

四、银行卡

1．分类

（1）按照是否给与授信额度可将银行卡分为借记卡和信用卡（贷记卡、准贷记卡）。

（2）按照发卡主体是否在境内可将银行卡分为境内卡和境外卡。

（3）按照账户币种不同可将银行卡分为人民币卡、外币卡和双币种卡。

（4）按照银行卡信息载体不同可将银行卡分为磁条卡和芯片卡。

（5）按照发卡对象不同可将银行卡分为单位卡和个人卡。

2．资金来源

单位卡账户资金从基本存款账户转账存入，不得用于10万元以上的商品交易、劳务供应款项的结算，不得支取现金。

个人卡账户可以持有的现金、工资性款项、劳务报酬收入转账存入。

3．收费及透支规定

（1）收费。

① 异地取现及转账需收费。

② 透支取现需收费并计息。

③ 溢缴款取现需收费，但公务卡同城取现除外。

④ 滞纳金为最低还款额未还部分的5%需收费。

（2）透支。

① 信用卡的免息还款期最长不超过60天。

② 贷记卡首月最低还款额为当月透支余额的10%，贷记卡持卡人选择最低还款额方式还

款的，不再享有免息还款期待遇。

③ 贷记卡支现、准贷记卡透支，不享有免息还款期和最低还款额待遇，持卡人须支付相应的透支利息。

④ 贷记卡透支按月计收复利，准贷记卡透支按月计收单利。

4．银行卡申领及注销规定

（1）申领。凡在中国境内开立基本存款账户的单位，可凭借中国人民银行核发的开户许可证申领单位卡。单位卡可申领若干张，但个人卡的附属卡不得超过2张。

（2）注销。有下列情形之一的，持卡人需办理注销手续。

① 有效期满45天后不换新卡。

② 挂失满45天后无附属卡不换新卡。

③ 信誉不佳或持卡人死亡银行收回卡45天的。

④ 持卡人要求销户或担保人撤销担保并交回全部信用卡45天的。

⑤ 两年未发生交易。

【例2-5】赵某所持贷记卡透支余额为2万元，根据支付结算法律制度的规定，其首月最低还款额不低于（　　）。

A．1 000元　　B．1 500元　　C．2 000元　　D．2 500元

答案：C

【解析】贷记卡首月最低还款额为当月透支余额的10%。

五、国内信用证

开证行根据申请人（购货方）的申请向受益人（销货方）开出具有一定金额、一定期限内凭信用证规定单据支付款项的书面承诺。我国信用证为不可撤销、不可转让的跟单信用证。

国内信用证仅在国内企业之间进行商品交易、办理货款结算时使用，只能转账，不得支取现金。信用证的有效期最长不超过6个月。

办理程序：开证→通知→议付→付款。

【例2-6】议付行议付信用证后，到期如果未能从开证行索偿资金的，还可向（　　）收取议付金额。

A．开证行　　B．通知行　　C．申请人　　D．受益人

答案：D

【解析】根据《国内信用证结算条款》规定，议付行议付信用证后，对受益人具有追索权。到期不获付款的，议付行可从受益人账户收取议付金额。

历年真题及解析

一、单项选择题

1. 根据支付结算法律制度的规定，签发票据时，可以更改的事项是（　　）。

A. 出票日期　　B. 收款人名称　　C. 票据金额　　D. 签发用途

答案：D

【解析】根据支付结算的有关规定，票据金额、收款人名称、出票日期均不得更改，否则票据无效。

2. 结算起点调整的决定机关和备案机关分别是（　　）。

A. 中国人民银行、国务院

B. 中国人民银行、全国人民代表大会常务委员会

C. 国务院财政部门、国务院

D. 国务院财政部门、全国人民代表大会常务委员会

答案：A

【解析】对使用现金结算起点的调整由中国人民银行决定，并报国务院备案。

3. 非经营性存款人伪造、变造开户文件，欺骗银行开立账户，银行有权对其处以（　　）罚款。

A. 1 000元以下　　B. 5 000元以下　　C. 1万元以下　　D. 3万元以下

答案：A

【解析】根据存款人违反账户管理制度的有关规定，对非经营性存款人的罚款金额都是1 000元。

二、多项选择题

1. 根据支付结算法律制度的规定，办理支付结算的工具包括（　　）。

A. 支票　　B. 结算凭证　　C. 现金　　D. 证券

答案：A、B

【解析】我国《支付结算办法》中所指的支付结算仅指狭义的支付结算，即银行之间的转账结算，不包括现金结算，其结算工具主要是票据结算与非票据结算。

2. 根据支付结算法律制度的规定，下列属于采用结算凭证方式进行结算的有（　　）。

A. 本票　　B. 托收承付　　C. 汇兑　　D. 委托收款

答案：B、C、D

【解析】采用结算凭证方式办理支付结算，主要有汇兑、委托收款、托收承付。本票是一种票据结算方式。

3. 下列行为中，不属于伪造票据的有（　　）。

A. 假冒出票人在票据上签章　　B. 涂改票据号码

C. 对票据金额进行挖补篡改　　D. 修改票据密码

答案：B、C、D

【解析】假冒出票人在票据上签章属于票据的伪造，更改票据签章以外内容的行为属于票据的变造。

4. 行使票据付款请求权时，对持票人负有付款义务的有（　　）。

A. 汇票承兑人　　B. 本票出票人　　C. 支票付款人　　D. 汇票背书人

答案：A、B、C

【解析】票据付款请求权只能向付款人或承兑人行使，向背书人主张行使的是票据追索权。

5. 下列各项中，属于汇票相对记载事项的有（　　）。

A. 付款日期　　B. 付款地　　C. 出票地　　D. 收款地

答案：A、B、C

【解析】汇票相对记载事项包括付款日期、付款地和出票地。

6. 下列表述中，属于背书无效的有（　　）。

A. 将汇票金额全部转让给甲公司

B. 将汇票金额的一半转让给甲公司

C. 将汇票金额分别转让给甲公司和乙公司

D. 将汇票金额全部转让给甲公司但要求甲公司不得对背书人行使追索权

答案：B、C

【解析】根据《票据法》规定，部分背书和多头背书行为无效。

7. 下列关于商业汇票的表述中，正确的有（　　）。

A. 定日付款的商业汇票，到期前提示承兑

B. 见票后定期付款的商业汇票，出票日起 1 个月内提示承兑

C. 商业汇票承兑不得附条件，如果附有条件，则所附条件无效

D. 承兑人承兑应当在收到提示承兑汇票之日起 3 天内做出

答案：A、B、D

【解析】根据《票据法》规定，定日付款和出票后定期付款的商业汇票，应于汇票到期前提示承兑；见票后定期付款的商业汇票，应于出票之日起 1 个月内提示承兑。持票人未能在规定期限内提示承兑的，丧失对前手的追索权。商业汇票承兑人承兑不得附条件，否则视为拒绝承兑。承兑人应当在收到提示承兑汇票之日起 3 天内承兑或拒绝承兑。

8. 下列有关票据权利时效期间的说法中，正确的有（　　）。

A. 银行汇票的持票人对出票人的票据权利时效期间为自出票日起 1 年内

B. 持票人对支票出票人的票据权利时效期间为自出票日起 3 个月内

C. 持票人对前手的追索权时效期间为自被拒绝承兑或被拒绝付款之日起 6 个月内

D. 银行本票的持票人对出票人的票据权利时效期间为自出票日起 2 年内

答案：C、D

【解析】银行汇票的持票人对出票人的票据权利自出票日起 2 年内行使，持票人对支票出票人的票据权利自出票日起 6 个月内行使。

9. 下列属于当事人签发委托收款凭证时必须记载的事项的有（　　）。

A. 收款日期　　B. 收款人名称和收款人签章

C. 委托日期　　D. 委托收款凭据名称及附寄单证张数

答案：B、C、D

【解析】委托收款凭证中必须记载的事项包括表明“委托收款”字样、确定的金额、付款人名称、收款人名称、委托收款凭据名称及附寄单证张数、委托日期、收款人签章。缺少任何一项要素，银行均不受理。

10. 国内信用证的办理程序包括（　　）。

A. 开证　　B. 通知　　C. 议付　　D. 付款

答案：A、B、C、D

【解析】使用国内信用证办理支付结算，其程序包括开证、通知、议付和付款。

三、判断题

1. 银行对伪造票据、结算凭证上的签章和需要交验的个人身份证件，未发现异常而支付金额，对出票人或付款人银行应承担受托付款的责任，对持票人或收款人银行也应承担付款

责任。

答案：×

【解析】银行对伪造票据、结算凭证上的签章和需要交验的个人身份证件，未发现异常而支付金额，对出票人或付款人不再承担受托付款的责任，对持票人或收款人也不再承担付款责任。

2. 现金支票仅限于收款人向付款人提示付款。(　　)

答案：√

【解析】现金支票不得背书转让，支票的最后持票人就是收款人。

3. 背书时附有条件，背书无效。(　　)

答案：×

【解析】背书时附有条件，背书行为有效，所附条件无效。

4. 商业汇票的保证人和被保证人一起承担连带责任。(　　)

答案：×

【解析】商业汇票的保证人和被保证人一起承担连带责任，但商业汇票无效的除外。(　　)

5. 贷记卡持卡人选择最低还款额方式用卡的，不再享有免息还款期待遇。(　　)

答案：√

【解析】持卡人选择最低还款额方式还款的，不享有免息还款期待遇。

6. 贷记卡透支按月计收单利，准贷记卡透支按月计收复利。(　　)

答案：×

【解析】贷记卡透支按月计收复利，准贷记卡透支按月计收单利。

7. 按照持卡主体不同，可将银行卡分为境内卡和境外卡。(　　)

答案：×

【解析】按照持卡主体不同，可将银行卡分为单位卡和个人卡。

强化练习

一、单项选择题

1. 开户单位可以在一定范围内使用现金，按照有关规定，对于零星支出的结算起点是(　　)元以下。

A. 1 000　　B. 1 500　　C. 2 000　　D. 800

2. 关于现金收支的基本要求，下列表述中不正确的是(　　)。

A. 开户单位收入现金一般应于当日送存开户银行

B. 开户单位支付现金，不得从本单位的现金收入中直接支付

C. 开户单位对于符合现金使用范围规定，从开户银行提取现金的，应写明用途，由本单位负责人签字盖章，并经开户银行审查批准

D. 不准单位之间相互借用现金

3. 存款人违反规定将单位款项转入个人银行结算账户的，对于非经营性的存款人，给予警

告并处以（　　）的罚款。

A. 1 000 元　　B. 1 万元

C. 5 000 元以上 3 万元以下　　D. 1 万元以上 3 万元以下

4. 单位和个人在（　　）的各种款项结算，可以使用支票。

A. 异地　　B. 同城　　C. 同城和异地　　D. 同城或异地

5. 下列有关票据出票日期的说法中，正确的是（　　）。

A. 票据的出票日期必须使用中文大写

B. 在填写月、日时，月为壹、贰和壹拾的，应在其前面加“零”

C. 在填写月、日时，日为拾壹至拾玖的，应在其前面加“壹”

D. 票据出票日期使用小写填写的，票据无效

6. A 公司出纳会计刘某于 2015 年 2 月 20 日签发了一张转账支票，转账支票上日期填写正确的是（　　）。

A. 贰零壹伍年贰月零贰拾日　　B. 贰零壹伍年零贰月贰拾日

C. 贰零壹伍年零贰月零贰拾日　　D. 贰零壹伍年贰月贰拾日

7. 因生产或者市场急需，办理转账结算不够方便，必须使用现金的开户单位，要向开户银行提出书面申请。由（　　）签字盖章，开户银行审查批准后，予以支付现金。

A. 本单位财会部门负责人　　B. 本单位负责人

C. 总会计师　　D. 董事长

8. 下列关于本票的提示付款期限的表述中，正确的是（　　）。

A. 自出票日起 2 个月内　　B. 自出票日起 1 个月内

C. 自出票日起 10 日内　　D. 自出票日起 6 个月内

9. 下列关于支票的使用的表述中，错误的是（　　）。

A. 划线支票不得用于支取现金　　B. 普通支票不得用于支取现金

C. 转账支票只能用于转账　　D. 现金支票只能用于支取现金

10. 银行结算账户的监督管理部门是（　　）。

A. 各级财政部门　　B. 中国人民银行

C. 各开户银行　　D. 基本存款账户开户行

11. 下列情形中，可以开立临时存款账户的是（　　）。

A. 信托基金　　B. 借款转存　　C. 期货交易保证金　　D. 增资

12. 贷记卡持卡人非现金交易享受免息还款期，免息还款期最长为（　　）。

A. 15 天　　B. 30 天　　C. 45 天　　D. 60 天

13. 下列各项中，信用卡持卡人可以使用单位卡的情形是（　　）。

A. 购买价值 9 万元的电脑　　B. 存入销货收入的款项

C. 支付 15 万元劳务费用　　D. 支取现金

14. 下列关于汇兑的表述中，不符合法律规定的是（　　）。

A. 汇兑适用于单位和个人各种款项的结算

B. 收账通知作为该笔汇款已转入收款人账户的证明

C. 汇款人对尚未汇出的款项可以申请撤销

D. 对于收款人拒绝接受的汇款，汇出行应立即办理退汇

15. 下列各项中，属于票据结算的是（　　）。

A. 托收承付　　B. 委托收款　　C. 本票　　D. 汇兑

16. 商业汇票的付款期限由交易双方确定，最长不超过（　　）。

A. 1个月　　B. 2个月　　C. 3个月　　D. 6个月

17. A公司委托开户银行收款时，发现其持有的由B公司签发金额为20万元的转账支票为空头支票，其账户余额只有6万元。根据《支付结算办法》的规定，A公司有权要求B公司支付赔偿金的数额是（　　）元。

A. 2 800　　B. 7 000　　C. 4 000　　D. 1万

18. A企业发现其持有B企业签发的销售金额为1.5万元的转账支票为空头支票后，银行有权对B企业进行罚款的金额是（　　）元。

A. 300　　B. 750　　C. 1 000　　D. 1 500

19. 支付结算必须通过（　　）批准的金融机构进行。

A. 中国银行业监督管理委员会（以下简称“银监会”）

B. 商业银行

C. 国务院

D. 中国人民银行

20. 根据《支付结算办法》的规定，下列不是支付结算和资金清算中介机构的是（　　）。

A. 银行　　B. 城市信用合作社　　C. 农村信用合作社　　D. 保险公司

21. 下列属于银行结算账户管理原则的是（　　）。

A. 恪守信用，履约付款　　B. 经金融机构依法办理

C. 银行不垫款　　D. 一个基本账户

22. 单位、个人和银行办理支付结算必须使用（　　）。

A. 各开户银行印制的票据和结算凭证

B. 按财政部统一规定印制的票据和结算凭证

C. 按中国人民银行统一规定印制的票据和结算凭证

D. 按国家税务部门统一规定印制的票据和结算凭证

23. 背书人张某将一张50万元的汇票分别背书转让给李某20万元、刘某30万元，下列关于该背书效力的表述中，正确的是（　　）。

A. 背书有效

B. 背书无效

C. 背书转让给李某的20万元有效，背书转让给刘某的30万元无效

D. 背书转让给刘某的30万元有效，背书转让给李某的20万元无效

24. 下列情形中不可以开立临时存款账户的是（　　）。

A. 设立临时机构　　B. 异地临时经营活动

C. 证券交易结算资金　　D. 注册验资

25. 符合开立一般存款账户条件的，经银行审查办理开户手续后，于开户之日起（　　）个工作日内向中国人民银行当地分支行备案。

A. 2　　B. 3　　C. 4　　D. 5

26. 银行结算账户的存款人名称发生变更，要改变开户银行及账号的，应于（　　）个工作日内向开户银行提出银行结算账户的撤销申请，并出具有关证明文件。

A. 2　　B. 3　　C. 4　　D. 5

27. 银行在办理结算时，只负责办理结算当事人之间的款项划拨，不承担垫付任何款项的责任，这是支付结算基本原则中（　　）原则的体现。

A. 谁的钱进谁的账，由谁支配　　B. 恪守信用

C. 履约付款　　D. 银行不垫款

28. 下列关于支票的表述中，不正确的是（　　）。

A. 单位和个人在同城异地的各种款项结算均可使用支票

B. 现金支票只能用于支取现金，不能用于转账

C. 支票的金额和收款人名称未补记前不得提示付款

D. 转账支票可以背书转让

29. 下列各项中，属于一般存款账户使用范围的是（　　）。

A. 办理奖金发放　　B. 办理期货交易　　C. 用于支取现金　　D. 办理借款归还

30. 下列各项对银行结算账户的表述中，正确的是（　　）。

A. 基本存款账户能支取现金，而临时存款账户不能支取现金

B. 一般存款账户不可以向银行借款，而临时存款账户可以向银行借款

C. 预算单位零余额账户没有开设数量的限制，而临时存款账户受开设数量的限制

D. 基本存款账户没有时间限制，而临时存款账户实行有效期管理

31. 某银行签发的一张银行汇票中有以下记载事项，其中不属于必须记载事项的是（　　）。

A. 出票行名称及签章　　B. 付款地 A 市

C. 出票金额 100 万元人民币　　D. 收款人 B 公司

32. 下列有关票据签章的说法中，错误的是（　　）。

A. 保证人在票据上的签章不符合规定，票据无效

B. 保证人在票据上的签章不符合规定，不影响其他符合规定的签章的效力

C. 背书人在票据上的签章不符合规定，不影响其前手符合规定的签章的效力

D. 出票人在票据上的签章不符合规定，票据无效

33. 根据《支付结算办法》的规定，下列各项中，不会导致票据无效的是（　　）。

A. 原记载人更改金额，并在更改处签章证明

B. 原记载人更改出票日期，并在更改处签章证明

C. 原记载人更改票据用途，并在更改处签章证明

D. 原记载人更改收款人名称，并在更改处签章证明

34. 开户银行应当根据开户单位（　　）的日常零星开支所需的现金，核定其库存现金量。

A. 1～3 天　　B. 3～5 天　　C. 5 天　　D. 15 天

35. 银行对一年未发生收付活动且未欠开户银行债务的单位银行结算账户，应通知单位自发出通知之日起（　　）日内办理销户手续。逾期视同自愿销户，未划转款项列入久悬未取专户管理。

A. 15　　B. 20　　C. 30　　D. 40

36. 下列关于票据特征的表述中，不正确的是（　　）。

A. 票据是出票人依法签发的有价证券　　B. 票据记载的金额由出票人自行支付

C. 票据以支付一定金额为目的　　D. 票据权利与票据不可分离

二、多项选择题

1. 支付结算实行（　　）相结合的管理体制。

A. 统一领导　B. 交叉管理　C. 分级管理　D. 垂直管理

2.《人民币结算账户管理办法》规定，存款人可以开立异地银行结算账户的情形有（　　）。

A. 营业执照注册地与经营地不在同一行政区域需要开立基本存款账户的

B. 营业执照注册地与经营地不在同一行政区域需要开立一般存款账户的

C. 办理异地借款需要开立一般存款账户的

D. 办理异地借款需要开立基本存款账户的

3. 下列有关票据权利时效期间的说法中，不正确的有（　　）。

A. 银行本票的持票人对出票人的票据权利自出票之日起 1 年

B. 持票人对商业汇票出票人的票据权利自出票之日起 2 年

C. 持票人对前手的追索权自被拒绝承兑或被拒绝付款之日起 6 个月

D. 支票的持票人对出票人的票据权利自出票之日起 1 年

4. 下列各项中，属于票据行为的有（　　）。

A. 出票人签发票据并将其交给收款人的行为

B. 失票人向银行挂失止付的行为

C. 付款人承诺在汇票到期日支付汇票金额并签章的行为

D. 收款人将票据权利转让给他人而在票据背面或粘单上签章的行为

5. 根据《人民币银行结算账户管理办法》的规定，下列关于银行结算账户的说法中，错误的是（　　）。

A. 银行结算账户的业务中既有人民币存款结算，也有外币存款结算

B. 银行结算账户属于单位定期存款账户

C. 银行结算账户不同于储蓄账户

D. 银行结算账户限于单位存款人结算开立

6. 下列各项中，属于一般存款账户可以办理的业务有（　　）。

A. 日常经营活动的资金收付　B. 借款转存

C. 现金支取　D. 借款归还

7. 银行结算账户按用途可分为（　　）。

A. 基本存款账户　B. 一般存款账户　C. 专用存款账户　D. 临时存款账户

8. 银行结算账户撤销的法定事由包括（　　）。

A. 存款人被宣告破产　B. 存款人被吊销营业执照

C. 存款人被注销　D. 存款人因需要改变其开户银行

9. 下列各项中，企业不能采用托收承付结算方式的有（　　）。

A. 商品寄销　B. 因商品交易产生的劳务供应款

C. 商品赊销　D. 商品代销

10. 存款人申请开立一般存款账户需要提供的证明文件有（　　）。

A. 开立基本存款账户需要的证明文件　B. 主管部门的批文

C. 存款人因向银行借款出具借款合同　D. 基本存款账户的开户登记证

11. 根据《人民币银行结算账户管理办法》的规定，专用存款账户的用途包括（　　）。
A. 财政预算外资金　　B. 基本建设资金
C. 粮、棉、油收购资金　　D. 收入汇缴资金

12. 下列事项中，单位开户银行可以使用现金的有（　　）。
A. 发给公司甲某的 800 元津贴
B. 奖励给公司王某的 1 000 元奖金
C. 向农民收购农产品的 1 万元收购款
D. 出差人员出差必须随身携带的 2 000 元差旅费

13. 关于现金管理中现金使用的限额，下列表述中正确的是（　　）。
A. 开户银行应当根据实际需要，核定开户单位 3～5 天的日常零星开支所需的库存现金限额
B. 边远地区和交通不便地区的开户单位的库存现金限额，可以多于 5 天，但不得超过 10 天
C. 开户单位需要增加或减少库存现金限额的，应当向开户银行提出申请，由开户银行核定
D. 商业和服务行业的找零备用现金也要根据营业额核定定额，但不包括在开户单位的库存现金限额之内

14.《人民银行结算账户管理办法》规定，存款人不得发生的行为包括（　　）。
A. 出租银行结算账户　　B. 出借银行结算账户
C. 套取银行信用　　D. 跨行支付

15. 下列选项中，属于单位、个人办理支付结算时必须遵循的行为准则有（　　）。
A. “恪守信用，履约付款”原则　　B. “谁的钱进谁的账，由谁支配”原则
C. “银行不垫款”原则　　D. “监督用款”原则

16. 下列关于银行结算账户的表述中错误的有（　　）。
A. 基本存款账户主要办理存款人日常经营活动的资金收付及其工资、奖金和现金的支取
B. 一般存款账户用于办理各项资金的收付
C. 专用存款账户可以用于办理存款人借款转存、借款归还和其他结算的资金收付
D. 临时存款账户仅用于办理临时机构以及存款人异地临时经营活动发生的资金收付

17. 银行结算账户的变更主要包括（　　）的变更。
A. 存款人名称　　B. 单位法定代表人　　C. 单位财务负责人　　D. 住址

18. 下列属于签发托收承付凭证时必须记载的事项有（　　）。
A. 合同名称、号码　　B. 收款人名称和收款人签章
C. 委托日期　　D. 托收附寄单证张数或册数

19. 下列存款人中，可以申请开立基本存款账户的有（　　）。
A. 企业法人　　B. 单位附属独立核算的食堂
C. 个体工商户　　D. 自然人

20. 存款人违反规定，伪造、变造开户登记证，对于其处罚，下列表述中正确的有（　　）。
A. 非经营性的存款人，给予警告并处以 1 000 元的罚款
B. 经营性的存款人，给予警告并处以 1 万元以上 3 万元以下的罚款
C. 非经营性的存款人，给予警告并处以 1 万元以上 3 万元以下的罚款
D. 构成犯罪的，移交司法机关依法追究刑事责任

21. 我国《票据法》上所称的票据包括（　　）。

A. 汇票　　B. 债券　　C. 支票　　D. 本票

22. 下列表述中，不符合法律规定的有（　　）。

A. 单位和个人各种款项的结算，均可使用托收承付

B. 收取同城公用事业费用可以采用委托收款的方式办理

C. 汇款人对汇出银行尚未汇出的款项可以申请退汇

D. 托收承付结算款项划回分邮寄和电报两种，由付款人选择

23. 商业汇票按照承兑人的不同分为（　　）。

A. 银行本票　　B. 银行汇票　　C. 银行承兑汇票　　D. 商业承兑汇票

24. 下列属于非票据结算方式的有（　　）。

A. 支票　　B. 汇兑　　C. 银行卡　　D. 委托收款

25. 下列关于商业汇票的表述中，符合法律规定的有（　　）。

A. 商业汇票的承兑期限，为自汇票到期日起 10 日内

B. 商业汇票的提示付款期限，为自汇票到期日起 10 日内

C. 商业汇票的付款期限，最长不得超过 6 个月

D. 见票后定期付款的商业汇票，提示承兑期限为自出票日起 1 个月内

26. 下列各项中，可以行使票据追索权的当事人有（　　）。

A. 票据收款人　　B. 代为清偿票据债务的保证人

C. 最后的被背书人　　D. 代为清偿票据债务的背书人

27. 甲签发一张汇票给乙，汇票上记载收款人乙、保证人丙等事项。乙在法定时间内向甲提示承兑后将该汇票背书转让给丁。丁又将该汇票背书转让给张三。张三在法定期限内向付款人请求付款，未获付款。根据《票据法》的规定，下列各项中，应承担该汇票责任的有（　　）。

A. 甲　　B. 乙　　C. 丙　　D. 丁

28. 汇票中未记载付款地的，可以付款人的以下法定地点为付款地（　　）。

A. 营业场所　　B. 住所　　C. 经常居住地　　D. 主要财产所在地

29. 根据《票据法》的规定，下列各项中，不会导致票据失效的是（　　）。

A. 未记载付款日期　　B. 未记载付款地

C. 背书人记载“不得转让”字样　　D. 未记载出票人签章

30. 票据丧失后，可以采取的非暂时性补救措施有（　　）。

A. 普通诉讼　　B. 公示催告　　C. 挂失止付　　D. 登报声明

31. 根据《票据法》的规定，下列各项中，可以支取现金的支票有（　　）。

A. 现金支票　　B. 转账支票　　C. 普通支票　　D. 划线支票

32. 根据《中华人民共和国票据法》的规定，下列各项中，属于支票上可以由出票人授权补记的事项有（　　）。

A. 金额　　B. 收款人名称　　C. 付款人名称　　D. 出票日期

33. 根据我国《支付结算办法》的规定，签发汇兑凭证必须记载的事项包括（　　）。

A. 表明“信汇”或“电汇”字样　　B. 无条件支付委托和确定的金额

C. 付款人名称和收款人名称　　D. 委托日期、汇款人签章

34. 根据《支付结算办法》的规定，下列各项中，属于无效票据的有（　　）。

A. 更改出票日期的票据

B. 更改收款单位名称的票据

C. 中文大写金额和阿拉伯数字不一致的票据

D. 伪造出票人签章的票据

三、判断题

1. 根据《支付结算办法》的规定，除法律、行政法规另有规定外，未经中国人民银行批准的非银行金融机构和其他单位，不得作为中介机构办理支付结算业务。（　　）

2. 银行一律不得为任何单位或者个人查询账户情况，不得为任何单位或者个人冻结、扣划款项，不得停止单位、个人存款的正常支付。（　　）

3. 支付结算是指单位在社会经济活动中使用票据、银行卡和汇兑、托收承付、委托收款等结算方式进行货币给付及其资金清算的行为。（　　）

4. 单位银行结算账户中单位的法定代表人发生变更时，应当于5个工作日内书面通知开户银行并提供有关证明。银行接到存款人的变更通知后，应及时办理变更手续，并于2个工作日内向中国人民银行报告。（　　）

5. 注册验资的临时存款账户在验资期间只收不付。（　　）

6. 异地银行结算账户只能是单位开立。（　　）

7. 个人银行结算账户是指自然人、法人和其他组织因投资、消费、结算等而开立的可办理支付结算业务的存款账户。（　　）

8. 存款人尚未清偿开户银行债务的，不得申请撤销银行结算账户。（　　）

9. 中文大写金额数字到“元”为止的，在“元”之后可以写“整”（或“正”）字，在“分”之后不能写“整”（或“正”）字。（　　）

10. 根据支付结算中“谁的钱进谁的账，由谁支配”原则，对于存款人的资金，必须由其自由支配，银行不代扣款项。（　　）

11. 银行结算账户按用途不同，分为单位银行结算账户和个人银行结算账户。（　　）

12. 银行汇票的背书转让以不超过出票金额的实际结算金额为准。（　　）

13. 出票人可在汇票上记载《票据法》和《支付结算办法》规定事项以外的其他事项。（　　）

14. 支票限于见票即付，不得另行记载付款日期，另行记载无效。（　　）

15. 支票超过提示付款期限，付款人不予付款的，出票人的票据责任也随之解除。（　　）

16. 用于支取现金的银行本票可以背书转让。（　　）

17. 银行汇票的提示付款期限为自出票日起2个月内。（　　）

18. 票据丢失的补救措施包括挂失止付、公示催告和普通诉讼3种。（　　）

19. 付款人依法支付票款的，对出票人不再承担受托付款责任，对持票人不再承担付款责任。（　　）

20. 定日付款的商业汇票，持票人应于出票之日起1个月内提示承兑。

21. 支票的金额、收款人名称可由出票人授权补记，未补记前不得背书转让和提示付款。（　　）

22. 对金额、出票日期、收款人名称进行更改的票据，为无效票据。（　　）

23. 票据金额应以中文大写和阿拉伯小写数字同时记载，两者必须一致；两者不一致的，

票据无效。(　　)

24. 一个单位可以在几家银行开设账户，但只能在一家银行开设基本存款账户。(　　)

25. 银行汇票的实际结算金额大于出票金额的，银行不予受理。(　　)

26. 商业汇票承兑人附有条件的，视为拒绝承兑。(　　)

27. 票据出票日期使用小写的，票据无效。(　　)

28. 邮政储蓄机构办理银行卡业务开立的账户纳入个人银行结算账户管理。(　　)

29. 未在银行开立账户的个人，不得通过银行办理支付结算。(　　)

30. 持票人对前手（非出票人）的再追索权，自清偿或者被提起诉讼之日起 3 个月不行使的，票据权利消失。(　　)

31. 变造票据签章以外的事项，在变造之前签章的人对原记载事项负责；在变造之后签章的人对变造之后的记载事项负责；不能辨别在票据变造之前或者之后签章的，视同在变造之后签章。(　　)

32. 国内信用证开具后，在有效期内，非经开证行、开证申请人的同意，开证银行不得修改或撤销。(　　)

强化练习参考答案及解析

一、单项选择题

1. 答案：A

【解析】结算起点（1 000 元）以下的零星支出可以使用现金。

2. 答案：C

【解析】开户单位对于符合现金使用范围规定，从开户银行提取现金的，应写明用途，由本单位财务部门负责人签字盖章，并经开户银行审查批准。

3. 答案：A

【解析】存款人违反规定将单位款项转入个人银行结算账户的，对于经营性的存款人，给予警告并处以 1 000 元的罚款。

4. 答案：B

【解析】单位和个人在同城的各种款项结算，可以使用支票。

5. 答案：D

【解析】票据出票日期使用小写填写的，银行不予受理。

6. 答案：C

【解析】在填写票据出票日期时，月份为壹、贰和壹拾的，应在其前面加“零”字，日期为壹拾、贰拾、叁拾的，应在其前面加“零”字；日期为拾壹至拾玖的，应在其前面加“壹”字。

7. 答案：A

【解析】因生产或者市场急需，办理转账结算不够方便，必须使用现金的开户单位要向开户银行提出书面申请，由单位财会部门负责人签字盖章，开户银行审查批准后，予以支现。

8. 答案：A

【解析】本票的提示付款期限为出票之日起 2 个月内。

9. 答案：B

【解析】普通支票既可用于支取现金，又可用于转账结算。

10. 答案：B

【解析】银行结算账户的监督管理部门是中国人民银行。

11. 答案：D

【解析】A、C 选项属于专用存款账户，B 选项属于一般存款账户。

12. 答案：D

【解析】贷记卡持卡人非现金交易享受免息还款期，最长不超过 60 天。

13. 答案：A

【解析】单位卡账户资金从基本存款账户转账存入，不得用于 10 万元以上的商品交易、劳务供应款项结算，不得支现。

14. 答案：D

【解析】对于收款人拒绝接受的汇款，汇入行应立即办理退汇。

15. 答案：C

【解析】托收承付、委托收款、汇兑属于非票据结算方式。

16. 答案：D

【解析】商业汇票的付款期限最长不超过 6 个月。

17. 答案：C

【解析】根据《支付结算办法》的规定，出票人签发空头支票，持票人有权要求出票人按照票面金额的 2%进行赔偿。

18. 答案：C

【解析】根据《支付结算办法》的规定，出票人签发空头支票，银行有权对出票人按照票面金额的 5%且不低于 1 000 元进行罚款。

19. 答案：D

【解析】支付结算必须通过中国人民银行批准的金融机构进行。

20. 答案：D

【解析】根据《支付结算办法》的规定，办理支付结算的中介机构包括银行、信用社，但不包括保险公司。

21. 答案：D

【解析】A、C 选项是办理支付结算应遵循的原则，B 选项是支付结算的特征。

22. 答案：C

【解析】单位、个人和银行办理支付结算必须使用按中国人民银行统一规定印制的票据和结算凭证办理，否则票据无效，结算凭证银行不予受理。

23. 答案：B

【解析】将汇票金额的一部分背书转让或者将汇票金额分别背书转让给二人以上的，该背书无效。

24. 答案：C

【解析】C 选项属于专用存款账户。

25. 答案：D

【解析】对符合开立一般存款账户、其他专用存款账户和个人银行结算账户条件的，银行应办理开户手续，并于开户之日起 5 个工作日内向中国人民银行当地分行备案。

26. 答案：D

【解析】存款人需改变开户行及账号的，应于 5 个工作日内向开户银行提出银行结算账户的撤销申请，并出具有关证明文件。

27. 答案：D

【解析】银行在办理结算时，只负责办理结算当事人之间的款项划拨，不承担垫付任何款项的责任，这是“银行不垫款”原则的体现。

28. 答案：A

【解析】单位和个人在同城的各种款项结算均可使用支票办理。

29. 答案：D

【解析】A 选项属于基本存款账户的使用范围，B 选项属于专用存款账户的使用范围，一般存款账户不得用于支取现金。

30. 答案：D

【解析】A 选项只有注册验资的临时存款账户在验资期间只收不付；B 选项一般存款账户用于借款转存和借款归还，临时存款账户不得用于办理借款；C 选项一个基层单位只能开立一个预算单位零余额账户。

31. 答案：B

【解析】银行汇票的绝对记载事项包括标明“银行汇票”字样、无条件支付的承诺、确定的金额、出票人名称、付款人名称、收款人名称、出票人签章。

32. 答案：A

【解析】保证人在票据上的签章不符合规定，该票据保证无效。

33. 答案：C

【解析】根据《支付结算办法》的规定，票据的金额、出票日期、收款人名称不得更改，否则票据无效。

34. 答案：B

【解析】开户银行应当根据开户单位 3～5 天的日常零星开支所需的现金，核定其库存现金量。

35. 答案：C

【解析】银行对一年未发生收付活动且未欠开户银行债务的单位银行结算账户，应通知单位自发出通知之日起 30 日内办理销户手续。逾期视同自愿销户，未划转款项列入久悬未取专户管理。

36. 答案：B

【解析】票据上记载的金额由出票人自行支付或委托他人支付。

二、多项选择题

1. 答案：A、C

【解析】支付结算实行统一领导与分级管理相结合的管理体制。

2. 答案：A、C

【解析】B 选项，因异地借款需要可开立一般存款账户；D 选项，营业执照注册地与经营地不在同一行政区域的，可开立基本存款账户。

3. 答案：A、B、D

【解析】A 选项，银行本票的持票人对出票人的票据权利自出票之日起 2 年；B 选项，持票人对商业汇票出票人的票据权利自票据到期之日起2年；D选项，持票人对支票出票人的票据权利自出票之日起6个月。

4. 答案：A、C、D

【解析】选项A属于出票行为，选项C属于承兑行为，选项D属于背书行为，这些都属于票据行为。选项B属于票据丢失后的补救措施，是非票据行为。

5. 答案：A、B、D

【解析】银行结算账户是指单位、个人在经办银行开立的用于办理资金收付结算的人民币活期存款账户。

6. 答案：B、D

【解析】一般存款账户可用于办理借款转存、借款归还，该账户只收不付。

7. 答案：A、B、C、D

【解析】银行结算账户按用途可分为基本存款账户、一般存款账户、专用存款账户和临时存款账户。

8. 答案：A、B、C、D

【解析】存款人有以下情形之一的，应当办理销户：①被撤并、解散、宣告破产或关闭的；②注销、被吊销营业执照的；③因迁址需要变更开户银行的；④因其他原因需要撤销银行结算账户的。

9. 答案：A、C、D

【解析】代销、寄销、赊销商品款项，不得办理托收承付。

10. 答案：A、C、D

【解析】存款人申请开立一般存款账户，应向银行出具其开立基本存款账户规定的证明文件、基本存款账户开户登记证和下列证明文件：①存款人因向银行借款需要，应出具借款合同；②存款人因其他结算需要，应出具有关证明。

11. 答案：A、B、C、D

【解析】专用存款账户的使用范围包括基本建设资金，更新改造资金，财政预算外资金，粮、棉、油收购资金，证券交易结算资金，期货交易保证金，信托基金，金融机构存放同业资金，单位银行卡备用金，政策性房地产开发资金，住房基金，社会保障基金，收入汇缴资金和业务支出资金，党、团、工会经费专项管理和使用的资金。

12. 答案：A、B、C、D

【解析】《现金管理暂行条例》规定，开户单位使用现金的范围为：①职工工资、各种工资性津贴；②个人劳务报酬，包括稿费和讲课费及其他专门工作报酬；③支付给个人的各种奖金，包括根据国家规定颁发给个人的各种科学技术、文化艺术、体育等各种奖金；④各种劳保、福利费用以及国家规定的对个人的其他现金支出；⑤收购单位向个人收购农副产品和其他物资支付的价款；⑥出差人员必须随身携带的差旅费；⑦结算起点（1 000 元）以下的零星支出；⑧中国人民银行确定需要支付现金的其他支出。

13. 答案：A、C、D

【解析】选项B，边远地区和交通不便地区的开户单位的库存现金限额，可以多于5天，但不得超过15天。

14. 答案：A、B、C

【解析】《人民银行结算账户管理办法》规定，存款人不得出租（出借）银行结算账户，不得套取银行信用，可以跨行办理支付结算。

15. 答案：A、B、C

【解析】单位、个人办理支付结算时必须遵循的原则有："恪守信用，履约付款"原则；"谁的钱进谁的账，由谁支配"原则；"银行不垫款"原则。

16. 答案：B、C、D

【解析】B 选项，一般存款账户只用于办理借款转存和借款归还业务，该账户只收不付；C 选项，专用存款账户是指存款人按照法律、行政法规和规章，对有特定用途的资金进行专项管理，该账户专户专储、资金专款专用，不得挪作他用；D 选项，临时存款账户用于办理临时机构、异地临时经营活动以及注册验资（验资期间只收不付）所发生的资金收付业务。

17. 答案：A、B、D

【解析】银行结算账户的变更，是指存款人的账户信息资料发生的变化或改变，主要为存款人名称、单位法定代表人、住址以及其他开户资料的变更。

18. 答案：A、B、C、D

【解析】签发托收承付凭证时，需记载下列事项：表明"托收承付"字样、确定的金额、付款人名称和账号、收款人名称和账号、付款人的开户行名称、收款人的开户行名称、托收附寄单证张数或册数、合同名称及号码、委托日期、收款人签章。

19. 答案：A、B、C

【解析】D 选项，自然人开立的账户称为个人银行结算账户。

20. 答案：A、B、D

【解析】C 选项，经营性存款人伪造、变造开户登记证，给予警告并处以 1 万元以上 3 万元以下的罚款。

21. 答案 A、C、D

【解析】我国《票据法》上所称的票据包括汇票、本票和支票。

22. 答案：A、C、D

【解析】A 选项，托收承付的收（付）双方必须是国有企业、供销合作社以及经营管理较好，并经银行审查同意的城乡集体所有制工业企业，个人不用；C 选项，汇款人对汇出银行尚未汇出的款项可以申请撤汇；D 选项，托收承付结算款项划回分邮寄和电报两种，由收款人选择使用。

23. 答案：C、D

【解析】商业汇票按照承兑人的不同，分为商业承兑汇票和银行承兑汇票。

24. 答案：B、C、D

【解析】A 选项属于票据结算方式，B、C、D 选项属于非票据结算方式。

25. 答案：B、C、D

【解析】A 选项，商业汇票的承兑期限为收到提示承兑汇票之日起 3 日内。

26. 答案：A、B、C、D

【解析】根据《票据法》规定，最后的被背书人、收款人、代为清偿票据债务的保证人、代为清偿票据债务的背书人，均可向其前手行使追索权。

27. 答案：A、B、C、D

【解析】根据《票据法》的规定，当持票人在法定期限内向付款人请求付款，未获付款的，持票人可向其前手行使追索权。甲、乙、丁均为持票人张某的前手；同时，票据上有设有保证人丙，保证人和被保证人一起对持票人承担连带责任。

28. 答案：A、B、C

【解析】汇票上未记载付款地的，付款人的营业场所、住所或经常居住地为其付款地。

29. 答案：A、B、C

【解析】选项 A、B 均属于票据的相对记载事项，不记载不会影响票据的效力，选项 C 记载“不得转让”字样，属于背书的一种，是限制其直接后手的背书，即直接后手再背书转让的，原背书人对其直接后手的背书行为不承担票据保证责任。

30. 答案：A、B

【解析】票据丧失后，失票人可以挂失止付、公示催告和普通诉讼，但挂失止付仅是票据丢失后的一种暂时性补救措施。

31. 答案：A、C

【解析】选项 B、D 只能用于转账，不得用于支取现金。

32. 答案：A、B

【解析】根据《票据法》的规定，支票的金额、收款人名称可以由出票人授权补记。

33. 答案：A、B、D

【解析】签发汇兑凭证时，需记载下列事项：表明“信汇”或“电汇”字样、无条件支付的委托、确定的金额、收款人名称、汇款人名称、汇入点及汇入行、汇出点及汇出行、委托日期、汇款人签章。

34. 答案：A、B、C、D

【解析】根据《支付结算办法》的规定，更改出票日期、收款单位名称的票据，中文大写金额和阿拉伯数字不一致的票据，以及伪造出票人签章的票据，均为无效票据。

三、判断题

1. 答案：√

【解析】根据《支付结算办法》的规定，除法律、行政法规另有规定外，未经中国人民银行批准的非银行金融机构和其他单位，不得作为中介机构办理支付结算业务。

2. 答案：×

【解析】除法律规定的以外，银行一律不得为任何单位或者个人查询账户情况，不得为任何单位或者个人冻结、扣划款项，不得停止单位、个人存款的正常支付。

3. 答案：×

【解析】支付结算是指单位、个人在社会经济活动中使用票据、银行卡和汇兑、托收承付、委托收款等结算方式进行货币给付及其资金清算的行为。

4. 答案：√

【解析】单位银行结算账户中单位的法定代表人发生变更时，应当于 5 个工作日内书面通知开户银行并提供有关证明。银行接到存款人的变更通知后，应及时办理变更手续，并于2个工作日内向中国人民银行报告。

5. 答案：√

【解析】注册验资的临时存款账户在验资期间只收不付。

6. 答案：×

【解析】异地银行结算账户单位、个人均可开立。

7. 答案：×

【解析】个人银行结算账户是指自然人因投资、消费、结算等而开立的可办理支付结算业务的存款账户。

8. 答案：√

【解析】根据规定，银行账户存款人尚未清偿开户银行债务的，不得申请撤销银行结算账户。

9. 答案：×

【解析】中文大写金额数字到“元”为止的，在“元”之后要写“整”（或“正”）字，在“分”之后不能写“整”（或“正”）字。

10. 答案：×

【解析】根据支付结算中“谁的钱进谁的账，由谁支配”原则，对于存款人的资金，必须由其自由支配，银行不代垫款项。

11. 答案：×

【解析】银行结算账户按存款人不同，分为单位银行结算账户和个人银行结算账户。

12. 答案：√

【解析】银行汇票的背书转让以不超过出票金额的实际结算金额为准。

13. 答案：√

【解析】出票人可在汇票上记载《票据法》和《支付结算办法》规定事项以外的其他事项，但不产生《票据法》上的效力。

14. 答案：√

【解析】支票限于见票即付，不得另行记载付款日期，另行记载无效。

15. 答案：×

【解析】支票超过提示付款期限，付款人不予付款的，出票人仍应对持票人承担票据责任。

16. 答案：×

【解析】用于支取现金的银行本票不得背书转让。

17. 答案：×

【解析】银行汇票的提示付款期限为自出票日起 1 个月内。

18. 答案：√

【解析】票据丢失的补救措施包括挂失止付、公示催告和普通诉讼 3 种。

19. 答案：×

【解析】付款人依法支付票款的，对出票人不再承担受托付款责任，对持票人不再承担付款责任。但付款人以恶意或有重大过失付款的除外。

20. 答案：×

【解析】定日付款的商业汇票，持票人应于汇票到期前提示承兑。

21. 答案：√

【解析】支票的金额、收款人名称可由出票人授权补记，未补记前不得背书转让和提示付款。

22. 答案：√

【解析】票据的金额、出票日期、收款人名称不得进行更改，否则票据无效。

23. 答案：√

【解析】票据金额应以中文大写和阿拉伯小写数字同时记载，两者必须一致；两者不一致的，票据无效。

24. 答案：√

【解析】根据“一个基本账户”管理原则，一个单位可以在几家银行开设账户，但只能在一家银行开设基本存款账户。

25. 答案：√

【解析】银行汇票的实际结算金额大于出票金额的，银行不予受理。

26. 答案：√

【解析】商业汇票承兑人附有条件的，视为拒绝承兑。

27. 答案：×

【解析】票据出票日期使用小写的，银行不予受理。

28. 答案：√

【解析】邮政储蓄机构办理银行卡业务开立的账户纳入个人银行结算账户管理。

29. 答案：×

【解析】未在银行开立账户的个人，可以通过银行办理支付结算。

30. 答案：×

【解析】持票人对前手的再追索权，自清偿或者被提起诉讼之日起 3 个月不行使的，票据权利消失，但前手是出票人的除外。

31. 答案：×

【解析】变造票据签章以外的事项，在变造之前签章的人对原记载事项负责；在变造之后签章的人对变造之后的记载事项负责；不能辨别在票据变造之前或者之后签章的，视同在变造之前签章。

32. 答案：×

【解析】国内信用证开具后，在有效期内，未经开证行、开证申请人和受益人的同意，开证银行不得修改或撤销。

第三章 税收法律制度

主要考点

1. 税收的概念及其分类
2. 税法及其构成要素
3. 增值税、消费税、企业所得税和个人所得税的相关计税原理及应纳税额的计算
4. 营业税改征增值税试点方案的具体政策
5. 税收征管的具体规定

复习重点

第一节 税收概述

一、税收的概念与分类

1．税收的概念和作用

（1）税收的概念。税收是国家为了实现其职能，凭借政治权力，按照法律规定的标准和程序，参与社会产品或国民收入分配，强制、无偿地取得财政收入的一种分配形式。

（2）税收的作用。

① 税收是国家组织财政收入的主要形式和工具。

② 税收是国家调控经济的重要杠杆。

③ 税收具有维护国家政权的作用。

④ 税收是国际经济交往中维护国家利益的可靠保证。

2．税收的特征

税收具有强制性、无偿性和固定性。

3．税收的分类

税收的分类如表 3-1 所示。

表 3-1　　税收的分类

<table>
<tr><th rowspan="2">标准</th><th colspan="2">分类</th></tr>
<tr><th>类别</th><th>含义</th></tr>
<tr><td rowspan="5">征税对象</td><td>流转税</td><td>以货物或劳务的流转额为征税对象</td></tr>
<tr><td>所得税</td><td>以纳税人的各种所得额为征税对象</td></tr>
<tr><td>财产税</td><td>以纳税人所拥有或支配的特定财产为征税对象</td></tr>
<tr><td>资源税</td><td>以自然资源和某些社会资源作为征税对象</td></tr>
<tr><td>行为税</td><td>国家为了实现特定目的，以纳税人的某些特定行为为征税对象</td></tr>
<tr><td rowspan="2">征收管理的分工体系</td><td>工商税类</td><td>由税务机关负责征收管理</td></tr>
<tr><td>关税类</td><td>由海关负责征收管理</td></tr>
<tr><td rowspan="3">征收权限和收入支配权限</td><td>中央税</td><td>由中央政府征收、使用或者地方政府征税后全部划解中央，由中央支配</td></tr>
<tr><td>地方税</td><td>由地方政府征收、管理和支配</td></tr>
<tr><td>共享税</td><td>税收收入由中央和地方政府按比例分享</td></tr>
<tr><td rowspan="3">计税标准</td><td>从价税</td><td>以课税对象的价格作为计税依据</td></tr>
<tr><td>从量税</td><td>以课税对象的实物量作为计税依据</td></tr>
<tr><td>复合税</td><td>对征税对象采用从价和从量相结合的计税方法</td></tr>
</table>

【例 3-1】在我国现行的下列税种中，不属于财产税类的是（　　）。

A．房产税　　B．车船税　　C．船舶吨税　　D．车辆购置税

答案：D

【解析】车辆购置税属于行为税类。

二、税法及构成要素

1．税法的概念

税法是国家权力机关或授权行政机关制定的用以调整税收关系的法律规范的总称，对税收的有序进行和税收目的的有效实现起着重要的法律保障作用。

2．税法的分类

税法的分类如表 3–2 所示。

表 3-2　　税法的分类

<table>
<tr><th rowspan="2">标准</th><th colspan="2">分类</th></tr>
<tr><th>类别</th><th>含义</th></tr>
<tr><td rowspan="2">税法的功能作用</td><td>实体法</td><td>规定税收法律关系中征、纳主体的实体权利、义务的法律规范的总称</td></tr>
<tr><td>程序法</td><td>税务管理方面的法律规范</td></tr>
<tr><td rowspan="3">主权国家行使的税收管辖权</td><td>国内法</td><td>一国在其税收管辖权范围内制定的税收法律制度</td></tr>
<tr><td>国际法</td><td>两个或两个以上的课税权主体形成的国与国之间的税收分配形式</td></tr>
<tr><td>外国法</td><td>外国各个国家制定的税收法律制度</td></tr>
<tr><td rowspan="3">法律级次</td><td>法律</td><td>由全国人民代表大会及其常务委员会制定</td></tr>
<tr><td>行政法规</td><td>由国务院制定</td></tr>
<tr><td>规章、规范性文件</td><td>由国务院财税主管部门发布</td></tr>
</table>

【例 3-2】下列属于税收实体法的有（　　）。

A.《税收征收管理法》　　B.《增值税暂行条例》

C.《企业所得税法》　　D.《税收征收管理法实施细则》

答案：B、C

【解析】A、D 属于程序法。

3．税法的构成要素

税法一般包括征税人、纳税义务人、征税对象、税目、税率、计税依据、纳税环节、纳税期限、纳税地点、减免税和法律责任 11 个项目。其中，纳税义务人、征税对象和税率是构成税法的最基本的要素。

【例 3-3】下列各项中属于税法基本要素的有（　　）。

A．征税人　　B．纳税义务人　　C．征税对象　　D．计税依据

答案：B、C

【解析】纳税义务人、征税对象和税率是构成税法的最基本的要素。

【例 3-4】如果税法规定某一税种的起征点是 800 元，那么超过起征点的，仅就超过 800 元的部分征税。（　　）

答案：×

【解析】超过起征点的，就全额交税。

第二节　流转税法律制度

一、增值税法律制度

增值税是以商品（含应税劳务及应税服务）在流转过程中产生的增值额作为计税依据而征收的一种流转税。

增值税可分为生产型、收入型和消费型的增值税，我国从 2009 年 1 月 1 日起实行消费型增值税。

1．增值税的征税范围

凡在中华人民共和国境内销售货物、提供应税劳务、提供应税服务以及进口货物、销售无形资产和不动产的单位和个人，都属于增值税的征税范围。

（1）征税范围的一般规定。

① 销售或进口货物。货物是指有形动产，包括电力、热力、气体在内。销售货物是指有偿转让货物的所有权。

② 提供应税劳务。提供应税劳务是指纳税人提供的加工、修理修配劳务，不包括单位或个体经营者聘用的员工为本单位或雇主提供的加工、修理修配劳务。

③ 提供应税服务。提供应税服务是指提供交通运输服务、邮政服务、电信服务、建筑服务、金融服务、现代服务、生活服务。

④ 转让无形资产。无形资产是指不具实物形态，但能带来经济利益的资产，包括技术、商标、著作权、商誉、自然资源使用权和其他权益性无形资产。

⑤ 销售不动产。不动产是指不能移动或者移动后会引起性质、形状改变的财产，包括建

筑物、构筑物等。

（2）征税范围的特殊规定。

① 视同销售货物。按现行税法规定，单位和个体经营者的下列行为虽然没有取得销售收入，但也视同销售货物，应当征收增值税。

a. 代销行为的双方（包括委托方和受托方）。

b. 实行统一核算的纳税人将货物从一个机构移送到其他机构用于销售，但相关机构设在同一县（市）的除外。

c. 纳税人将自产、委托加工货物用于非应税项目、集体福利或个人消费（对内）。

d. 纳税人将自产、委托加工或外购的货物用于分配、投资、无偿赠送（对外）。

【例 3-5】根据增值税规定，下列行为应视同销售货物征收增值税的有（　　）。

A．将外购的服装作为春节福利发给企业员工　B．将委托加工收回的卷烟用于赠送客户

C．将新研发的玩具交付某商场代为销售　D．将外购的水泥用于本企业仓库的修建

答案：B、C

【解析】A、D 属于将外购的货物用于对内，不是视同销售的行为。

② 视同提供应税服务。单位和个体工商户的下列情形，视同提供应税服务。

a. 向其他单位或者个人无偿提供应税服务，但以公益活动为目的或者以社会公众为对象的除外。

b. 财政部和国家税务总局规定的其他情形。

③ 混合销售。混合销售是指一项销售行为既涉及货物销售又涉及服务。

从事货物的生产、批发或者零售的单位和个体工商户的混合销售行为，按照销售货物缴纳增值税；其他单位和个体工商户的混合销售行为，按照销售服务缴纳增值税。

例如，家电商场出售空调 4 000 元，同时收取安装费 60 元，这种行为属于销售货物主体的混合销售行为，销售额 4 060 元，按照销售货物缴纳增值税；而 KTV 提供 KTV 服务的同时销售酒水饮料，该项混合销售行为则应当按照提供应税服务缴纳增值税。

④ 混业经营。纳税人兼有不同税率或者征收率的销售货物、提供加工修理修配劳务或者应税服务的，应当分别核算适用不同税率或征收率的销售额，未分别核算销售额的，从高适用税率或征收率。

2．增值税的纳税人

（1）纳税义务人。凡在中华人民共和国境内销售货物、提供应税劳务、提供应税服务以及进口货物、销售无形资产和不动产的单位和个人为增值税的纳税义务人。

（2）纳税人的类型。增值税的纳税人按生产经营规模和会计核算标准可分为一般纳税人和小规模纳税人两种。

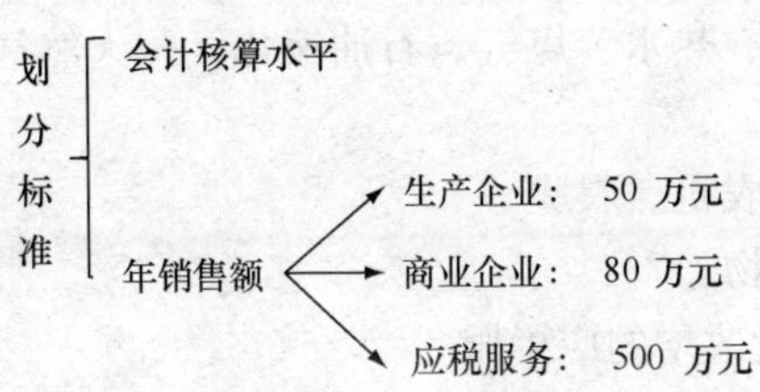

注意

下列纳税人不属于一般纳税人。

① 年应税销售额未超过小规模纳税人标准的企业。

② 个体工商户以外的其他个人。

③ 非企业性单位。

④ 不经常发生增值税应税行为的企业。

小规模纳税人会计核算健全，能够提供准确税务资料的，可以向主管税务机关申请一般纳税人资格认定，成为一般纳税人。而纳税人一经认定为一般纳税人后，除国家税务总局另有规定外，不得再转为小规模纳税人。

【例 3-6】按照现行规定，下列各项中必须被认定为小规模纳税人的是（　　）。

A．年应税销售额 60 万元，会计核算制度健全的汽车修理厂

B．年不含税销售额 90 万元以上的批发企业

C．年不含税销售额 80 万元以下、会计核算制度不健全的超市

D．非企业性单位

答案：C、D

【解析】A、B 属于一般纳税人。

注意

小规模纳税人与一般纳税人的区别如下。

① 小规模纳税人销售货物或提供应税劳务不得使用专用发票，确需开具的，只能申请由主管税务机关代开。

② 小规模纳税人按简易办法计算应纳税额，不能抵扣进项税额。

（3）扣缴义务人。境外单位或个人在境内提供应税劳务或服务，在境内设有经营机构的，以经营机构为增值税纳税人；未设有经营机构的，以代理人为扣缴义务人；无代理人的，以接受方为扣缴义务人，应扣缴税额=接受方支付的价款÷（1+税率）×税率。

3．增值税税率

（1）基本税率。增值税基本税率为 17%。

（2）低税率。

① 13%。

a. 粮食、食用植物油、鲜奶。

b. 自来水、暖气、冷气、热水、煤气、石油液化气、天然气、沼气、居民用煤炭制品。

c. 图书、报纸、杂志。

d. 饲料、化肥、农药、农机、农膜。

e. 国务院规定的其他货物。

② 11%和 6%，适用于营改增的应税服务。

（3）零税率。纳税人出口货物及财政部、国家税务总局规定的应税服务，税率为零。

（4）征收率。考虑到小规模纳税人经营规模小，且会计核算不健全，难以按上述增值税税率计税和使用增值税专用发票抵扣进项税率，因此实行按销售额与征收率计算应纳税额的简易办法。小规模纳税人增值税征收率为 3%。

若纳税人提供适用不同税率或征收率的应税服务，应当分别核算各自的销售额；未分别核算的，税率从高。

4．增值税应纳税额的计算

（1）一般纳税人应纳税额的计算。

应纳增值税=销项税额-进项税额

① 销项税额：

当期销项税额=销售额（不含税）×税率

a. 计税销售额的一般规定。计税销售额包括纳税人销售货物或应税劳务、应税服务从购买方收取的全部价款和价外费用（手续费、补贴、基金、集资费、返还利润、代垫款项等）。

一般纳税人用价税合并定价方法销售货物和应税劳务的，按以下公式计算销售额。

不含税销售额=含税销售额/（1+增值税税率）

【例 3-7】甲商场为一般纳税人，8 月零售货物 585 万元，开具普通发票，则当月销项税额为（　　）。

【解析】由于零售环节一般不能开具专用发票，普通发票上的 585=价+税。

含税销售额 585=价+价×17%=价×（1+17%）

销项税额=不含税销售额×税率=585÷（1+17%）×17%=85（万元）

b. 几种特殊情况下销售额的确定。

- 折扣销售。折扣销售是指销售方给予购货方的价格优惠。如销售额和折扣额在同一张增值税专用发票上分别注明，可以以折扣后的销售额作为计税销售额。实物折扣视同销售，按原销售额计税。
- 销售折扣。销售折扣是指为让购货方及早偿还货款，协议给予购货方的折扣优待，又称为现金折扣。折扣额不允许从销售额中扣除。
- 销售折让。销售折让是指因质量、品种等问题，购货方虽未退货，但是需给予购货方的一种价格折让，可以折让后的销售额为计税销售额。
- 以旧换新。以旧换新是纳税人在销售货物时，有偿收回旧货的销售方式。纳税人在一定期限内将全部或部分价款返还给购货方的销售方式。税法规定，按原销售额确定计税销售额，不得减除旧货物的收购额，金银首饰除外。
- 还本销售。还本销售是纳税人在一定期限内将全部或部分价款返还给购货方的销售方式。税法规定，按原销售额确定计税销售额，不得减除还本支出。
- 以物易物。在以物易物的销售方式下，双方都应做购销处理，以各自发出的货物核算销售额并计算销项税额。
- 包装物押金。包装物押金单独记账，未逾期（一年）的不并入销售额。逾期未收回不再退还的，按所包装货物并入销售额计税。逾期包装物押金要换算成不含税销售额。啤酒、黄酒以外的其他酒类产品包装物押金一律并入当期销售额。包装物租金属价外费用，并入销售额计税。

② 进项税额：纳税人购进货物或应税劳务、应税服务所支付的增值税税额。

a. 允许抵扣的进项税额。

- 从销售方取得的增值税专用发票上注明的增值税税额。

- 从海关取得的完税凭证上注明的增值税税额。
- 购进农产品，除取得增值税专用发票或者海关进口增值税专用缴款书外，按照农产品收购发票或者销售发票上注明的农产品买价和13%的扣除率计算的进项税额。计算公式如下。

进项税额=买价×扣除率

- 从境外单位或者个人购进服务、无形资产或者不动产，自税务机关或者扣缴义务人取得的缴解税款的完税凭证上注明的增值税税额。

b. 不允许从销项税额中抵扣的进项税额。

- 用于简易计税方法计税项目、免征增值税项目、集体福利或者个人消费的购进货物、加工修理修配劳务、服务、无形资产和不动产。
- 非正常损失的购进货物以及相关的加工修理修配劳务和交通运输服务。
- 非正常损失的在产品、产成品所耗用的购进货物（不包括固定资产）、加工修理修配劳务和交通运输服务。
- 非正常损失的不动产，以及该不动产所耗用的购进货物、设计服务和建筑劳务。
- 非正常损失的不动产在建工程所耗用的购进货物、设计服务和建筑服务。纳税人新建、改建、扩建、修缮、装饰不动产，均属于不动产在建工程。
- 购进的旅客运输服务、贷款服务、餐饮服务、居民日常服务和娱乐服务。
- 财政局和国家税务总局规定的其他情形。

注意

非正常损失是指因管理不善造成被盗、丢失、霉烂变质以及因违反法律法规造成货物或者不动产被依法没收、销毁、拆除的情形。因“不可抗力”造成的损失，其进项税额可以抵扣。

【例 3-8】下列行为中，涉及的进项税额不得从销项税额中抵扣的是（　　）。

A．将外购的货物用于基建工程　　B．将外购的货物发给职工作为福利

C．将外购的货物无偿赠送给外单位　　D．将外购的货物作为实物投资

答案：B

【解析】B 选项，外购的货物用于对内的行为不得抵扣进项税额；A 选项，营改增前，属于外购的货物用于非增值税应税项目，进项税额不得抵扣，营改增后属于纳税人购进货物用于不动产在建工程，进项税额可以进行分期抵扣。

③ 增值税应纳税额的计算举例。

【例 3-9】甲纺织厂是增值税一般纳税人，8 月外购项目如下：①染料价款 3 万元，增值税专用发票上注明的税款为 5 100 元；②从供销社购进棉花一批，增值税专用发票上注明的税款为 27 200 元；③从农民手中购进棉花，价款 4 万元，开具了农产品收购发票；④从小规模纳税人企业购进机器配件 6 000 元。本月销售项目有：①销售棉坯布收入 24 万元；②销售印染布一批，其中给一般纳税人 28 万元，开具增值税专用发票；给小规模纳税人 4 万元，开具普通发票。则当月应缴增值税为（　　）。

【解析】销项税额=24×17%+28×17%+4÷（1+17%）×17%=4.08+5.34=9.42（万元）

进项税额=0.51+2.72+4×13%=0.51++2.72+0.52=3.75（万元）

应纳增值税=9.42−3.75=5.67（万元）

（2）小规模纳税人应纳税额的计算。

应纳税额=不含税销售额×征收率

=含税销售额÷（1+征收率）×征收率

【例 3-10】某超市是小规模纳税人，9 月购进货物（商品）取得普通发票，共计支付金额 120 000 元；本月销售货物取得零售收入共计 150 000 元，另外取得包装费 8 080 元。该企业 9 月份应缴纳的增值税为多少？

【解析】应纳增值税=（150 000+8 080）÷（1+3%）×3%=4 604.27（元）。

5．增值税的税收优惠

（1）增值税的法定免税。

① 农业生产者销售的自产农产品。

② 避孕药品和用具。

③ 古旧图书。

④ 直接用于科研、科学实验和教学的进口仪器设备。

⑤ 外国政府、国际组织无偿援助的进口物资设备。

⑥ 由残疾人组织直接进口供残疾人专用的设备。

⑦ 个人销售自己使用过的物品。

（2）增值税的起征点（个人纳税人适用）。纳税人销售额未达到国务院财政、税务主管部门规定的起征点的免征增值税。增值税起征点的适用范围为个人（不包括认定为一般纳税人的个体工商户）。

增值税起征点的幅度规定如下。

① 销售货物的，为月销售额 5 000～20 000 元。

② 销售应税劳务或服务的，为销售额 5 000～20 000 元。

③ 按次纳税的，为次（日）销售额 300～500 元。

省、自治区、直辖市财政厅（局）和国家税务局应在规定的幅度内，根据实际情况确定本地区适用的起征点，并报财政部、国家税务总局备案。

6．增值税的征收管理

（1）纳税义务发生时间。销售货物或者应税劳务的，其纳税义务发生时间为收讫销售款项或者取得索取销售款项凭据的当天；先开具发票的，其纳税义务发生时间为开具发票的当天；进口货物的，其纳税义务发生时间为报关进口的当天；增值税扣缴义务发生时间为纳税人增值税纳税义务发生的当天。

① 采取托收承付和委托银行收款方式销售货物的，其纳税义务发生时间为发出货物并办妥托收手续的当天。

② 采取赊销和分期收款方式销售货物的，其纳税义务发生时间为书面合同约定的收款当天；无书面合同或者书面合同没有约定收款日期的，其纳税义务发生时间为货物发出的当天。

③ 采取预收货款方式销售货物的，其纳税义务发生时间为货物发出的当天；但销售生产工期超过 12 个月的大型机械设备、船舶、飞机等货物的，其纳税义务发生时间为收到预收款或者书面合同约定的收款日期的当天。纳税人提供租赁、建筑服务采取预收款方式的，其纳税义务发生时间为收到预收款的当天。

④ 委托其他纳税人代销货物的，其纳税义务发生时间为收到代销单位的代销清单或者收到全部或者部分货款的当天；未收到代销清单及货款的，其纳税义务发生时间为发出代销货物满 180 天的当天。

⑤ 销售应税劳务的，其纳税义务发生时间为提供劳务同时收讫销售款或者取得索取销售款的凭据的当天。

⑥ 纳税人发生视同销售货物行为的，其纳税义务发生时间为货物移送的当天；纳税人发生视同提供应税服务行为的，其纳税义务发生时间为应税服务完成的当天。

⑦ 纳税人进口货物的，其纳税义务发生时间为报关进口的当天。

⑧ 增值税扣缴义务发生时间为纳税人增值税纳税义务发生的当天。

（2）纳税期限。《增值税暂行条例》规定，增值税的纳税期限分别为 1 日、3 日、5 日、10 日、15 日、1 个月或者 1 个季度。

纳税人的具体纳税期限由主管税务机关根据纳税人应纳税额的大小分别核定；不能按照固定期限纳税的，可以按次纳税。

以一个季度为纳税期限的仅适用于小规模纳税人。

纳税人以 1 个月或者 1 个季度为 1 个纳税期的，自期满之日起 15 日内申报纳税。

以 1 日、3 日、5 日、10 日或者 15 日为 1 个纳税期的，自期满之日起 5 日内预缴税款，于次月 1 日起 15 日内申报纳税并结清上月应纳税款。

纳税人进口货物，应当自海关填发海关进口增值税专用缴款书之日起 15 日内缴纳税款。

纳税人出口货物，凭出口报关单等有关凭证，按月向税务机关申报办理该项出口货物的退税。

（3）纳税地点。固定业户应当向其机构所在地的主管税务机关申报纳税。固定业户到外县（市）销售货物或者应税劳务，应当向其机构所在地主管税务机关申请开具《外出经营活动税收管理证明》，并向其机构所在地主管税务机关申报纳税。未开具该证明的，应当向销售地或者劳务发生地的主管税务机关申报纳税。

非固定业户销售货物或者提供应税劳务，应当向销售地或者劳务发生地的主管税务机关申报纳税。进口货物向报关地海关申报纳税。

扣缴义务人应当向其机构所在地或者居住地主管税务机关申报缴纳其扣缴的税款。

（4）增值税专用发票的管理。增值税专用发票（以下简称“专用发票”）是指增值税一般纳税人销售货物或者提供应税劳务开具的发票，是购买方支付增值税额并可按照增值税有关规定据以抵扣增值税进项税额的凭证。

① 增值税专用发票的联次。基本联次为三联，各联次必须按以下规定用途使用。

第一联为发票联，购买方作为购买核算采购成本和增值税进项税额的记账凭证。

第二联为抵扣联，购买方作为报送主管税务机关认证和留存备查的凭证。

第三联为记账联，销售方作为核算销售收入和增值税销项税额的记账凭证。

② 增值税专用发票的开具范围。增值税专用发票只限于增值税一般纳税人领购使用。一般纳税人应通过增值税防伪税控系统使用专用发票。

商业企业一般纳税人零售的烟、酒、食品、服装、鞋帽（不包括劳保专用部分）、化妆品等消费品不得开具增值税专用发票。

增值税小规模纳税人和非增值税纳税人不得领购使用增值税专用发票。

销售免税货物不得开具增值税专用发票。

二、营业税改征增值税（以下简称“营改增”）改革的试点政策

1. 背景

（1）经济改革的需要。营改增是发展第三产业、促进服务出口、调整经济结构的需要。

（2）财税体制改革的需要。营改增有利于完善财税体制，消除重复征税。

2．营改增的范围

（1）提供应税服务。提供应税服务是指提供交通运输服务、邮政服务、电信服务、建筑服务、金融服务、现代服务、生活服务。

① 交通运输服务是指利用运输工具将货物或者旅客送达目的地，使其空间位置得到转移的业务活动，包括陆路运输服务、水路运输服务、航空运输服务和管道运输服务。

② 邮政服务是指中国邮政集团公司及其所属邮政企业提供邮件寄递、邮政汇兑和机要通信等邮政基本服务的业务活动，包括邮政普遍服务、邮政特殊服务和其他邮政服务。

③ 电信服务是指利用有线、无线的电磁系统或者光电系统等各种通信网络资源，提供语音通话服务，传送、发射、接收或者应用图像、短信等电子数据和信息的业务活动，包括基础电信服务和增值电信服务。

④ 建筑服务是指各类建筑物、构筑物及其附属设施的建造、修缮、装饰，线路、管道、设备、设施等的安装以及其他工程作业的业务活动，包括工程服务、安装服务、修缮服务、装饰服务和其他建筑服务。

⑤ 金融服务是指经营金融保险的业务活动，包括贷款服务、直接收费金融服务、保险服务和金融商品转让。

⑥ 现代服务是指围绕制造业、文化产业、现代物流产业等提供技术性、知识性服务的业务活动，包括研发和技术服务、信息技术服务、文化创意服务、物流辅助服务、租赁服务、鉴证咨询服务、广播影视服务、商务辅助服务和其他现代服务。

⑦ 生活服务是指为满足城乡居民日常生活需求提供的各类服务活动，包括文化体育服务、教育医疗服务、旅游娱乐服务、餐饮住宿服务、居民日常服务和其他生活服务。

（2）转让无形资产。转让无形资产是指转让无形资产所有权或者使用权的业务活动。无形资产是指不具实物形态，但能带来经济利益的资产，包括技术、商标、著作权、商誉、自然资源使用权和其他权益性无形资产。

（3）销售不动产。销售不动产是指转让不动产所有权的业务活动。不动产是指不能移动或者移动后会引起性质、形状改变的财产，包括建筑物、构筑物等。

3．营改增纳税人的分类管理

营改增纳税人分为一般纳税人和小规模纳税人，以增值税年应税销售额及会计核算制度是否健全为划分的主要标准。小规模纳税人的标准暂定为应税服务年销售额500万元（含本数）以下。

4．营改增的适用税率

（1）一般税率。

① 纳税人发生应税行为，除下列②、③、④项规定外，税率为6%。

② 提供交通运输、邮政、基础电信、建筑、不动产租赁服务，销售不动产，转让土地使用权，税率为11%。

③ 提供有形动产租赁服务，税率为17%。

④ 境内单位和个人发生的跨境应税行为，税率为零。具体范围由财政部和国家税务总局另行规定。

（2）征收率。增值税征收率为3%，财政部和国家税务总局另有规定的除外。

5．营改增应纳税额的计算

【例3-11】北京市甲公司（增值税一般纳税人，按一般计税方法计税）专门从事认证服务，

2015年5月发生如下业务。

(1) 5月10日，取得认证服务收入106万元，开具增值税专用发票，价税合计为106万元。

(2) 5月12日，购进一台经营用设备，取得的增值税专用发票上注明价款20万元、增值税税额3.4万元。

(3) 5月14日，接受乙公司提供的设计服务，取得的增值税专用发票上注明价款5万元、增值税税额0.3万元。

(4) 5月16日，接受丙公司提供的交通运输服务，取得的货物运输业增值税专用发票上注明价款1万元、增值税税额0.11万元。

已知：甲公司适用的增值税税率为6%。

要求：计算甲公司当月应纳增值税税额。

【解析】当期销项税额=106÷（1+6%）×6%=6（万元）。当期准予抵扣的进项税额=3.40+0.30+0.11=3.81（万元）。当期应纳增值税税额=6−3.81=2.19（万元）。

【例3-12】某试点地区一般纳税人2015年8月取得交通运输收入111万元（含税），当月外购汽油10万元，购入运输车辆20万元（不含税金额，取得增值税专用发票），发生的联运支出50万元（不含税金额，试点地区纳税人提供，取得专用发票）。要求：计算该纳税人8月份的应纳税额是多少？

【解析】应纳税额=111÷（1+11%）×11%−10×17%−20×17%−50×11%

=11−1.7−3.4−5.5=0.4（万元）。

三、消费税法律制度

1. 消费税的概念

消费税是指对特定的消费品和特定的消费行为在特定的征税环节征收的一种流转税（属于特别消费税）。

我国现行消费税是对我国境内从事生产、委托加工和进口应税消费品的单位和个人，就其应税消费品的销售额或销售数量或二者结合征收的一种流转税。

（1）生产应税消费品。在生产销售环节交税，除了生产用于销售以外，还包括将生产的应税消费品用于换取生产资料、消费资料、投资入股、偿还债务，以及用于继续生产应税消费品以外的其他方面等视同销售情形。

（2）委托加工应税消费品。委托加工应税消费品是指委托方提供原料和主要材料，受托方只收取加工费和代垫部分辅助材料加工的应税消费品。由受托方以各种名义提供原料的行为都不能视为委托加工。委托加工情形下的纳税人为委托方，但一般由受托方进行代收代缴。

（3）进口应税消费品。

（4）批发、零售应税消费品。

自2009年5月1日起，卷烟除在生产环节照常纳税外，在批发环节加征一道从价税，税率为5%；并自2015年5月10日起，将卷烟批发环节从价税税率由5%提高至11%，同时按0.005元/支加征从量税。

金银首饰、钻石及钻石饰品等不在生产环节纳税，而是在零售环节纳税。

2. 消费税的计税方法

消费税的计税方法主要有从价定率、从量定额和复合计征3种。

3. 消费税的纳税人

消费税的纳税人是指在中国境内生产、委托加工和进口应税消费品的单位和个人。

注意

出口不交消费税，受托加工不交消费税。委托加工的应税消费品，除受托方为个人外，由受托方在向委托方交货时代收代缴消费税。

【例 3-13】下列表述内容中，不属于消费税纳税人的有（　　）。

A．生产应税消费品的单位和个人　　B．进口应税消费品的单位和个人

C．委托加工应税消费品的单位和个人　　D．加工应税消费品的单位和个人

答案：D

【解析】加工应税消费品的单位和个人属于受托方，不属于消费税纳税人。

【例 3-14】甲委托乙加工化妆品，则下列说法中正确的是（　　）。

A．甲是增值税的纳税义务人　　B．甲是消费税的纳税义务人

C．乙是增值税的纳税义务人　　D．乙是消费税的纳税义务人

答案：B、C

【解析】乙提供的是加工修理修配劳务，是增值税的纳税人。甲委托加工应税消费品，属于消费税的纳税义务人。

4．消费税税目与税率

消费税税目与税率如表 3–3 所示。

表 3-3　　消费税税目与税率一览表

<table>
<tr><th>税目</th><th colspan="2">子目</th><th>税率</th></tr>
<tr><td rowspan="5">一、烟</td><td rowspan="3">1. 卷烟</td><td>（1）每标准条（200 支）调拨价 70 元以上的（含 70 元，不含增值税）</td><td>比率税率：56%
定额税率：150 元/标准箱（50 000 支）</td></tr>
<tr><td>（2）每标准条（200 支）调拨价 70 元以下的（不含增值税）</td><td>比率税率：36%
定额税率：150 元/标准箱（50 000 支）</td></tr>
<tr><td>商业批发</td><td>比率税率：11%，定额税率：250 元/标准箱（50 000 支）</td></tr>
<tr><td colspan="2">2. 雪茄烟</td><td>36%</td></tr>
<tr><td colspan="2">3. 烟丝</td><td>30%</td></tr>
<tr><td rowspan="6">二、酒</td><td rowspan="3">1. 啤酒</td><td>（1）每吨出厂价格（含包装物及包装物押金，不含增值税）3 000 元（含）以上的</td><td>250 元/吨</td></tr>
<tr><td>（2）每吨出厂价格（含包装物及包装物押金，不含增值税）3 000 元以下的</td><td>220 元/吨</td></tr>
<tr><td>（3）娱乐业和饮食业自制的</td><td>250 元/吨</td></tr>
<tr><td colspan="2">2. 粮食白酒、薯类白酒</td><td>比率税率：20%；
定额税率：0.5 元/斤（500 克）或 0.5 元/500 毫升</td></tr>
<tr><td colspan="2">3. 黄酒</td><td>240/吨</td></tr>
<tr><td colspan="2">4. 其他酒</td><td>10%</td></tr>
</table>

续表

税目	子目	税率
三、成品油	1. 汽油	1.52 元/升
	2. 柴油	1.2 元/升
	3. 石脑油	1.52 元/升
	4. 溶剂油	1.52 元/升
	5. 润滑油	1.52 元/升
	6. 燃料油	1.2 元/升
	7. 航空煤油	1.2 元/升（暂缓征收）
四、鞭炮、焰火	—	15%
五、贵重首饰及珠宝玉石	1. 除镀金（银）、包金（银）首饰以及镀金（银）、包金（银）的镶嵌首饰以外的金银首饰；铂金首饰；钻石及钻石饰品	5%零售环节征收
	2. 其他金银珠宝首饰；珠宝玉石	10%生产环节征收
六、高尔夫球及球具	—	10%
七、高档手表[销售价格（不含增值税）每块在 10 000（含）元以上的各类手表]	—	20%
八、游艇	—	10%
九、木制一次性筷子	—	5%
十、实木地板	—	5%
十一、小汽车	1. 乘用车	
	（1）汽缸容量（排气量，下同）在 1.0 升（含）以下	1%
	（2）汽缸容量（排气量，下同）在 1.5 升（含）以下	3%
	（3）汽缸容量在 1.5～2.0 升（含）	5%
	（4）汽缸容量在 2.0～2.5 升（含）	9%
	（5）汽缸容量在 2.5～3.0 升（含）	12%
	（6）汽缸容量在 3.0～4.0 升（含）	25%
	（7）汽缸容量在 4.0 升以上	40%
	2. 中轻型商用客车	5%
十二、摩托车	1. 汽缸容量 250 毫升	3%
	2. 汽缸容量 250 毫升以上	10%
十三、化妆品	—	30%

注：自 2014 年 12 月 1 日起，取消汽车轮胎税目，取消酒精消费税，取消汽缸容量 250 毫升（不含）以下的小排量摩托车消费税；自 2015 年 2 月 1 日起，对电池、涂料按 4%税率征收消费税。对无汞原电池、金属氢化物镍蓄电池、锂原电池、锂电子蓄电池、太阳能电池、燃料电池和全钒液流电池免征消费税。

【例 3-15】根据消费税法律制度的规定，下列应税消费品中，实行从价定率与从量定额相结合的复合计税方法的有（　　）。

A. 烟丝　　B. 卷烟　　C. 白酒　　D. 药酒

答案：B、C

【解析】现行消费税的征税范围中，只有卷烟、白酒采用复合计征方法。

5．消费税应纳税额

（1）从价定率。

应纳税额=应税消费品的销售额×比例税率

销售额是纳税人销售应税消费品向购买方收取的全部价款和价外费用。

注意

销售额不包括向购货方收取的增值税税款。

价外费用不包括以下两个方面。

① 符合条件的代垫运输费用。

② 符合条件代为收取的政府性基金或者行政事业性收费。

（2）从量定额。

应纳税额=应税消费品的销售数量×定额税率

【例 3-16】某啤酒厂 8 月份销售乙类啤酒 400 吨，每吨出厂价格为 2 800 元。8 月该啤酒厂应纳消费税税额为（　　）元（乙类啤酒定额税率为 220 元/吨）。

A．88 000　　B．190 400　　C．100 000　　D．616 000

答案：A

【解析】应纳税额=销售数量×定额税率=400×220=88 000（元）。

（3）复合计征。卷烟、白酒采用从量定额与从价定率相结合的复合计税方法。

应纳税额=销售额×比例税率+销售数量×定额税率

【例 3-17】下列消费品中，实行从量定额计征办法的是（　　）。

A．啤酒　　B．白酒　　C．酒糟　　D．葡萄酒

答案：A

【解析】只有啤酒、黄酒和成品油实行从量定额计征的方法。

【例 3-18】某烟草生产企业是增值税一般纳税人。2015 年 1 月，该企业销售甲类卷烟 1 000 标准条，取得销售收入（含增值税）93 600 元。该企业 1 月应缴纳的消费税税额为（　　）元（已知甲类卷烟消费税定额税率为 0.003 元/支，1 标准条有 200 支；比例税率为 56%）。

A．53 016　　B．44 800　　C．600　　D．45 400

答案：D

【解析】应纳消费税税额=93 600÷（1+17%）×56%+200×1 000×0.003=44 800+600=45 400（元）。

（4）应税消费品已纳税款扣除。根据税法的规定，应税消费品若是用外购（或委托加工收回）已缴纳消费税的应税消费品连续生产出来的，在对这些连续生产出来的应税消费品征税时，按当期生产领用数量计算准予扣除外购（或委托加工收回）应税消费品已缴纳的消费税税款。

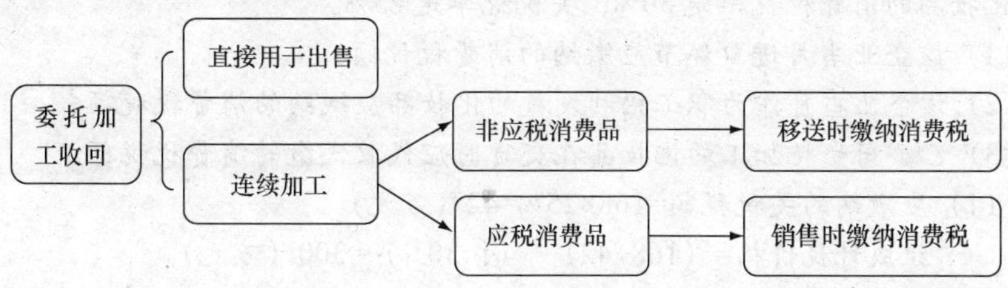

【例 3-19】某卷烟生产企业某月初库存外购应税烟丝金额为 20 万元，当月又外购应税烟丝金额为 50 万元（不含增值税），月末库存烟丝金额为 10 万元，其余被当月生产卷烟领用。卷烟厂当月准许扣除的外购烟丝已缴纳的消费税税额为（　　）万元（烟丝适用的消费税税率为 30%）。

A．15　　B．18　　C．6　　D．3

答案：B

【解析】当期准许扣除的外购烟丝买价=20+50−10=60（万元），当月准许扣除的外购烟丝已缴纳的消费税税额=60×30%=18（万元）。

（5）计税依据确定的特殊规定。

① 纳税人自产自用的应税消费品，按照纳税人生产的同类消费品的销售价格计算纳税；没有同类消费品销售价格的，按照组成计税价格计算纳税。

a. 一般应税消费品组成计税价格公式如下。

组成计税价格=（成本+利润）÷（1−比例税率）

=成本×（1+成本利润率）÷（1−比例税率）

b. 复合计征应税消费品组成计税价格公式如下。

组成计税价格=（成本+利润+自产自用数量×定额税率）÷（1−比例税率）

② 委托加工的应税消费品，按照受托方的同类消费品的销售价格计算纳税；没有同类消费品销售价格的，按照组成计税价格计算纳税。

a. 一般应税消费品组成计税价格公式如下。

组成计税价格=（材料成本+加工费）÷（1−比例税率）

b. 复合计征应税消费品组成计税价格公式如下。

组成计税价格=（材料成本+加工费+委托加工数量×定额税率）÷（1−比例税率）

③ 进口的应税消费品，按照组成计税价格计算纳税。

a. 一般应税消费品组成计税价格公式如下。

组成计税价格=（关税完税价格+关税）÷（1−比例税率）

b. 复合计征应税消费品组成计税价格公式如下。

组成计税价格=（关税完税价格+关税+进口数量×消费税定额税率）÷（1−消费税比例税率）

【例 3-20】某化妆品企业是增值税一般纳税人，主要从事化妆品的生产、进口和销售业务，2011 年 3 月发生以下业务。

(1) 从国外进口一批化妆品，海关核定的关税完税价格为 168 万元，企业按规定向海关缴纳了关税、消费税和进口环节增值税，并取得了相关完税凭证。

(2) 向企业员工发放一批新研发的化妆品作为职工福利，该批化妆品不含增值税的销售价格为 150 万元。

(3) 委托乙公司加工一批化妆品，提供的材料成本为 129 万元，支付乙公司加工费 11 万元，当月收回该批委托加工的化妆品，乙公司没有同类消费品销售价格。

已知：化妆品的消费税税率是 30%，关税税率是 25%。

计算：(1) 该企业当月进口环节应缴纳的消费税税额。

(2) 该企业当月作为职工福利发放的化妆品应缴纳的消费税税额。

(3) 乙公司受托加工的化妆品在交货时应代收代缴的消费税税额。

【解析】(1) 应缴纳的关税税额=168×25%=42（万元）。

组成计税价格=（168+42）÷（1−30%）=300（万元）。

应纳消费税税额=300×30%=90（万元）。

（2）应缴纳的消费税税额=150×30%=45（万元）。

（3）组成的计税价格=（129+11）÷（1−30%）=200（万元）。

应代收代缴的消费税税额=200×30%=60（万元）。

6．消费税征收管理

（1）纳税义务发生时间（与增值税大体相同）。纳税人生产的应税消费品于销售时纳税，进口消费品应于报关进口环节纳税，金银首饰、铂金首饰、钻石在零售环节纳税。

注意

这里的金银首饰是指金、银及金基、银基首饰。

（2）纳税期限（与增值税相同）。

（3）纳税地点。

① 纳税人销售的应税消费品，以及自产自用的应税消费品，向纳税人机构所在地或者居住地的主管税务机关申报纳税。（中央税）

纳税人的总机构与分支机构不在同一县（市）的，应当分别向各自机构所在地的主管税务机关申报纳税；经财政部、国家税务总局或者其授权的财政、税务机关批准，可以由总机构汇总向总机构所在地主管税务机关申报纳税。

纳税人在外县（市）销售或者委托外县（市）代销自产应税消费品的，于应税消费品销售后，向机构所在地或者居住地主管税务机关申报纳税。

② 委托个人加工的应税消费品，由委托方向其机构所在地或者居住地主管税务机关缴纳消费税款。

③ 进口的应税消费品，由进口人或其代理人向报关地海关申报纳税。

④ 纳税人销售的应税消费品，如因质量等原因由购买者退回时，经所在地主管税务机关审核批准后，可退还已征收的消费税税款，但不得自行直接抵减应纳税款。

【例 3-21】某酒厂总部设在北京，生产酒的基地设在遵义，则下列关于消费税的纳税地点的说法中正确的有（　　）。

A．在北京纳税　　　　　　　　　　B．在遵义纳税

C．经国家税务总局批准可以在北京纳税　D．经由北京市、贵州省国税局协商决定纳税地点

答案：A、B、C

【解析】纳税人的总机构与分支机构不在同一县（市）的，应当分别向各自机构所在地的主管税务机关申报纳税；经财政部、国家税务总局或者其授权的财政、税务机关批准，可以由总机构汇总向总机构所在地主管税务机关申报纳税。

【例 3-22】委托个人加工的应税消费品，由受托方向其机构所在地或者居住地主管税务机关申报纳税。（　）

答案：×

【解析】委托个人加工的应税消费品，由委托方向其机构所在地或者居住地主管税务机关申报纳税。

【例 3-23】A 市甲企业委托 B 市乙企业加工一批应税消费品，该批消费品应缴纳的消费税税款应由乙企业向 B 市税务机关解缴。（　　）

答案：√

【解析】委托加工的应税消费品，由受托方代收代缴消费税。

第三节 所得税法律制度

一、企业所得税法律制度

1. 企业所得税的概念

企业所得税是对企业和其他取得收入的组织所取得的生产经营所得和其他所得而征收的一种所得税。

（1）企业所得税的纳税义务人。我国采用注册地和实际管理机构所在地双重标准将企业所得税的纳税人分为居民企业和非居民企业。注意：个人独资企业、合伙企业不是企业所得税的纳税人。

① 居民企业是指依法在中国境内成立，或者依照外国法律成立但实际管理机构在中国境内的企业。

② 非居民企业依照外国法律成立且实际管理机构不在中国境内，但在中国境内设立机构、场所的，或者依照外国法律成立且实际管理机构不在中国境内，在中国境内未设立机构、场所，但有来源于中国境内所得的企业。

【例 3-24】根据企业所得税法律制度的规定，下列各项中，不属于企业所得税纳税人的是（　　）。

A．国有企业　　B．外商投资企业　　C．个人独资企业　　D．股份制企业

答案：C

【解析】个人独资企业缴纳个人所得税。

【例 3-25】在外国成立且实际管理机构不在中国境内的企业，不是企业所得税的纳税义务人。（　　）

答案：×

【解析】我国企业所得税纳税人分为居民企业和非居民企业。在外国成立且实际管理机构不在中国境内的企业，属于企业所得税纳税人中的非居民企业。

（2）企业所得税的征税对象。企业所得税的征税对象是纳税人取得的所有所得，包括生产经营所得和其他所得。根据企业所得税纳税人的不同分类，其征税对象也有一定的区别。其中，居民企业承担无限纳税义务，非居民企业承担有限纳税义务。具体来说，有如下几点。

① 居民企业应当就其来源于中国境内、境外的所得缴纳企业所得税。

② 非居民企业在中国境内设立机构、场所的，应当就其所设机构、场所取得的来源于中国境内的所得，以及发生在中国境外但与其所设机构、场所有实际联系的所得，缴纳企业所得税。

③ 非居民企业在中国境内未设立机构、场所的，或者虽设立机构、场所但取得的所得与其所设机构、场所没有实际联系的，应当就其来源于中国境内的所得缴纳企业所得税。

（3）企业所得税的税率。根据现行规定，企业所得税的基本税率为25%，适用于居民企业和中国境内设有机构、场所且所得与机构、场所有关联的非居民企业；符合条件的小型微利企业实行的企业所得税税率为20%；国家重点扶持的高新技术企业适用15%的优惠税率。

【例 3-26】我国企业所得税适用的税率属于（　　）。

A．比例税率　　B．超额累进税率　　C．定额税率　　D．超率累进税率

答案：A

【解析】企业所得税的一般税率为25%，属于比例税率。

企业所得税的纳税人、征税对象和税率的归纳如表 3–4 所示。

表 3-4　　企业所得税的纳税人、征税对象和税率的归纳

纳税人	判定标准	征收范围
居民企业	① 依照中国法律在中国境内成立； ② 依照外国（地区）法律成立，但实际管理机构在中国境内的企业	① 来源于中国境内、境外的全部所得（25%）
非居民企业	③ 依照外国（地区）法律成立且实际管理机构不在中国境内，但在中国境内设立机构、场所的企业； ④ 在中国境内未设立机构、场所，但有来源于中国境内所得的企业	② 该机构取得的境内所得及与该机构有实际联系的境外所得（25%）； ③ 未设机构的境内所得及与所设机构无实际联系的境内所得（实际中减按 10%扣缴）

2．企业所得税的应纳税所得额

应纳税所得额是企业所得税的计税依据，企业每一纳税年度的收入总额，减除不征税收入、免税收入、各项扣除以及允许弥补的以前年度亏损后的余额，为应纳税所得额。

直接法：

应纳税所得额=收入总额-不征税收入-免税收入-各项扣除-以前年度亏损

间接法：

应纳税所得额=年度利润总额±纳税调整项目-以前年度亏损

实际工作中，常用间接法计算纳税人的应纳税所得额。

（1）收入总额。企业以货币形式和非货币形式从各种来源取得的收入为收入总额，包括：①销售货物收入；②提供劳务收入；③转让财产收入；④股息、红利等权益性投资收益；⑤利息收入；⑥租金收入；⑦特许权使用费收入；⑧接受捐赠收入；⑨其他收入。

（2）不征税收入。不征税收入即非企业营利性活动带来的收益，不属于企业所得税的征税范围。《企业所得税法》规定，不征税收入包括以下几种。

① 财政拨款。

② 依法收取并纳入财政管理的行政事业性收费和政府性基金。

③ 国务院规定的其他不征税收入。税法所称的国务院规定的其他不征税收入，是指企业取得的，由国务院财政、税务主管部门规定专项用途并经国务院批准的财政性资金。

（3）免税收入。免税收入即免予征税的收入，属于企业所得税的税收优惠，包括以下几种。

① 国债利息收入。

② 符合条件的居民企业之间的股息、红利等权益性投资收益。

③ 在中国境内设立机构、场所的非居民企业从居民企业取得的与该机构、场所有实际联系的股息、红利等权益性投资收益。

④ 符合条件的非营利组织的收入。

注意

不征税收入和免税收入有所区别。

【例 3-27】下列关于企业所得税免税收入的叙述中，正确的是（　　）。

A．国债利息收入属于免税收入

B．财政拨款收入属于免税收入

C．符合条件的居民企业之间的股息、红利等权益性投资收益属于免税收入

D．符合条件的非营利组织的收入属于免税收入

答案：A、C、D

【解析】B 选项属于不征税收入。

【例 3-28】根据企业所得税法律制度的规定，下列各项中，属于不征税收入的有（　　）。

A．财政拨款　　B．纳入财政管理的行政事业性收费

C．纳入财政管理的政府性基金　　D．债务重组收入

答案：A、B、C

【解析】D 选项属于征税收入中的其他收入。

（4）准予扣除项目。与取得收入有关的、合理的支出，包括成本、费用、税金、损失和其他支出，准予在计算应纳税所得额时扣除。

① 成本是指企业在生产经营活动中发生的销售成本、销货成本、业务支出以及其他耗费，即企业销售商品、提供劳务、转让固定资产及无形资产的成本。

② 费用是指企业每一个纳税年度为生产、经营商品和提供劳务等所发生的销售费用、管理费用和财务费用。

③ 税金是指企业发生的除企业所得税和允许抵扣的增值税以外的企业缴纳的各项税金及附加，如消费税、城市维护建设税和教育费附加等。

④ 损失是指企业在生产经营活动中发生的固定资产和存货的盘亏、毁损、报废损失、转让财产损失、呆账损失、坏账损失、自然灾害等不可抗力因素造成的损失以及其他损失。

⑤ 职工工资、社会保险、职工福利费、工会经费和职工教育经费支出的税前扣除。

a. 企业发生的合理的工资薪金支出，准予扣除。

b. 企业为职工缴纳的基本社会保险费和住房公积金，准予扣除；企业为投资者或者职工支付的商业保险费，不得扣除。

c. 企业发生的职工福利费支出，不超过工资薪金总额 14%的部分，准予扣除。

d. 企业拨缴的工会经费，不超过工资薪金总额 2%的部分，准予扣除。

e. 除国务院财政、税务主管部门另有规定外，企业发生的职工教育经费支出，不超过工资薪金总额 2.5%的部分，准予扣除；超过部分，准予在以后纳税年度结转扣除。

【例 3-29】甲公司 2015 年工资薪金总额为 1 000 万元，并分别提取职工福利费 180 万元，工会经费 20 万元，职工教育经费 20 万元，请计算该公司允许在税前扣除的 3 项经费金额分别是多少，应该如何进行纳税调整？

【解析】职工福利费扣除限额=1 000×14%=140 万元<实际金额 180 万元，故可以在税前扣除的职业福利费为 140 万元，需要纳税调增 40 万元。

职工工会经费扣除限额=1 000×2%=20 万元=实际金额 20 万元，20 万元可以全额在税前扣除，无需进行纳税调整。

职工教育经费扣除限额=1 000×2.5%=25 万元>实际金额 20 万元，20 万元可以全额在税前扣除，无需进行纳税调整。

⑥ 非金融企业向金融企业借款的利息支出、金融企业的各项存款利息支出和同业拆借利息支出、企业经批准发行债券的利息支出；非金融企业向非金融企业借款的利息支出，不超过按照金融企业同期同类贷款利率计算的数额部分，准予在税前扣除。

⑦ 企业发生的与生产经营活动有关的业务招待费支出，按照发生额的 60%扣除，但最高不得超过当年销售（营业）收入的 5‰。

【例 3-30】乙公司 2015 年度销售收入为 2 000 万元，业务招待费支出为 25 万元，能提供有效凭证。计算该公司允许在税前扣除的业务招待费是多少，应该如何进行纳税调整？

【解析】业务招待费的税前扣除金额在两个标准中取较小者，一个是发生额的 60%，另一个是当年销售（营业）收入的 5‰，在本例中，扣除标准 1=25×60%=15（万元），扣除标准 2=2 000×5‰=10（万元），故准予在税前扣除的业务招待费为 10 万元，而企业实际列支金额为 25 万元，因此需要纳税调增 15 万元。

⑧ 企业发生的符合条件的广告费和业务宣传费支出，除国务院财政、税务主管部门另有规定外，不超过当年销售（营业）收入 15%的部分，准予扣除；超过部分，准予在以后纳税年度结转扣除。

⑨ 企业发生的公益性捐赠支出，在年度利润总额 12%以内的部分，准予在计算应纳税所得额时扣除。

注意

年度利润总额是指企业依照国家统一会计制度的规定计算的年度会计利润，即已扣除了全部捐赠支出；公益性捐赠是指企业通过公益性社会团体或者县级以上人民政府及其部门，用于《公益事业捐赠法》规定的公益事业的捐赠。

【例 3-31】某企业 2013 年度通过民政部门向贫困地区捐赠 50 万元，直接向某大学捐款 10 万元，均在营业外支出中列支。该企业当年实现利润总额 400 万元，假设不考虑其他纳税调整事项，根据企业所得税法律制度的规定，该企业 2013 年度应纳税所得额为（　　）万元。

A．400　　B．412　　C．460　　D．435

答案：B

【解析】企业通过民政部门向贫困地区捐赠属于公益性捐赠，在年度利润总额的 12%以内的部分可以扣除。扣除标准=400×12%=48（万元）。应调整应纳税所得额=50−48=2（万元）。直接向学校的捐款不允许扣除，应该全额调增。应纳税所得额= 400+2+10=412（万元）。

（5）不得扣除的项目。

① 向投资者支付的股息、红利等权益性投资收益款项（投资者收到的“股息、红利等权益性投资收益”在符合一定条件的情况下属于免税收入）。

② 企业所得税税款。

③ 税收滞纳金。

④ 罚金、罚款和被没收财物的损失。纳税人的生产、经营因违反国家法律、法规和规章，被有关部门处以的罚金、罚款，以及被没收财物的损失，属于行政性罚款，不得扣除。但纳税人逾期归还银行贷款，银行按规定加收的罚息，不属于行政性罚款，允许在税前扣除。

⑤ 超过规定标准的公益性捐赠支出及其他捐赠支出。

⑥ 赞助支出。

⑦ 未经核定的准备金支出。

⑧ 企业之间支付的管理费、企业内营业机构之间支付的租金和特许权使用费，以及非银行企业内营业机构之间支付的利息。

⑨ 与取得收入无关的其他支出。

【例 3-32】下列各项可以在所得税前列支的有（　　）。

A．消费税　　B．向投资者支付的股息　　C．赞助支出　　D．罚金

答案：A

【解析】B、C、D 选项均为不得在税前扣除的项目。

（6）亏损弥补。根据税法的规定，纳税人某一纳税年度发生的亏损可以用下一年度的所得弥补，下一年度的所得不足以弥补的，可以逐年延续弥补，但最长不得超过 5 年。5 年内不管是盈利还是亏损，都作为实际弥补期限。这里值得注意的是，税法所指亏损的概念，并非企业财务报表中反映的亏损额，而是报表中的亏损额经税务机关按照税法规定核实调整后的金额，即纳税人依照法律规定将每一纳税年度的收入总额减除不征税收入、免税收入和各项扣除后小于零的数额。

【例 3-33】某企业 2007～2013 年盈亏情况如表 3-5 所示，则该企业 2007～2013 年总计应缴纳的企业所得税税额为多少？（适用的企业所得税税率为 25%）

表 3-5　　某企业 2007～2013 年盈亏情况

纳税年度	2007	2008	2009	2010	2011	2012	2013
盈亏（万元）	−20	12	−1	4	−5	2	38

答案：应纳税所得额=38−1−5=32（万元）。

应缴纳的企业所得税税额=32×25%=8（万元）。

【解析】2007 年的亏损只能用于弥补 2008～2012 年的盈利，之后即便余下 2 万元的亏损未弥补完，也不能继续在 2013 年进行税前弥补；仅有 2009 年和 2011 年发生的亏损能在 2013 年计算企业所得税时进行税前弥补。

【例 3-34】某符合条件的小型微利企业经主管税务机关核定，2012 年度亏损 25 万元，2013 年度盈利 30 万元。该企业 2013 年度应缴纳的企业所得税为（　　）万元。

A．1　　B．1.25　　C．7　　D．8.75

答案：A

【解析】如果上一年度发生亏损，可用本年应纳税所得额进行弥补，一年弥补不完的，可连续弥补 5 年，按弥补亏损后的应纳税所得额和适用税率计算税额；符合条件的小型微利企业，企业所得税税率减按 20%。2013 年应纳企业所得税=（30−25）×20%=1（万元）。

3．企业所得税的征收管理

（1）纳税地点。除税收法律、行政法规另有规定外，居民企业以企业登记注册地为纳税地点；但登记注册地在境外的，以实际管理机构所在地为纳税地点。居民企业在中国境内设立不具有法人资格的营业机构的，应当汇总计算并缴纳企业所得税。

非居民企业在中国境内设立机构、场所的，应当就其所设机构、场所取得的来源于中国境内的所得，以及发生在中国境外但与其所设机构、场所有实际联系的所得，缴纳企业所得税。非居民企业取得上述所得，以机构、场所所在地为纳税地点。

（2）纳税期限。企业所得税实行按年计算、分期预缴、年终汇算清缴的征收办法。企业所得税按纳税年度计算。纳税年度自公历 1 月 1 日起至 12 月 31 日止。企业在一个纳税年度中间

开业，或者终止经营活动，使该纳税年度的实际经营期不足 12 个月的，应当以其实际经营期为一个纳税年度。

（3）纳税申报。

① 企业所得税的纳税年度，自公历 1 月 1 日起至 12 月 31 日止。

② 按月或按季预缴的，应当自月份或者季度终了之日起 15 日内，向税务机关报送预缴企业所得税纳税申报表，预缴税款。

③ 企业应当自年度终了后 5 个月内向税务机关报送年度企业所得税纳税申报表，并汇算清缴，结清应缴或应退税款。

④ 企业交纳所得税以人民币计算。

⑤ 企业在纳税年度内无论盈利或者亏损，都应当在法定期限内向税务机关报送企业所得税纳税申报表。

二、个人所得税法律制度

1. 个人所得税的基本概念

个人所得税是指对个人（自然人）取得的各项应税所得所征收的一种所得税。

2. 纳税义务人

根据住所和居住时间两个标准，可将纳税义务人分为居民纳税人和非居民纳税人。对个人独资企业和合伙企业的投资者也征收个人所得税。

（1）居民纳税人。

① 在中国境内有住所的个人，即因户籍、家庭、经济利益关系，而在中国境内习惯性居住的个人。

② 在中国境内无住所而在境内居住满 1 年的个人。

在中国境内居住满 1 年，是指在一个纳税年度中（从 1 月 1 日到 12 月 31 日）在中国境内居住满一年，若为临时离境行为，不扣减居住天数。临时离境是指在一个纳税年度内，一次不超过 30 日或多次累计不超过 90 日的离境行为。现行税法中的“中国境内”是指大陆地区，不包括港、澳、台。

（2）非居民纳税人（不符合居民纳税人判定标准的纳税人）。

① 在中国境内无住所又不居住但有来源于中国境内所得的个人。

② 在中国境内无住所，并且在一个纳税年度中在中国境内居住不满一年的个人。

【例 3-35】根据个人所得税法律制度的规定，下列各项中，属于个人所得税居民纳税人的有（　　）。

A. 在中国境内有住所的个人

B. 在中国境内无住所而在境内居住满 1 年的个人

C. 在中国境内无住所又不居住

D. 在中国境内无住所而在中国境内居住不满 1 年的个人

答案：A、B

【解析】C、D 选项属于非居民纳税人。

3. 应税项目

我国税法规定，凡是我国居民纳税人，其所取得的应纳税所得，无论是来源于中国境内还是中国境外任何地方，都要在中国境内缴纳个人所得税（就境内、境外全部所得纳税）。

非居民纳税人承担有限纳税义务，即仅就来源于中国境内的所得纳税（就境内所得纳税）。

根据所得来源划分，个人所得税的应税所得包括以下 11 类。

（1）工资、薪金所得。

（2）个体工商户的生产、经营所得（个人独资企业、合伙企业比照该类所得纳税）。

（3）对企事业单位的承包经营、承租经营所得。

（4）劳务报酬所得（个人从事非雇佣的各类劳务）。

（5）稿酬所得（个人出版、发表作品所取得的所得）。

（6）特许权使用费所得（个人专利、著作权、商标权等）。

（7）利息、股息、红利所得。

（8）财产租赁所得（将个人财产对外出租所取得的所得，如房屋的租金收入）。

（9）财产转让所得（个人转让有价证券、建筑物、土地使用权、机器设备、车船等）。

（10）偶然所得（个人得奖、中奖、中彩所得，包括现金、实物和有价证券）。

（11）经国务院财政部门确定征税的其他所得。

4．个人所得税的税率

个人所得税实行超额累进税率与比例税率相结合的税率体系。

（1）工资、薪金所得，适用 3%～45%的超额累进税率，如表 3-6 所示。

表 3-6 工资、薪金所得个人所得税税率表

级数	全月应纳税所得额	税率（%）	速算扣除数
1	不超过 1 500 元	3	0
2	超过 1 500 元至 4 500 元的部分	10	105
3	超过 4 500 元至 9 000 元的部分	20	555
4	超过 9 000 元至 35 000 元的部分	25	1 005
5	超过 35 000 元至 55 000 元的部分	30	2 755
6	超过 55 000 元至 80 000 元的部分	35	5 505
7	超过 80 000 元的部分	45	13 505

（2）个体工商户的生产、经营所得和对企事业单位的承包经营、承租经营所得，适用 5%～35%的 5 级超额累进税率，如表 3-7 所示。

表 3-7 个体工商户的生产、经营所得和对企事业单位的承包经营、承租经营所得个人所得税税率表

级数	全年应纳税所得额	税率（%）	速算扣除数
1	不超过 15 000 元	5	0
2	超过 15 000 元至 30 000 元的部分	10	750
3	超过 30 000 元至 60 000 元的部分	20	3 750
4	超过 60 000 元至 100 000 元的部分	30	9 750
5	超过 100 000 元的部分	35	14 750

（3）稿酬所得，适用 20%的比例税率，并按应纳税额减征 30%，故实际税率为 14%：20%×（1-30%）=14%。

（4）劳务报酬所得，适用 20%的比例税率。对劳务报酬所得一次收入畸高的，可以实行加成征收。劳务报酬所得一次收入畸高，是指个人一次取得劳务报酬，其应纳税所得额超过 20 000 元。对应纳税所得额超过 20 000～50 000 元的部分，依照税法规定计算应纳税额后再按照应纳

税额加征 5 成；超过 50 000 元的部分，加征 10 成。加成征收后，劳务报酬所得实际上适用 20%、30%、40%的超额累进税率，如表 3-8 所示。

表 3-8 劳务报酬所得个人所得税税率表

级数	每次应纳税所得额	税率（%）	速算扣除数
1	不超过 20 000 元	20	0
2	超过 20 000 元至 50 000 元的部分	30	2 000
3	超过 50 000 元的部分	40	7 000

（5）特许权使用费所得，利息、股息、红利所得，财产租赁所得，财产转让所得，偶然所得和其他所得，适用 20%的比例税率。

5．个人所得税的应纳税所得额和应纳税额

（1）工资、薪金所得（2011 年 9 月 1 日起，个人所得税免征额提升至 3 500 元/月）。

① 以每月收入额减除费用 3 500 元后的余额，为工资、薪金所得的应纳税所得额。

② 以下 4 类特殊人员及华侨、港澳台同胞适用 4 800 元的附加减除费用标准。

a. 在中国境内的外商投资企业和外国企业中工作的外籍人员。

b. 在中国境内的企业、事业单位、社会团体、国家机关中工作的外籍专家。

c. 在中国境内有住所而在中国境外任职或者受雇取得工资、薪金所得的个人。

d. 国务院财政、税务主管部门确定的其他人员。

③ 计算公式：

应纳税额=应纳税所得额×适用税率-速算扣除数

=（每月收入额-3 500 或者 4 800）×适用税率-速算扣除数

【例 3-36】小张 2015 年 3 月取得工资 5 800 元，计算应纳税所得额和应纳所得税税额。

【解析】应纳税所得额=5 800-3 500=2 300（元），应纳所得税税额可以用两种方法计算。第一种方法是按照超额累进税率定义计算：应纳税额=1 500×3%+（2 300-1 500）×10%=45+80=125（元）；第二种方法是按照速算扣除数简易计算方法计算：应纳税额=2 300×10%-105=125（元）。

【例 3-37】中国公民郑某 2015 年每月工资为 4 000 元，计算郑某 2015 年应缴纳的个人所得税。

【解析】郑某 2015 年应缴纳的个人所得税=（4 000-3 500）×3%×12=180（元）。

（2）个体工商户的生产经营所得。

应纳个人所得税额=（全年收入-成本、费用损失）×适用税率-速算扣除数

（3）对企事业单位的承包经营、承租经营所得。

① 应纳税所得额。对企事业单位的承包经营、承租经营所得，以每一纳税年度的收入总额，减除必要费用后的余额，为应纳税所得额。

计算公式：

应纳税所得额=收入总额-必要费用（每月 3 500 元即每年 42 000 元）

② 应纳税额。

应纳税额=应纳税所得额×适用税率-速算扣除数

应纳税额=（纳税年度收入总额-3 500 元×12 个月）×适用税率-速算扣除数

（4）劳务报酬所得。

① 应纳税所得额。

费用扣除标准为：每次收入 4 000 元及以下扣除 800 元，4 000 元以上扣除 20%。

每次收入不超过 4 000 元的：

应纳税所得额=每次收入额-800

每次收入超过 4 000 元的：

应纳税所得额=每次收入额×（1-20%）

② 应纳税额。对劳务报酬所得，其个人所得税应纳税额的计算公式如下。

每次收入不超过 4 000 元的：

应纳税额=（每次收入额-800）×20%

每次收入超过 4 000 元的：

应纳税额=每次收入额×（1-20%）×适用税率-速算扣除数

【例 3-38】某明星应邀参加商业演出，主办方支付其演出费 50 000 元，计算其应缴纳的个人所得税。

【解析】明星的演出收入属于劳务报酬所得，一次收入超过 4 000 元，费用扣除 20%。

应缴纳的个人所得税=50 000×（1-20%）×30%-2 000=10 000（元）

（5）稿酬所得。

① 应纳税所得额。费用扣除标准为：每次收入 4 000 元及以下扣除 800 元，4 000 元以上扣除 20%。

每次收入不超过 4 000 元的：

应纳税所得额=每次收入额-800

每次收入超过 4 000 元的：

应纳税所得额=每次收入额×（1-20%）

② 应纳税额。

应纳税额=应纳税所得额×20%×（1-30%）

【例 3-39】个人取得稿酬收入，其应纳税所得额可减按 70%计算个人所得税。

答案：×

【解析】个人取得稿酬收入，按应纳税额减征 30%，即只征收 70%的税额。

【例 3-40】李某 2013 年 5 月取得一次性稿费收入 500 元，则其应纳的个人所得税为（　　）元。

A．70　　B．100　　C．0　　D．50

答案：C

【解析】应纳税所得额=500-800＜0，所以李某的应纳税额为 0。

（6）特许权使用费所得。

① 应纳税所得额。

费用扣除标准为：每次收入 4 000 元及以下扣除 800 元，4 000 元以上扣除 20%。

每次收入不超过 4 000 元的：

应纳税所得额=每次收入额-800

每次收入超过 4 000 元的：

应纳税所得额=每次收入额×（1-20%）

② 应纳税额。

应纳税额=应纳税所得额×20%

（7）利息、股息、红利所得。

应纳税额=应纳税所得额×适用税率=每次收入额×20%

（8）财产租赁所得。

① 应纳税所得额。财产租赁所得的费用扣除标准为：在扣除相关税费和修缮费用（每次800元为限）后，每次收入4 000元及以下扣除800元，4 000元以上扣除20%。

注意

财产租赁所得按次征收个人所得税，以一个月内取得的收入为一次，在计算应纳税所得额的过程中，修缮费用一次最多只允许扣除800元，超过部分留待下次扣除。

每次收入不超过4 000元的：

应纳税所得额=每次收入额-相关税费-修缮费用-800

每次收入超过4 000元的：

应纳税所得额=（每次收入额-相关税费-修缮费用）×（1-20%）

② 应纳税额。

应纳税额=应纳税所得额×20%（2001年1月1日起，个人出租住房适用10%的税率）。

【例3-41】王某2015年1月将自有房屋出租给李某居住，租期1年，王某每月收取租金3 000元。请计算王某2015年就房屋租金收入应缴纳的个人所得税。

【解析】王某2015年收取12个月的房屋租金，即其应当缴纳12次个人所得税，每次收入3 000元，未超过4 000元，费用扣除标准为800元，全年应缴纳的个人所得税=（3 000-800）×10%×12=2 640（元）。

（9）财产转让所得。

应纳税额=应纳税所得额×适用税率=（每次收入额-财产原值-合理费用）×20%

（10）偶然所得、其他所得。

应纳税额=应纳税所得额×适用税率=每次收入额×20%

6．个人所得税征收管理

个人所得税的纳税方法包括自行申报纳税和代扣代缴。

（1）自行申报纳税。自行申报纳税是由纳税人自行在税法规定的纳税期限内，向税务机关申报取得的应税所得项目和数额，如实填写个人所得税纳税申报表，并按照税法规定计算应纳税额，据此缴纳个人所得税的一种方法。

下列人员为自行申报纳税的纳税义务人。

① 年所得在12万元以上的。

② 从中国境内两处或两处以上取得工资、薪金所得的。

③ 从中国境外取得所得的。

④ 取得应税所得，没有扣缴义务人的。

⑤ 国务院规定的其他情形。

（2）代扣代缴。代扣代缴是指按照税法规定负有扣缴税款义务的单位或个人，在向个人支付应纳税所得（包括现金、实物和有价证券）时，不论纳税人是否属于本单位人员，均应计算其应纳税额，从其所得中扣除并缴入国库，并向主管税务机关报送“扣缴个人所得税报告表”。

代扣代缴的范围包括：工资、薪金所得，对企事业单位的承包经营、承租经营所得，劳务报酬所得，稿酬所得，特许权使用费所得，利息、股息、红利所得，财产租赁所得，财产转让所得，偶然所得等。

第四节 税收征收管理法律制度

一、税务登记

税务登记是税务机关依据税法规定，对纳税人的生产、经营活动进行登记管理的一项法定制度，也是纳税人依法履行纳税义务的法定手续。

2015 年 10 月 1 日起，营业执照、组织机构代码证和税务登记证三证合一。实行“三证合一”改革后，企业纳税人向工商部门申请进行信息登记，政府各有关部门间信息共享、数据互换、档案互认，纳税人最终取得加载组织机构代码、税务登记号（纳税人识别号）的营业执照，不再单独领取税务登记证。

二、发票的开具与管理

1. 发票的种类

发票是指在购销商品、提供或接受劳务、服务以及从事其他经营活动时所提供给对方的收付款凭证。较为常见的发票有增值税专用发票、普通发票和专业发票。

【例 3-42】以下属于发票的是（　　）。

A．增值税专用发票　　B．商业零售统一发票

C．商业批发统一发票　　D．火车票

答案：A、B、C、D

【解析】A 是增值税专用发票，B、C 是普通发票，D 是专业发票。

2. 发票的开具要求

（1）单位和个人应在真实业务发生、确认收入时，才能开具发票。

（2）单位和个人开具发票应按顺序填开，项目齐全、内容真实一致、字迹清楚、全部联次一次性复写或打印，并在发票联和抵扣联加盖单位财务章或者发票专用章。

（3）填写发票应当使用中文。民族自治地区可以同时使用当地通用的一种民族文字；外商投资企业和外资企业可以同时使用一种外国文字。

（4）使用电子计算机开具发票必须报主管税务机关批准，并使用税务机关统一监制的机打发票。

（5）开具发票的时限、地点应符合规定。

（6）任何单位和个人不得转借、转让、代开发票；未经税务机关批准，不得拆本使用发票；不得自行扩大专业发票的适用范围。

三、纳税申报

纳税人办理纳税申报主要采取的方式有直接申报、邮寄申报、数据电文申报和简易申报。

【例 3-43】纳税人采取邮寄方式办理纳税申报的，应当使用统一的纳税申报特快专递专用信封，并以邮政部门收据作为申报凭证。（　　）

答案：√

【解析】根据规定，纳税人采取邮寄方式办理纳税申报的，应当使用统一的纳税申报特快专递专用信封，并以邮政部门收据作为申报凭证。故本题正确。

四、税款征收

税款征收的方式主要有 9 种：查账征收、查定征收、查验征收、定期定额征收、核定征收、代扣代缴、代收代缴、委托代征税款以及其他方式。

【例 3-44】在税款征收方式中，查账征收方式一般适用于（　　）。

A．经营品种比较单一，经营地点、时间和商品来源不固定的纳税单位

B．账册不够健全，但能够控制原材料或进销存的纳税单位

C．财务会计制度较为健全，能够认真履行纳税义务的纳税单位

D．无完整考核依据的小型纳税单位

答案：C

【解析】查账征收是指税务机关对财务健全的纳税人，依据其报送的纳税申报表、财务会计报表和其他有关的纳税资料，计算应纳税款，填写缴款书或完税证明，由纳税人到银行划解税款的征收方式。这种方式较为规范，符合课税法定的基本原则，适用于财务会计制度较为健全，能够认真履行纳税义务的纳税单位。A、B、D 适用于核定征收。

【例 3-45】查验征收是指由纳税人依据账簿记载，先自行计算缴纳，事后经税务机关查账核实，如有不符合税法规定的，则多退少补的征收方式。（　　）

答案：×

【解析】查验征收是由税务机关对纳税人的应税产品进行查验，贴上完税证、查验证或盖查验戳，并据以征税的一种方式。题中所述的征收方式为查账征收。

五、税务代理

税务代理人接受委托，在法定的代理范围和权限内，可以纳税人（含扣缴义务人）的名义代为办理纳税申报，申办、变更、注销税务登记证，申请减免税，设置保管账簿凭证，进行税务行政复议和诉讼等涉税事宜。

六、税务检查

税务检查是税务机关根据税收法律法规的规定，对纳税人、扣缴义务人的义务履行情况等有关涉税事项进行审查、核实、监督的活动。

七、税收法律责任

税收法律责任是指税收法律关系中的主体因违反税收法律规范所应承担的法律后果，可分为行政责任和刑事责任。

八、税务行政复议

税务行政复议是指当事人（含纳税人、扣缴义务人、纳税担保人及其他税务当事人等）对税务机关及其工作人员做出的税务具体行政行为不服，依法向上级税务机关（复议机关）提出申请，复议机关对具体行政行为的合法性、合理性做出裁决的一种行为。

历年真题及解析

一、单项选择题

1. 对同一课税客体或同一税目，不论数额大小，均按同一比例计算征税的税率形式是（　　）。

A. 比例税率　　B. 全额累进税率　　C. 超额累进税率　　D. 超率累进税率

答案：A

【解析】本题考查税收的构成要素。根据规定，对同一课税客体或同一税目，不论数额大小，均按同一比例计算征税的税率形式是比例税率。故本题选 A。

2. 下列各项中，表达正确的是（　　）。

A. 税目是区分不同税种的主要标志

B. 税率是衡量税负轻重的重要标志

C. 纳税人就是履行纳税义务的法人和自然人

D. 征税对象就是税收法律关系中征纳双方权利义务所指的物品

答案：B

【解析】A 选项，征税对象是税法确定的产生纳税义务的标的或依据，是区分不同税种的主要标志；C 选项，纳税人不仅包括法人和自然人，还包括其他组织；D 选项，征税对象不仅包括物品，还包括行为。

3. 下列税种中采用超率累进税率方式征收的是（　　）。

A. 增值税　　B. 城镇土地使用税　　C. 个人所得税　　D. 土地增值税

答案：D

【解析】根据规定，土地增值税采用超率累进税率方式征收。

4. 因税种的不同，征税人也可能不同。关税的征税人是（　　）。

A. 税务机关　　B. 财政机关　　C. 工商部门　　D. 海关

答案：D

【解析】关税、进口环节的增值税和消费税均由海关负责征收。

5. 将税收分为中央税、地方税和中央地方共享税，这是（　　）。

A. 按照征收管理的分工体系进行的分类

B. 按照征税对象的不同进行的分类

C. 按照税收征收权限和收入支配权限进行的分类

D. 按照计税标准的不同进行的分类

答案：C

【解析】按照税收征收权限和收入支配权限进行分类，可将税收分为中央税、地方税和中央地方共享税。

6. 按照对外购固定资产价值的处理方式的不同，可以将增值税划分为不同类型。2009 年 1 月 1 日起，我国增值税实行（　　）。

A. 消费型增值税　　B. 收入型增值税　　C. 生产型增值税　　D. 实耗型增值税

答案：A

【解析】2009 年 1 月 1 日起，我国增值税实行消费型增值税。

7. 增值税一般纳税人有两档税率，其中的低税率为（　　）。

A. 4%　　B. 6%　　C. 13%　　D. 17%

答案：C

【解析】增值税一般纳税人的基本税率为 17%，低税率为 13%。

8. 某增值税一般纳税人，某月销售应税货物取得不含增值税的销售收入额 500 000 元，当月购进货物 200 000 元，增值税专用发票上注明的进项税额为 34 000 元。增值税适用税率为 17%。其当月应纳税额为（　　）元。

A. 51 000　　B. 85 000　　C. 4 000　　D. 5 000

答案：A

【解析】当月应纳税额=500 000×17%-34 000=51 000（元）。

9. 某企业属于小规模纳税人，本月销售商品 100 件，开具普通发票金额为 26 万元。已知小规模纳税人适用的增值税征收率为 3%，该企业本月应纳增值税税额为（　　）万元。

A. 1.18　　B. 0.76　　C. 0.78　　D. 1.25

答案：B

【解析】该企业本月应纳税额=26/（1+3%）×3%=0.76（万元）。

10. 某企业（增值税一般纳税人）于 5 月 8 日采用托收承付的方式销售产品一批，总价款为 117 000 元，5 月 9 日该企业财务人员到银行办理了托收手续，5 月 10 日收到货款。该企业应在（　　）开具增值税专用发票。

A. 5 月 8 日　　B. 5 月 9 日　　C. 5 月 10 日　　D. 5 月 11 日

答案：B

【解析】纳税人采取托收承付方式销售货物，纳税义务发生时间为发出货物并办妥托收手续的当天。故企业应在 5 月 9 日开具增值税专用发票。

11. 采用预收货款方式销售货物，其增值税纳税义务发生时间为（　　）。

A. 收到预收货款的当天　　B. 货物发出的当天

C. 货物送达购货方的当天　　D. 签订购销合同的当天

答案：B

【解析】采用预收货款方式销售货物，其增值税纳税义务发生时间为货物发出的当天；但生产销售生产工期超过 12 个月的大型机械设备、船舶、飞机等货物，为收到预收款或者书面合同约定的收款日期的当天。

12. 某化工企业为增值税一般纳税人，4 月销售一批化妆品，取得销售收入（含增值税）81 900 元。已知该化妆品适用消费税税率为 30%。该化工企业 4 月份应缴纳的消费税税额为（　　）元。

A. 21 000　　B. 22 200　　C. 22 300　　D. 22 400

答案：A

【解析】应纳消费税=81 900/（1+17%）×30%=21 000（元）。

13. 某化妆品生产企业是增值税一般纳税人，10 月份生产销售了一批化妆品，不含税售价为 100 万元，消费税税率为 30%，则 10 月份应缴纳的消费税为（　　）万元。

A. 30　　B. 40　　C. 60　　D. 70

答案：A

【解析】应纳消费税=100×30%=30（万元）。

14. 某日用化学品厂生产销售 800 箱化妆品，每箱含增值税的价格为 2 340 元，当月生产领用已税化妆品金额 60 万元（不含增值税），已知化妆品消费税税率为 30%，其应纳消费税税额为（　　）万元。

A. 56.16　　B. 48　　C. 30　　D. 38.16

答案：C

【解析】应纳消费税=800×2 340/（1+17%）×30%-600 000×30%=300 000（元），即 30 万元。

15. 根据《企业所得税法》的规定，在计算企业所得税应纳税所得额时，不计入收入总额的是（　　）。

A. 转让固定资产取得的收入　　B. 出租固定资产取得的租金收入

C. 固定资产盘盈收入　　D. 财政拨款

答案：D

【解析】D 选项，财政拨款为不征税收入，不计入收入总额计算缴纳企业所得税。

16. 某企业 2010 年的销售收入为 4 000 万元，全年业务招待费实际发生 40 万元，在计算企业所得税时，业务招待费的扣除限额为（　　）万元。

A. 40　　B. 24　　C. 20　　D. 16

答案：C

【解析】业务招待费按发生额的 60%（40×60%=24）来扣除，但最高不得超过销售收入的 5‰（4 000×5‰=20），故在计算该企业的企业所得税时，业务招待费的扣除限额为 20 万元，选 C。

17. 根据《企业所得税法》的规定，企业发生的公益性捐赠支出，在计算企业所得税应纳税所得额时的扣除标准是（　　）。

A. 全额扣除

B. 在年度利润总额 12%以内的部分扣除

C. 在年度应纳税所得额 30%以内的部分扣除

D. 在年度应纳税所得额 12%以内的部分扣除

答案：B

【解析】企业发生的公益性捐赠支出，在年度利润总额 12%以内的部分准予在税前扣除。

18. 宏发公司在日常的生产经营活动中发生了以下行为，在计算企业所得税应纳税所得额时不允许扣除的项目是（　　）。

A. 企业的计税工资薪金支出 8 万元

B. 企业直接对我国甘肃地区“希望工程”的 5 万元公益性捐款

C. 企业在规定比例之内发生的 1 万元业务招待费

D. 企业购买国债的利息收入 2 万元

答案：B

【解析】直接捐赠不允许在税前扣除，必须通过税法规定途径进行的公益性捐赠才可按规定比例计算税前扣除金额。

19. 我国企业所得税纳税人的亏损弥补期限最长不超过（　　）年。

A. 2　　B. 3　　C. 5　　D. 10

答案：C

【解析】企业所得税的亏损弥补期限最长不超过五年。

20. 甲公司 2015 年度实现利润总额为 500 万元，无其他纳税调整事项，经税务机关核实的 2014 年度亏损额为 380 万元，该公司 2015 年度应缴纳的企业所得税税额为（　　）万元。

A. 125　　B. 30　　C. 165　　D. 39.615

答案：B

【解析】该公司 2015 年度应缴纳的企业所得税=（500−380）×25%=30（万元）。

21. 根据个人所得税法律制度的规定，下列在中国境内无住所的人员中，属于中国居民纳税人的是（　　）。

A. 外籍个人甲 2015 年 9 月 1 日入境，2016 年 10 月 1 日离境，其间两次临时离境累计 95 天

B. 外籍个人乙来华学习 200 天

C. 外籍个人丙 2016 年 1 月 1 日入境，2016 年 12 月 31 日离境

D. 外籍个人丁 2016 年 1 月 1 日入境，2016 年 11 月 20 日离境

答案：C

【解析】A、B、D 选项中的外籍个人在中国境内的居住时间均不满一年。

22. 根据个人所得税法律制度的规定，对于（　　）一次收入畸高的，可以实行加成征收。

A. 偶然所得　　B. 劳务报酬所得

C. 稿酬所得　　D. 特许权使用费所得

答案：B

【解析】按照个人所得税的有关规定，对于劳务报酬所得一次收入畸高的，可以实行加成征收。

23. 王某 2015 年 5 月份取得收入 5 800 元，若规定免征额为 2 000 元，采用超额累进税率，应纳税所得额在 500 元以下的，适用税率为 5%；应纳税所得额在 500～2 000 元的，适用税率为 10%；应纳税所得额在 2 000～5 000 元的，适用税率为 15%，则王某的应纳税额为（　　）元。

A. 525　　B. 520　　C. 445　　D. 570

答案：C

【解析】王某当月的应纳税所得额=5 800−2 000=3 800（元），应纳个人所得税=500×5%+1 500×10%+1 800×15%=445（元）。

24. 王某 2015 年 10 月取得劳务报酬 6 000 元，已知劳务报酬所得适用税率为 20%，其应缴纳的个人所得税为（　　）元。

A. 960　　B. 1 200　　C. 1 040　　D. 672

答案：A

【解析】应纳个人所得税=6 000×（1−20%）×20%=960（元）。

25. 某作家写作一本书出版，取得稿酬 40 000 元，其应缴纳的个人所得税为（　　）元。

A. 4 480　　B. 4 750　　C. 4 200　　D. 3 380

答案：A

【解析】应纳个人所得税=40 000×（1−20%）×14%=4 480（元）。

26. 个人的财产转让所得在计征个人所得税时，其应纳税所得额的计算方法是（　　）。

A. 以财产转让收入减去财产原值

B. 以财产转让收入减去合理费用

C. 以财产转让收入减去 800 元费用

D. 以财产转让收入减去财产原值和合理费用

答案：D

【解析】财产转让所得应当缴纳的个人所得税=（每次收入额−财产原值−合理费用）×20%。

27. 根据《税收征收管理法》的规定，对单价在（　　）元以下的其他生活用品，不采取税收保全措施和强制执行措施。

A. 5 000　　B. 10 000　　C. 20 000　　D. 30 000

答案：A

【解析】根据规定，对单价 5 000 元以下的其他生活用品，不采取税收保全措施和强制执行措施。

28. 根据《税收征收管理法》的规定，下列各项中，属于税收保全措施的是（　　）。

A. 暂扣纳税人营业执照

B. 书面通知纳税人开户银行从其存款中扣缴税款

C. 依法拍卖纳税人价值相当于应纳税款的货物，以拍卖所得抵缴税款

D. 书面通知纳税人开户银行冻结纳税人的金额相当于应纳税款的存款

答案：D

【解析】A属于行政处罚措施，B、C选项属于强制执行措施。

29. 根据《税收征收管理法》的规定，纳税人的下列行为中，属于抗税行为的有（　　）。

A. 擅自销毁账簿、记账凭证，不缴应纳税款的

B. 在账簿上多列支出，少缴应纳税款的

C. 进行虚假的纳税申报，少缴应纳税款的

D. 以威胁的方法拒不缴纳应纳税款的

答案：D

【解析】A、B、C选项属于偷税行为。

二、多项选择题

1. 下列税种中，属于行为税类的有（　　）。

A. 印花税　　B. 增值税　　C. 车辆购置税　　D. 企业所得税

答案：A、C

【解析】B选项属于流转税类，D选项属于所得税类。

2. 下列属于增值税小规模纳税人的有（　　）。

A. 从事货物生产或提供应税劳务的纳税人，年应税销售额在50万元以上的

B. 从事货物生产或提供应税劳务以外的纳税人，年应税销售额在80万元以下的

C. 从事货物生产或提供应税劳务的纳税人，年应税销售额在50万元以下的

D. 从事货物生产或提供应税劳务以外的纳税人，年应税销售额在80万元以上的

答案：B、C

【解析】主要从事生产或提供应税劳务的，年应税销售额在50万元以上的，可以认定为一般纳税人，50万元以下的为小规模纳税人；主要从事货物生产或提供应税劳务以外业务的，如批发、零售，年应税销售额在80万元以上的可以认定为一般纳税人，80万元以下的为小规模纳税人。

3. 根据增值税的规定，纳税人销售下列货物适用于13%税率的有（　　）。

A. 图书　　B. 报纸　　C. 杂志　　D. 纸张

答案：A、B、C

【解析】纸张的增值税税率为17%。

4. 现行增值税专用发票的联次包括（　　）。

A. 存根联　　B. 发票联　　C. 记账联　　D. 抵扣联

答案：B、C、D

【解析】增值税专用发票的基本联次为发票联、抵扣联和记账联。

5. 根据增值税法律制度的规定，属于下列（　　）情形之一的，不得开具增值税专用发票。

A. 一般纳税人销售货物或者应税劳务的　　B. 向消费者个人销售货物或者应税劳务的

C. 销售货物或者应税劳务适应免税规定的　　D. 小规模纳税人销售货物或者应税劳务的

答案：B、C、D

【解析】增值税专用发票只限于增值税一般纳税人领购使用，但一般纳税人向消费者零售商品不得开具专用发票。销售免税货物不得开具专用发票。增值税小规模纳税人和非增值纳税人不得领购使用专用发票。

6. 根据增值税法律制度的规定，下列关于增值税纳税义务时间表述正确的有（　　）。

A. 采取直接收款方式销售货物，无论货物是否发出，均为收到销售款或者取得索取销售款凭据的当天

B. 委托其他纳税人代销货物，为收到代销单位的清单或者收到全部或部分货款的当天

C. 将货物交付给他人代销的，为收到受托人送交的销售清单的当天

D. 采取赊销方式且无书面合同的，为货物发出的当天

答案：A、B、C、D

【解析】本题考查增值税的纳税义务发生时间，A、B、C、D 均正确。

7. 下列情况中，属于消费税纳税人的有（　　）。

A. 我国境内生产卷烟的企业　　B. 境外生产小汽车的企业

C. 进口化妆品的企业　　D. 境内从事委托加工卷烟的企业

答案：A、C、D

【解析】消费税的纳税人是指在中国境内生产、委托加工和进口应税消费品的单位和个人。B 选项的行为发生在境外，不属于我国消费税纳税人。

8. 下列各项中，属于消费税征税范围的是（　　）。

A. 汽车销售公司销售小轿车　　B. 金银饰品厂批发自产的金银首饰

C. 日化公司销售自产的化妆品　　D. 烟草公司销售自产的烟丝

答案：C、D

【解析】A 选项中，小轿车的征税环节在生产环节；B 选项中，金银首饰的征税环节在零售环节。

9. 根据《消费税暂行条例》的规定，下列消费品中，采用从量定额办法征收消费税的有（　　）。

A. 粮食白酒　　B. 黄酒　　C. 啤酒　　D. 薯类白酒

答案：B、C

【解析】采用从量计征消费税的应税消费品包括啤酒、黄酒和成品油。A、D 选项的消费税计算缴纳采用复合计征方式。

10. 根据企业所得税法律制度的规定，下列项目中，属于居民企业的有（　　）。

A. 依法在中国境内成立的企业

B. 依照外国（地区）法律成立且实际管理机构不在中国境内，但在中国境内设立机构、场所的企业

C. 依照外国（地区）法律成立且实际管理机构在中国境内的企业

D. 依照外国（地区）法律成立且实际管理机构不在中国境内，在中国未设立机构、场所，但有来源于中国境内所得的企业

答案：A、C

【解析】企业所得税纳税人中居民企业的判定采取两个标准：登记注册地和实际管理机构，只要这两者中任一地点位于中国境内，就属于居民企业，故 A、C 选项正确。B、D 选项中的企业既不在中国境内注册成立，实际管理机构也不在中国境内，属于非居民企业。

11. 根据企业所得税法律制度的规定，企业每一纳税年度的收入总额，扣除（　　）后的

余额，为应纳税所得额。

A. 不征税收入　　B. 免税收入

C. 各项扣除　　D. 允许弥补的以前年度亏损

答案：A、B、C、D

【解析】题中所述应纳税所得额的计算方法为直接法下的计算公式：应纳税所得额=收入总额-不征税收入-免税收入-各项扣除-以前年度亏损。

12. 根据企业所得税法律制度的规定，下列属于不征税收入的有（　　）。

A. 提供劳务的收入

B. 财政拨款

C. 依法收取并纳入财政管理的行政事业性收费、政府性基金

D. 符合规定条件的非营利组织的收入

答案：B、C

【解析】A 选项为应税收入，D 选项为免税收入。

13. 企业的下列支出中，可以在计算应纳税所得额时加计扣除的有（　　）。

A. 开发新技术、新产品、新工艺发生研究开发费用

B. 安置残疾人员所支付的工资

C. 为国家鼓励安置的就业人员支付的工资

D. 广告费

答案：A、B、C

【解析】企业发生的符合条件的广告费支出，除国务院财政、税务主管部门另有规定外，不超过当年销售（营业）收入15%的部分，准予扣除；超过部分，准予在以后纳税年度结转扣除。

14. 根据企业所得税法律制度的规定，在计算应纳税所得额时，下列支出不得扣除的有（　　）。

A. 公益性捐赠支出

B. 向投资者支付的股息、红利等权益性投资收益款项

C. 非广告性质的赞助支出

D. 税收滞纳金

答案：B、C、D

【解析】在税法规定比例内列支的公益性捐赠支出，可以在税前扣除。

15. 下列情况下，在计算个人应纳税所得额时，适用附加减除费用的有（　　）。

A. 在中国境内的外商投资企业中工作取得工资、薪金所得的外籍人员

B. 在中国境内有住所而在中国境外任职取得工资、薪金所得的个人

C. 在中国境内的外商投资企业中工作取得工资、薪金所得的个人

D. 在中国境内的企业中工作取得工资、薪金所得的外籍专家

答案：A、B、D

【解析】以下 4 类人员在计算个人所得税的应纳税所得额时，适用附加减除费用标准：①在中国境内的外商投资企业和外国企业中工作的外籍人员；②在中国境内的企业、事业单位、社会团体、国家机关中工作的外籍专家；③在中国境内有住所而在中国境外任职或者受雇取得工资、薪金所得的个人；④国务院财政、税务主管部门确定的其他人员。

16. 下列关于个人所得税的表述中，正确的是（　　）。

A. 同一作品再版所得，应视为另一次稿酬所得计征个人所得税

B. 同一作品在报刊上连载取得的收入，以每次连载的收入为一次计征个人所得税

C. 财产租赁所得，以一个月取得的收入为一次计征个人所得税

D. 偶然所得，以每次收入为一次计征个人所得税

答案：A、C、D

【解析】B 选项中，同一作品在报刊上连载取得的收入，以连载完成取得的收入为一次计征个人所得税。

17. 下列各项中，符合我国《个人所得税法》规定的是（　　）。

A. 偶然所得以每次收入额为应纳税所得额　B. 稿酬所得按应纳税额减征 5%

C. 国债利息收入免税　D. 对个人出租居民住房所得按 10%计税

答案：A、C、D

【解析】稿酬所得适用 20%的比例税率，并按应纳税额减征 30%，实际税率为 14%。

18. 下列各项中，以取得的收入为应纳税所得额直接计征个人所得税的有（　　）。

A. 稿酬所得　B. 偶然所得　C. 股息所得　D. 特许使用费所得

答案：B、C

【解析】在个人所得税各税目中，以取得的收入为应纳税所得额的有利息、股息、红利所得，偶然所得和其他所得。

19. 下列属于税法规定的偷税手段的是（　　）。

A. 伪造、变造账簿或记账凭证　B. 以暴力抗拒不缴纳税款

C. 隐匿、擅自销毁账簿或记账凭证　D. 进行虚假申报

答案：A、C、D

【解析】选项 B 为抗税行为。

三、判断题

1. 纳税期限分为两种：一种是按季纳税；一种是按年纳税。（　　）

答案：×

【解析】纳税期限是指纳税人发生纳税义务后，应依法缴纳税款的期限，可以分为按期纳税和按次纳税。

2. 纳税期限就是纳税义务发生时间。（　　）

答案：×

【解析】纳税义务发生时间是指基于税收法律法规规定纳税义务产生的时间，是一个时点；纳税期限是指纳税人发生纳税义务后，应依法缴纳税款的期限，是一段期间。

3. 纳税人兼营不同税率的货物或应税劳务，应当分别核算不同税率货物或者应税劳务的销售额；未分别核算销售额的，由税务机关核定适用税率。（　　）

答案：×

【解析】纳税人兼有不同税率的销售货物或者应税劳务、服务的，应当分别核算适用不同税率的销售额，未分别核算销售额的，从高适用税率。

4. 增值税专用发票应由省、自治区、直辖市国家税务局指定的企业印制。（　　）

答案：×

【解析】增值税专用发票由国家税务总局监制设计印制。

5. 一般纳税人收到的增值税专用发票，均可作为扣税凭证，实行进项税额抵扣。（　　）

答案：×

【解析】一般纳税人收到的增值税专用发票必须符合税法规定的抵扣条件才允许作为进项税额抵扣，若发生了不得抵扣的情形，如购进货物用于集体福利或发生了非正常损失等，即便取得了增值税专用发票，也不得抵扣进项税额。

6. 委托个人加工的应税消费品，由受托方向其机构所在地或者居住地主管税务机关申报纳税。(　　)

答案：×

【解析】委托个人加工的应税消费品，由委托方向其机构所在地或者居住地主管税务机关申报纳税。

7. 纳税人销售的应税消费品，如因质量等原因退回时，不得退还已征收的消费税款。(　　)

答案：×

【解析】纳税人销售的应税消费品，如因质量等原因发生退货时，经所在地主管税务机关审核批准后，可退还已征收的消费税税款，但不能自行直接抵减应纳税款。

8. 外购已税消费品连续生产应税消费品的，在计征消费税时可全部扣除外购的应税消费品已纳消费税税款。(　　)

答案：×

【解析】外购已税消费品连续生产应税消费品的，按当期生产领用数量计算准予扣除外购应税消费品已缴纳的消费税税款。

9.《消费税暂行条例》规定，实行从价定率征税的应税消费品，其计税依据是不含增值税和消费税的销售额。(　　)

答案：×

【解析】增值税是价外税，消费税是价内税，因此实行从价定率征税的应税消费品，其计税依据是不含增值税、含消费税的销售额。

10. 纳税人将自产应税消费品用于换取生产资料、消费资料及投资入股和抵偿债务的，应将同类消费品的加权平均销售价格作为计税依据。(　　)

答案：×

【解析】纳税人将自产应税消费品用于换取生产资料、消费资料及投资入股和抵偿债务的，应将同类消费品的最高销售价格作为计税依据。

11. 在中国境内未设立机构、场所的，或者虽设立机构、场所但取得的所得与其所设机构、场所没有实际联系的非居民企业，使用的企业所得税税率为15%。(　　)

答案：×

【解析】在中国境内未设立机构、场所的，或者虽设立机构、场所但取得的所得与其所设机构、场所没有实际联系的非居民企业，使用的企业所得税税率为20%，实际中减按10%代扣代缴。

12. 在中国境内设有机构、场所且所得与机构、场所有关联的非居民企业适用20%的企业所得税税率。(　　)

答案：×

【解析】在中国境内设有机构、场所且所得与机构、场所有关联的非居民企业适用 25%的企业所得税税率。

13. 捐赠支出可以在计算企业所得税前予以扣除。(　　)

答案：×

【解析】超过规定标准的公益性捐赠支出及其他捐赠支出不得在税前扣除。

14. 企业发生的公益性捐赠支出，在应纳税所得额12%以内的部分，准予在计算应纳税所得额时扣除。（　　）

答案：×

【解析】企业发生的公益性捐赠支出，在年度利润总额 12%以内的部分，准予在计算应纳税所得额时扣除。

15. 个人所得税的征税对象不仅包括个人还包括具有自然人性质的企业。（　　）

答案：√

【解析】自然人性质的企业（如个人独资企业和合伙企业）也征收个人所得税。

16. 王某在 2015 年 1 月取得劳务报酬所得 5 000 元，其应纳税所得额为 4 000 元。（　　）

答案：√

【解析】应纳税所得额=5 000×（1-20%）=4 000（元）。

17. 纳税人在享受减税、免税期间可不办理纳税申报，但在减税、免税期满后应及时向税务机关办理纳税申报。（　　）

答案：×

【解析】纳税人享受减税、免税待遇的，在减税、免税期间应当按规定办理纳税申报。

18. 税务机关可以书面通知纳税人开户银行或者其他金融机构冻结纳税人的金额略高于应纳税款的存款作为税收保全措施。（　　）

答案：×

【解析】税务机关可以书面通知纳税人开户银行或者其他金融机构冻结纳税人的金额相当于应纳税款的存款作为税收保全措施。

强化练习

一、单项选择题

1. 下列各项中，不属于税收特征的有（　　）。

A. 强制性　　B. 分配性　　C. 无偿性　　D. 固定性

2. 按照税收的征收权限和收入支配权限分类，可以将我国税种分为中央税、地方税和中央地方共享税。下列各项中，属于地方税的是（　　）。

A. 增值税　　B. 土地增值税　　C. 企业所得税　　D. 资源税

3. 我国税法的构成要素中，（　　）是税法中具体规定应当征税的项目，是征税对象的具体化。

A. 税率　　B. 税目　　C. 纳税人　　D. 征税对象

4. 下列各项中属于税收程序法的是（　　）。

A.《中华人民共和国消费税暂行条例》　　B.《中华人民共和国个人所得税法》

C.《中华人民共和国税收征收管理法》　　D.《中华人民共和国企业所得税法》

5. 下列税法构成要素中，衡量纳税义务人税收负担轻重与否的重要标志是（　　）。

A. 计税依据　　B. 减税免税　　C. 税率　　D. 征税对象

6. 下列关于起征点与免征额的说法中，不正确的是（　　）。

A. 征税对象的数额达到起征点的就全部数额征税

B. 征税对象的数额未达到起征点的不征税

C. 当课税对象小于免征额时，不予征税

D. 当课税对象大于免征额时，仅对免征额部分征税

7. 下列关于增值税纳税义务发生时间的表述中错误的是（　　）。

A. 采用托收承付方式销售货物的，为收到货款的当天

B. 采用直接收款方式销售货物的，为收到销售款或者取得索取销售款凭证的当天

C. 提供应税劳务的，为提供劳务同时收讫销售款或者取得索取销售款凭证的当天

D. 进口货物的，为报关进口的当天

8. 某酒厂为一般纳税人。3 月份向一小规模纳税人销售白酒，开具的普通发票上注明含税金额为 93 600 元；同时收取包装物押金 2 000 元，此业务酒厂应计算的销项税额为（　　）元。

A. 13 600　　B. 13 890.60　　C. 15 011.32　　D. 15 301.92

9. 下列各项中，按从价从量复合计征消费税的是（　　）。

A. 涂料　　B. 化妆品　　C. 白酒　　D. 珠宝玉石

10. 某化妆品生产企业是增值税一般纳税人，2016 年 7 月份生产销售了一批化妆品，不含税售价为 100 万元。消费税税率为 30%。则该企业 8 月份应缴纳的消费税为（　　）万元。

A. 30　　B. 40　　C. 50　　D. 60

11. 某啤酒厂 2016 年 6 月生产了 15 000 吨生啤，当月销售了 10 000 吨，取得含税销售收入 117 万元。则该啤酒厂应缴纳消费税的计税依据为（　　）。

A. 100 万元　　B. 117 万元　　C. 10 000 吨　　D. 15 000 吨

12. 个人所得税工资薪金所得项目适用（　　）的税率形式。

A. 超额累进税率　　B. 定额税率　　C. 比例税率　　D. 其他税率

13. 下列各项中，属于个人所得税居民纳税人的是（　　）。

A. 在中国境内无住所，居住也不满一年的个人

B. 在中国境内无住所且不居住的个人

C. 在中国境内无住所，而在境内居住超过 6 个月不满 1 年的个人

D. 在中国境内有住所的个人

14. 某大学于教授受某企业邀请，为该企业中层干部进行管理培训讲座，从企业取得报酬 5 000 元。该笔报酬在缴纳个人所得税时适用的税目是（　　）。

A. 工资薪金所得　　B. 劳务报酬所得　　C. 稿酬所得　　D. 偶然所得

15. 某演员参加商业演出，一次性获得表演收入 50 000 元，该演员应缴纳个人所得税税额为（　　）元。

A. 6 000　　B. 8 000　　C. 10 000　　D. 13 000

16. 根据《企业所得税法》的规定，下列各项中，不属于企业所得税纳税人的是（　　）。

A. 国有企业　　B. 外商投资企业　　C. 合伙企业　　D. 集体企业

17. 某企业 2015 年的销售收入额为 4 000 万元，全年业务招待费实际发生 40 万元。在计算企业所得税时，业务招待费的扣除限额为（　　）万元。

A. 40　　B. 24　　C. 20　　D. 16

18. 飞腾公司 2015 年度实现利润总额为 320 万元，无其他纳税调整事项。经税务机关核实的 2014 年度亏损额为 300 万元。该公司 2015 年度应缴纳的企业所得税税额为（　　）万元。

A. 105.6　　B. 5　　C. 5.4　　D. 3.6

19. 下列各项中，准予在企业所得税前扣除的有（　　）。

A. 增值税　　B. 税收滞纳金　　C. 非广告性赞助支出　　D. 销售成本

20. 纳税人税务登记内容发生变化的，应当向（　　）申报办理变更税务登记。

A. 地（市）级税务机关　　B. 县（市）级税务机关

C. 原税务登记机关　　D. 原工商登记机关

21. 下列有关增值税专用发票的表述中，不正确的是（　　）。

A. 增值税专用发票的联次分为记账联、抵扣联、发票联

B. 只有经国家税务机关认定为增值税一般纳税人的才能领购增值税专用发票，小规模纳税人和法定情形的一般纳税人不得领购使用

C. 增值税专用发票由省、自治区、直辖市税务机关指定的企业统一印刷

D. 增值税专用发票应当使用防伪税控系统开具

22. 纳税人停业期满不能及时恢复生产、经营的，应当在（　　）向税务机关提出延长停业登记。

A. 停业期满前　　B. 停业期满后　　C. 停业期满前 5 日　　D. 停业期满后 5 日

23. 纳税人账簿、凭证、财务会计制度比较健全，能够如实地反映生产经营成果，正确地计算应纳税款的，税务机关应当对其采用的税款征收方式是（　　）。

A. 定期定额征收　　B. 查验征收　　C. 查账征收　　D. 查定征收

24. 根据规定，纳税人、扣缴义务人委托税务代理人办理的业务不包括（　　）。

A. 扣押纳税人财产　　B. 税务行政复议　　C. 缴纳税款　　D. 纳税申报

25. 税务机关对自然人纳税人采取税收保全措施时，下列物品中不得采取税收保全措施的有（　　）。

A. 小轿车　　B. 一处住房以外的豪宅

C. 单价 5 000 元以下的生活用品　　D. 古玩字画

二、多项选择题

1. 在下列税种中，属于行为税类的有（　　）。

A. 印花税　　B. 增值税　　C. 车辆购置税　　D. 城镇土地使用税

2. 按照税法法律级次，可将税法分为（　　）。

A. 税收法律　　B. 税收行政法规　　C. 税收规章　　D. 税收规范性文件

3. 按照主权国家行使税收管辖权的不同，可将税法分为（　　）。

A. 国内税法　　B. 国际税法　　C. 外国税法　　D. 通用税法

4. 下列属于税法的最基本的构成要素的有（　　）。

A. 税目　　B. 纳税义务人　　C. 征税对象　　D. 征税人

5. 下列各项中，可以被认定为一般纳税人的有（　　）。

A. 某啤酒生产销售企业年应税销售额为 90 万元

B. 某非企业性单位年应税销售额为 30 万元

C. 自然人张某当年的应纳税销售额为 80 万元

D. 某连锁超市年应税销售额为 100 万元

6. 下列各项中，应计入增值税的应税销售额的有（　　）。

A. 向购买者收取的包装物租金　　B. 向购买者收取的销项税额

C. 因销售货物向购买者收取的手续费　　D. 因销售货物向购买者收取的代收款项

7. 根据《消费税暂行条例》的规定，下列各项中，属于消费税税目的有（　　）。

A. 卷烟　　B. 实木地板　　C. 大客车　　D. 彩电

8. 根据个人所得税法律制度的规定，可以将个人所得税的纳税义务人区分为居民纳税义务人和非居民纳税义务人，依据的标准有（　　）。

A. 境内有无住所　　B. 境内工作时间

C. 取得收入的工作地　　D. 境内居住时间

9. 根据个人所得税的规定，以下各项所得适用累进税率形式的有（　　）。

A. 工资薪金所得　　B. 个体工商户生产经营所得

C. 财产转让所得　　D. 承包承租经营所得

10. 根据个人所得税法律制度的规定，下列各项中，属于个人所得税居民纳税人的有（　　）。

A. 在中国境内有住所的个人

B. 在中国境内无住所而在境内居住满 1 年的个人

C. 在中国境内无住所又不居住的个人

D. 在中国境内无住所而在中国境内居住不满 1 年的个人

11. 下列关于个人所得税应纳税所得额的说法中，正确的有（　　）。

A. 工资、薪金所得，以每月收入额减除费用 3 500 元后的余额为应纳税所得额

B. 个体工商户的生产、经营所得，以每一纳税年度的收入总额减除成本、费用以及损失后的余额为应纳税所得额

C. 劳务报酬所得每次收入不超过 4 000 元的，减除费用 800 元后的余额为应纳税所得额

D. 利息、股息、红利所得，偶然所得和其他所得，以每次收入额为应纳税所得额

12. 下列属于个人所得税劳务报酬所得项目的有（　　）。

A. 个人从事设计取得的收入　　B. 个人从事翻译取得的收入

C. 个人出版书籍取得的收入　　D. 个人在某企业工作取得的收入

13. 根据企业所得税法律制度的规定，下列各项中，属于不征税收入的有（　　）。

A. 国债利息收入　　B. 接受捐赠收入

C. 纳入财政管理的政府性基金　　D. 财政拨款

14. 根据企业所得税法律制度的规定，下列各项中，属于免税收入的是（　　）。

A. 国债利息收入

B. 财政拨款

C. 符合规定条件的居民企业之间的股息、红利等权益性投资收益

D. 接受捐赠的收入

15. 下列关于企业所得税的相关说法中，正确的有（　　）。

A. 企业所得税按纳税年度计算

B. 企业所得税的纳税年度自公历 1 月 1 日起至 12 月 31 日止

C. 企业应当自年度终了之日起 5 个月内，向税务机关报送年度企业所得税纳税申报表，并汇算清缴，结清应缴应退税款

D. 企业所得税分月或者分季预缴

16. 下列应当办理开业税务登记的有（　　）。

A. 工商局　　B. 个体工商户

C. 某公司在上海的分公司　　D. 企业在外地设立的分支机构

17. 下列各项中属于需办理注销税务登记情形的有（ ）。

A. 企业破产终止纳税义务的　B. 被吊销营业执照的

C. 企业名称发生改变的　D. 经营地点变动改变税务机关的

18. 下列关于发票的开具要求的表述中错误的有（ ）。

A. 未发生经营业务不得开具发票　B. 开具发票时应按号顺序填开

C. 所有发票使用者填写发票都必须使用中文　D. 发票开具时限可以根据需要进行调整

19. 下列各项中，属于税务代理的法定业务的有（ ）。

A. 办理税务登记　B. 办理除增值税专用发票外的发票领购手续

C. 制作涉税文书　D. 提供审计报告

20. 下列各项中，属于纳税申报方式的有（ ）。

A. 直接申报　B. 简易申报　C. 邮寄申报　D. 数据电文申报

三、判断题

1. 超率累进税率是指以征税对象数额的相对率划分若干级距，分别规定相应的差别税率。我国的土地增值税就是采用这种税率。（ ）

2. 小规模纳税人购进货物取得的增值税专用发票可以抵扣进项税额，取得普通发票不允许扣除进项税额。（ ）

3. 增值税一般纳税人不得开具、使用普通发票。（ ）

4. 纳税人兼营不同税率的货物或者应税劳务，应当分别核算不同税率货物或者应税劳务的销售额；未分别核算销售额的，从高适用税率。（ ）

5. 委托个体经营者加工的应税消费品，由受托方向其机构所在地或居住地主管税务机关申报缴纳消费税。（ ）

6. 某演员取得一次性的演出收入 2.1 万元，对此应实行加成征收办法计算个人所得税。（ ）

7. 企业所得税的纳税年度，自公历 1 月 1 日起至 12 月 31 日止。（ ）

8. 企业捐赠所得不属于企业的生产经营所得，因此不是企业所得税的征税对象。（ ）

9. 纳税人享受减税、免税待遇的，在减税、免税期间应当按照规定办理纳税申报。（ ）

10. 现行《企业所得税法》规定，企业应当自年度终了之日起 3 个月内，向税务机关报送年度企业所得税申报表，并汇算清缴税款。（ ）

11. 增值税专用发票只限于增值税小规模纳税人领购使用。（ ）

12. 从事生产经营的纳税人不得转借、转让发票，但根据需要可以代开。（ ）

13. 开具发票时，不必按照号码顺序填开。（ ）

14. 凡有法律、法规规定的应税收入、应税财产或者应税行为的各类纳税人，均应当按照法律规定办理税务登记。（ ）

15. 纳税人对国家税务总局做出的具体行政行为不服的，向国务院申请行政复议。（ ）

强化练习参考答案及解析

一、单项选择题

1. 答案：B

【解析】本题考核税收的特征。税收具有强制性、无偿性和固定性 3 个特征。

2. 答案：B

【解析】本题考核地方税包括的税种。选项 A、C、D 均属于中央和地方共享税。

3. 答案：B

【解析】本题考核税法的构成要素。税目是税法中规定的征税对象的具体项目，是征税对象的具体化。

4. 答案：C

【解析】本题考核税收程序法的范围。税收程序法是指税务管理方面的法律，如《中华人民共和国税收征收管理法》《进出口关税条例》。选项 A、B、D 属于税收实体法。

5. 答案：C

【解析】本题考核税法要素中税率的有关概念。税率是计算纳税人应纳税额的尺度，也是衡量税负轻重与否的重要标志。

6. 答案：D

【解析】本题考核起征点与免征额的区别。当课税对象小于起征点和免征额时，都不予征税；当课税对象大于起征点和免征额时，起征点要对课税对象的全部数额征税，免征额仅对课税对象超过免征额的部分征税。

7. 答案：A

【解析】本题考核增值税纳税义务的发生时间。采取托收承付方式销售货物的，增值税纳税义务的发生时间为发出货物并办妥托收手续的当天。

8. 答案：B

【解析】本题考核酒类包装物押金增值税的计算。酒类（除黄酒、啤酒以外）包装物押金无论是否逾期，均于收到时并入收入当期销售额计算销项税额。酒厂应计算的销项税额=（93 600+2 000）÷（1+17%）×17%=13 890.60（元）。

9. 答案：C

【解析】本题考核消费税的计税方法。现行消费税的征税范围中，只有卷烟、白酒采用复合计征方法。选项 A、B、D 均是从价计征消费税的。

10. 答案：A

【解析】本题考核消费税的计算。应缴纳的消费税=100×30%=30（万元）。

11. 答案：C

【解析】啤酒实行从量定额征税。

12. 答案：A

【解析】本题考核个人所得税税率。个人所得税工资、薪金所得税目适用的是超额累进税率。

13. 答案：D

【解析】本题考核个人所得税居民纳税人的认定。根据规定，居民纳税人的判定标准有两个：一是在中国境内有住所；二是无住所，但在中国境内居住满一个纳税年度。两个标准只要符合其中之一，即为居民纳税人。

14. 答案：B

【解析】本题考核个人所得税的税目范围。根据规定，劳务报酬所得是指个人独立从事非雇佣的各种劳务所得，包括翻译、审稿、书画、咨询、讲学等 29 项具体项目。

15. 答案：C

【解析】本题考核个人所得税应纳税额的计算。应纳税所得额=50 000×（1−20%）=40 000

（元），适用税率为 30%，速算扣除数为 2 000 元。应纳税额=40 000×30%−2 000=10 000（元）。

16. 答案：C

【解析】合伙企业不属于企业所得税纳税人。

17. 答案：C

【解析】根据《企业所得税法实施条例》的规定，企业发生的与生产经营活动有关的业务招待费支出，按照发生额的 60%扣除，但最高不得超过当年销售收入（营业收入）的 5‰，由于 40×60%>4 000×5‰，因此，在计算企业所得税时，该企业业务招待费的扣除限额为 4 000×5‰=20（万元）。

18. 答案：B

【解析】本题考核企业所得税的计算。2015 年度应缴纳的企业所得税税额=（320−300）×25%=5（万元）。

19. 答案：D

【解析】本题考核企业所得税准予扣除项目。增值税是价外税，故不在扣除之列。税收滞纳金和非广告性赞助支出，属于税前不得扣除项目。

20. 答案：C

【解析】本题考核变更税务登记的概念。变更税务登记是指纳税人在办理税务登记后，原登记内容发生变化时向原税务机关申报办理税务登记。

21. 答案：C

【解析】本题考核增值税专用发票。增值税专用发票由国家税务总局指定的企业统一印制。

22. 答案：A

【解析】本题考核纳税人办理停业登记的有关规定。应当在停业期满前向税务机关提出延长停业登记。

23. 答案：C

【解析】本题考核查账征收的相关规定。查账征收适用于纳税人账簿、凭证、财务会计制度比较健全，能够如实反映生产经营成果的情况。

24. 答案：A

【解析】本题考核税务代理的法定业务范围。根据该规定，纳税人、扣缴义务人可以将下列涉税业务委托税务代理人办理：①税务登记、变更税务登记和注销税务登记；②普通发票领购手续；③纳税申报和扣缴税款报告；④缴纳税款和申请退税；⑤制作涉税文书；⑥审查纳税情况；⑦建账建制，办理账务；⑧税务行政复议；⑨税务咨询，受聘税务顾问；⑩国家税务总局规定的其他业务。

25. 答案：C

【解析】本题考核不适用税收保全的财产。税务机关对单价 5 000 元以下的其他生活用品，不采取税收保全和强制执行措施。

二、多项选择题

1. 答案：A、C

【解析】本题考核行为税包括的税种。选项 B 增值税属于流转税，选项 D 城镇土地使用税属于财产税。

2. 答案：A、B、C、D

【解析】本题考核税法的分类。按照税法法律级次，可将税法分为税收法律、税收行政法规、税收规章和税收规范性文件。

3. 答案：A、B、C

【解析】本题考核税法的分类。按照主权国家行使税收管辖权的不同，可将税法分为国内税法、国际税法和外国税法。

4. 答案：B、C

【解析】本题考核税法的构成要素。纳税义务人、征税对象和税率是构成税法的 3 个最基本的要素。

5. 答案：A、D

【解析】本题考核增值税的纳税人。年应税销售额超过小规模纳税人标准的其他个人按小规模纳税人纳税；非企业性单位、不经常发生应税行为的企业可选择按小规模纳税人纳税。选项 B 未超过小规模纳税人认定标准，选项 C 为自然人。

6. 答案：A、C、D

【解析】本题考核销售额包含的内容。增值税是价外税，销售额不包括向购买方收取的销项税额。

7. 答案：A、B

【解析】本题考核消费税的税目。现行消费税的征收范围主要包括烟、酒、鞭炮、焰火、化妆品、成品油、贵重首饰及珠宝玉石、高尔夫球及球具、高档手表、游艇、木制一次性筷子、实木地板、摩托车、小汽车、电池、涂料等税目，有的税目还进一步划分为若干子目。

8. 答案：A、D

【解析】本题考核个人所得税纳税义务人的判断标准。我国个人所得税纳税义务人依据住所和居住时间两个标准，区分为居民和非居民，分别承担不同的纳税义务。

9. 答案：A、B、D

【解析】本题考核个人所得税的税率。对于财产转让所得适用的是比例税率，税率为 20%。

10. 答案：A、B

【解析】选项 A、B 属于居民纳税人，选项 C、D 属于非居民纳税人。

11. 答案：A、B、C、D

【解析】本题考核个人所得税应纳税所得额的确定。

12. 答案：A、B

【解析】本题考核个人所得税劳务报酬所得的项目。劳务报酬所得是指个人从事设计、装潢、安装、制图、化验、测试、医疗、法律、会计、咨询、讲学、新闻、广播、翻译、审稿、书画、雕刻、影视、录音、录像、演出、表演、广告、展览、技术服务、介绍服务、经纪服务、代办服务以及其他劳务所得。选项 C 属于稿酬所得；选项 D 属于工资、薪金所得。

13. 答案：C、D

【解析】本题考核企业所得税的不征税收入。《企业所得税法》规定，收入总额中的下列收入为不征税收入：①财政拨款；②依法收取并纳入财政管理的行政事业性收费、政府性基金；③国务院规定的其他不征税收入。

14. 答案：A、C

【解析】本题考核企业所得税免税收入的规定。《企业所得税法》规定，收入总额中的下列收入为免税收入：①国债利息收入；②符合规定条件的居民企业之间的股息、红利等权益性投资收益；③在中国境内设立机构、场所的非居民企业从居民企业取得的与该机构、场所有实际联系的股息、红利等权益性投资收益；④符合规定条件的非营利组织的收入。选项 B 属于不征税收入；选项 D 属于应征税的收入。

15. 答案：A、B、C、D

【解析】本题考核企业所得税的征收管理。

16. 答案：B、C、D

【解析】本题考核税务登记的相关规定。根据规定，开业税务登记的纳税人可分为以下两类：领取营业执照从事生产、经营的纳税人；其他纳税人。

17. 答案：A、B、D

【解析】本题考核注销税务登记。需办理注销税务登记的情形包括：纳税人解散、破产、撤销，终止纳税义务的；被撤掉营业执照或被撤销的；因住所、经营地点变动，涉及改变税务机关的。选项 C 属于办理变更税务登记的情形。

18. 答案：C、D

【解析】本题考核发票的开具要求。填写发票应当使用中文，民族自治地区可以同时使用当地通用的一种民族文字，外商投资企业和外资企业可以同时使用一种外国文字。发票的开具时限必须是业务实际发生的时间，不得提前或滞后。

19. 答案：A、B、C

【解析】本题考核税务代理的法定业务范围。选项 D 不属于税务代理的法定业务范围。

20. 答案：A、B、C、D

【解析】本题考核纳税申报方式。

三、判断题

1. 答案：√

【解析】本题考核税率在具体税种中的运用。我国土地增值税的计算征收采用超率累进税率。

2. 答案：×

【解析】本题考核进项税的抵扣。增值税小规模纳税人购进货物不得抵扣进项税额。

3. 答案：×

【解析】本题考核普通发票。普通发票主要由增值税小规模纳税人使用，增值税一般纳税人在不能开具专用发票的情况下也可以使用普通发票。

4. 答案：√

【解析】本题考核增值税的税率。

5. 答案：×

【解析】本题考核消费税的纳税地点。委托个体经营者加工的应税消费品，由委托方向其机构所在地或居住地主管税务机关申报缴纳消费税。

6. 答案：×

【解析】本题考核个人所得税中劳务报酬所得的处理。劳务报酬的加成征收是对一次取得劳务收入扣除费用后的所得额超过 20 000 元时适用，21 000×（1−20%）=16 800（元），故不适用加成征收。

7. 答案：√

【解析】本题考核企业所得税的征收管理。

8. 答案：×

【解析】企业所得税的征税对象是企业的生产经营所得、其他所得和清算所得，包括销售货物所得、提供劳务所得、转让财产所得、捐赠所得和其他所得等。

9. 答案：√

【解析】本题考核纳税申报的相关规定。

10. 答案：×

【解析】本题考核企业所得税的纳税申报。企业应当自年度终了之日起 5 个月内，向税务机关报送年度企业所得税申报表，并汇算清缴，结清应缴应退税款。

11. 答案：×

【解析】本题考核增值税专用发票的领购和使用。增值税专用发票只限于增值税一般纳税人领购使用，增值税小规模纳税人和非增值税纳税人不得领购使用增值税专用发票。

12. 答案：×

【解析】本题考核发票的基本规定。从事生产经营的纳税人不得转借、转让、代开发票。

13. 答案：×

【解析】开具发票时应按号码顺序填开，填写项目齐全、内容真实、字迹清楚、全部联次一次性复写或打印、内容完全一致，并在发票联和抵扣联加盖单位财务印章或发票专用章。

14. 答案：√

【解析】本题考核税务登记的范围。凡有法律、法规规定的应税收入、应税财产或者应税行为的各类纳税人，均应当按照《税收征收管理法》及其实施细则和国家税务总局印发的《税务登记管理办法》规定办理税务登记。

15. 答案：×

【解析】本题考核行政复议。纳税人对国家税务总局做出的具体行政行为不服的，可以选择以下两种途径之一维护自己的合法权益：第一种是向国家税务总局申请行政复议，对行政复议决定不服的，纳税人还可以向人民法院提起行政诉讼；第二种是向国务院申请裁决，但应注意，国务院的裁决为终局裁决，对该裁决不服的，不能再向法院提起行政诉讼。

第四章 财政法律制度

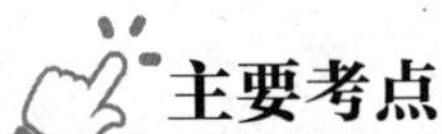

主要考点

1．预算法律制度的构成

2．国库集中支付制度的概念

3．政府采购法律制度的构成和原则

4．国家预算的级次划分和构成、预算管理的职权、预算组织的程序以及预算、决算的监督

5．政府采购的执行模式和方式

6．国库单一账户体系的构成及财政收支的方式

复习重点

第一节 预算法律制度

一、预算法律制度的构成

我国预算法律制度由《预算法》《预算法实施条例》及与国家预算管理有关的其他法规制度构成，如表 4-1 所示。

表 4-1 预算法律制度

法律制度	制定时间	施行时间
《预算法》	1994.3.22	1995.1.1
《预算法实施条例》	1995.11.2	1995.11.22

1．《预算法》

现行的《预算法》为 1994 年 3 月 22 日通过的，自 1995 年 1 月 1 日起施行。

该法是我国第一部财政基本法律，是我国国家预算管理工作的根本性法律以及制定其他预算法规的基本依据。

2.《预算法实施条例》

国务院于1995年11月2日制定并通过了《预算法实施条例》，并于1995年11月22日起施行。

【例4-1】我国《预算法》自（　　）开始施行。

A. 1991年1月1日　　B. 1994年1月1日　　C. 1995年1月1日　　D. 1996年1月1日

答案：C

【解析】我国现行的《预算法》于1994年3月22日第八届全国人民代表大会第二次会议中通过，自1995年1月1日起施行。

【例4-2】关于我国的预算法律制度，下列说法中正确的有（　　）。

A.《预算法》是我国第一部财政基本法律

B. 现行的预算法为1994年3月22日第八届全国人民代表大会第二次会议中通过

C.《预算法实施条例》是国务院制定并由全国人民代表大会审议通过的

D.《预算法实施条例》于1995年11月22日起施行

答案：A、B、D

【解析】《预算法实施条例》由国务院于1995年11月22制定并通过。

二、国家预算

1. 概念

国家预算是指经法定程序批准的国家年度财政收支计划。

国家预算原则是公开性、可靠性、完整性、统一性和年度性。

2. 国家预算的作用

国家预算有财力保证、调节制约和反映监督3大作用。

【例4-3】国家预算既是保障国家机器运转的物质条件，又是政府实施各项社会经济政策的有效保证，体现的是国家预算的（　　）。

A. 制约作用　　B. 反映监督作用　　C. 财力保证作用　　D. 调节作用

答案：C

【解析】国家预算既是保障国家机器运转的物质条件，又是政府实施各项社会经济政策的有效保证体现的是国家预算作用中财力保证的作用。

3. 国家预算的级次划分

（1）一级政府一级预算。

（2）国家预算共分为5级，具体如下。

① 中央预算。

② 省级（省、自治区、直辖市）预算。

③ 地市级（设区的市、自治州）预算。

④ 县市级（县、自治县、不设区的市、市辖区）预算。

⑤ 乡镇级（乡、民族乡、镇）预算。

注意

对于不具备设立预算条件的乡、民族乡、镇，经省、自治区、直辖市政府确定，可以暂不设立预算。

【例 4-4】我国国家预算体系中县市级预算包括（　　）。

A．县预算　　B．设区的市预算　　C．自治县预算　　D．市辖区预算

答案：A、C、D

【解析】我国国家预算中县市级包括县、自治县、不设区的市、市辖区。设区的市预算属于地级市预算。

【例 4-5】北京市预算属于（　　）预算。

A．中央　　B．省级　　C．地市级　　D．县市级

答案：B

【解析】北京是直辖市，北京市的预算属于省级预算。

4．国家预算的构成

（1）按照政府级次划分——中央预算和地方预算。

① 中央预算。中央预算是指中央政府的财政收支计划，由中央各部门（含直属单位）的预算组成。

a. 部门和直属单位。

中央各部门：与财政部直接发生预算缴款、拨款关系的国家机关、军队、政党组织和社会团体。

中央直属单位：与财政部直接发生预算缴款、拨款关系的企业和事业单位。

b. 中央预算收入与中央预算支出。

中央预算收入：中央固定收入、共享收入的中央收入部分、地方上缴收入。

中央预算支出：中央本级支出、补助地方支出。

② 地方预算。地方各级预算是国家预算的有机组成部分，是地方政府的财政收支计划，是政府预算活动的基本环节，在国家预算中占有重要地位。

a. 地方预算的组成：地方预算由各省、自治区、直辖市总预算组成，如图 4–1 所示。

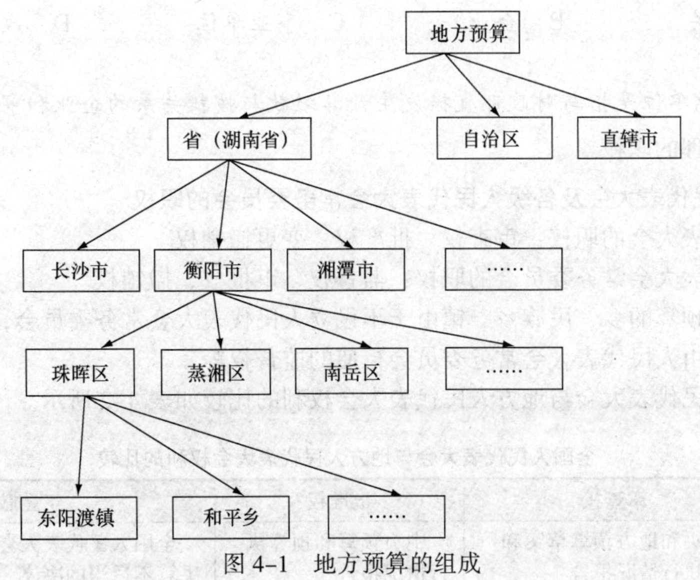

图 4–1　地方预算的组成

b. 地方预算收入与地方预算支出。

地方预算收入：地方固定收入、共享收入的地方收入部分、中央对地方的返还及补助收入

地方预算支出：地方本级支出、上解中央支出

（2）按照收支管理范围划分——总预算和部门单位预算。

① 总预算。总预算是指政府的财政汇总预算，由财政部门负责编制，包括本级预算和所属下级政府的总预算。

注意

下级政府只有本级预算的，下级政府总预算即指下级政府的本级预算；没有下级政府预算的，总预算即指本级预算。

② 部门单位预算。部门单位预算是指部门、单位的收支预算。各部门预算由本部门所属各单位预算组成。部门预算是一项综合预算。

【例 4-6】下列国家预算中有关中央预算的表述中正确的是（　　）。

A．由中央各部门（含直属单位）的预算组成

B．中央预算包括地方向中央上解的收入数额

C．中央预算包括中央对地方返还或者给予补助的数额

D．中央预算不包括军队和政党组织的预算

答案：A、B、C

【解析】中央预算是指中央政府预算，由中央各部门（含直属单位）的预算组成。中央预算包括地方向中央上解的收入数额和中央对地方返还或者给予补助的数额。其中，中央各部门是指与财政部直接发生预算缴款、拨款关系的国家机关、军队、政党组织和社会团体；直属单位是指与财政部直接发生预算缴款、拨款关系的企业和事业单位。

【例 4-7】中央预算由中央各部门（含直属单位）的预算组成。上述“直属单位”是指与财政部直接发生预算缴款与拨款关系的（　　）。

A．国家机关　　B．企业　　C．事业单位　　D．政党组织

答案：B、C

【解析】直属单位是指与财政部直接发生预算缴款与拨款关系的企业和事业单位。

三、预算管理的职权

1．各级人民代表大会及各级人民代表大会常务委员会的职权

各级人民代表大会的职权：审查权、批准权、变更撤销权。

各级人民代表大会常务委员会的职权：监督权、审批权、撤销权。

特殊：设立预算的乡、民族乡、镇由于不设立人民代表大会常务委员会，因而人民代表大会职权中还包括由人民代表大会常务委员会行使的监督权等。

（1）全国人民代表大会与地方人民代表大会权利的比较如表 4–2 所示。

表 4-2　　全国人民代表大会与地方人民代表大会权利的比较

级别	审查权	批准权	变更撤销权
全国人民代表大会	中央和地方预算草案和预算执行情况报告	中央预算和预算执行情况报告	全国人民代表大会常务委员会预算、决算不适当的决议
地方人民代表大会	本级总预算草案和总预算执行情况报告	本级预算和预算执行情况报告	本级人民代表大会常务委员会及本级政府预算、决算不适当的决议

注意

①审查权——高级可以审查低级，全国人民代表大会既可以审查中央预算草案，也可以审查地方预算草案；地方人民代表大会审查本级预算草案；②批准权——各级批各级，全国人民代表大会批中央，地方人民代表大会批地方；③撤销权——全国人民代表大会撤销全国人民代表大会常务委员会，地方人民代表大会撤销本级全国人民代表大会常务委员会与地方人民代表大会常务委员会。

（2）全国人民代表大会常务委员会与地方人民代表大会常务委员会权利的比较如表4-3所示。

表4-3　全国人民代表大会常务委员会与地方人民代表大会常务委员会权利的比较

级别	监督权	审批权	撤销权
全国人民代表大会常务委员会	中央和地方预算的执行	中央预算的调整方案、决算方案	国务院及省、自治区、直辖市人民代表大会及其常务委员会的决议
地方人民代表大会常务委员会	本级总预算的执行	本级预算的调整方案、决算方案	本级政府和下一级人民代表大会及常务委员会的决议

注意

区别人民代表大会及人民代表大会常务委员会的权利（人民代表大会常务委员会为常设机构）。

2．各级财政部门的职权

各级财政部门的职权（具体工作）是编制、执行、提案、报告。

3．各部门、各单位的职权

（1）各部门的职权。

①编制本部门预算、决算草案。

②组织和监督本部门预算的执行。

③定期向本级政府财政部门报告预算的执行情况。

（2）各单位的职权。

①编制本单位预算、决算草案。

②按照国家规定上缴预算收入。

③安排预算支出。

④接受国家有关部门的监督。

【例4-8】下列关于全国人民代表大会预算职权的表述中正确的是（　　）。

A．审查中央和地方预算草案及中央和地方预算执行情况的报告

B．审查和批准中央预算的调整方案

C．撤销国务院制定的同宪法、法律相抵触的关于预算、决算的行政法规、决定和命令

D．改变或者撤销全国人民代表大会常务委员会关于预算、决算的不适当的决议

答案：A、D

【解析】全国人民代表大会的职权包括：①审查中央和地方预算草案及中央和地方预算执行情况的报告；②批准中央预算和中央预算执行情况的报告；③改变或者撤销全国人民代表大会常务委员会关于预算、决算的不适当的决议。全国人民代表大会常务委员会负责：①监督中央和地方预算的执行；②审查和批准中央预算的调整方案；③审查和批准中央决算；④撤销国务院制定的同宪法、法律相抵触的关于预算、决算的行政法规、决定和命令；⑤撤销省、自治区、直辖市人民代表大会及其常务委员会制定的同宪法、法律和行政法规相抵触的关于预算、决算的地方性法规和决议。

【例 4-9】下列有关各部门预算管理职权的表述中不正确的是（　　）。

A．各部门编制本部门预算、决算草案

B．定期向本级政府财政部门报告预算的执行情况

C．组织和监督本部门预算的执行

D．定期向本级政府和上一级政府财政部门报告本级总预算的执行情况

答案：D

【解析】各部门的预算职权包括：①编制本部门的预算、决算草案；②组织和监督本部门预算的执行；③定期向本级政府财政部门报告预算的执行情况。

【例 4-10】下列（　　）属于全国人民代表大会常务委员会的预算管理职权。

A．审查和批准中央预算的调整方案

B．监督中央和地方预算的执行

C．撤销国务院制定的同宪法、法律相抵触的关于预算、决算的行政法规、决定和命令

D．撤销省、自治区、直辖市人民代表大会及其常务委员会制定的同宪法、法律和行政法规相抵触的关于预算、决算的地方性法规和决议

答案：A、B、C、D

【解析】全国人民代表大会常务委员会的预算管理职权包括：监督中央和地方预算的执行；审查和批准中央预算的调整方案；审查和批准中央决算；撤销国务院制定的同宪法、法律相抵触的关于预算、决算的行政法规、决定和命令；撤销省、自治区、直辖市人民代表大会及其常务委员会制定的同宪法、法律和行政法规相抵触的关于预算、决算的地方性法规和决议。

四、预算收入与预算支出

1．预算收入

（1）按来源划分。预算收入按来源可划分为税收收入、依照规定应当上缴的国有资产收益、专项收入、其他收入（罚没收入、规费收入等）。

（2）按归属划分。预算收入按归属可划分为中央预算收入、地方预算收入、中央和地方预算共享收入。

2．预算支出

（1）按内容（支出方向）划分。预算支出按内容可划分为经济建设支出（预算支出的主要部分）；科、教、文、卫、体等事业发展支出；国家管理费用支出；国防支出；各项补贴支出；其他支出。

（2）按主体划分。预算支出按主体可划分为中央预算支出和地方预算支出。

中央预算与地方预算有关收入和支出项目的划分、地方向中央上解收入、中央对地方返还或者给予补助的具体办法，由国务院规定，报全国人民代表大会常务委员会备案。

上级政府不得在预算之外调用下级政府预算的资金，下级政府不得挤占或者截留属于上级政府预算的资金。

【例 4-11】由于我国中央预算收入采用了分税制财政管理体制，因此我国国家预算收入分为中央预算收入和地方预算收入两种形式。(　　)

答案：×

【解析】我国国家预算收入划分为中央预算收入、地方预算收入以及中央和地方预算共享收入。

五、预算组织程序

预算组织程序分为编制、审批、执行和调整 4 个环节。

1．预算的编制

预算草案是指各级政府、各部门、各单位编制的未经法定程序审查和批准的预算收支计划。

（1）预算年度：公历 1 月 1 日～12 月 31 日。

（2）预算草案的编制依据如表 4–4 所示。

表 4-4　　预算草案的编制依据

各级政府	各部门、各单位
法律、法规	法律、法规
国民经济和社会发展计划、财政中长期计划以及有关的财政经济政策	本级政府的指示和要求以及本级政府财政部门的部署
本级政府的预算管理职权和财政管理体制确定的预算收支范围	本部门、本单位的职责、任务和事业发展计划
上一年度预算执行情况和本年度预算收支变化因素	本部门、本单位的定员定额标准
上级政府对编制本年度预算草案的指示和要求	本部门、本单位上一年度预算执行情况和本年度预算收支变化因素

（3）预算草案的编制内容如表 4–5 所示。

表 4-5　　预算草案的编制内容

项目	中央预算的编制内容	地方各级政府预算的编制内容
预算收入	本级预算收入	本级预算收入
	上一年度结余用于本年度安排的支出	上一年度结余用于本年度安排的支出
	地方上解的收入	上级返还或者补助的收入
		下级上解的收入
预算支出	本级预算支出	本级预算支出
	返还或者补助地方的支出	上解上级的支出
		返还或者补助下级的支出

【例 4-12】根据《预算法》的规定，中央预算的编制内容包括(　　)。

A．本级预算收入和支出　　B．上一年度结余用于本年度安排的支出

C．地方上解的收入　　D．上级返还或者补助的收入

答案：A、B、C

【解析】选项 D，上级返还或者补助的收入属于地方预算收入。

2．预算的审批

（1）审批权：各级批各级。

中央预算：全国人民代表大会。

地方各级政府预算：本级人民代表大会。

（2）预算批复。

各级政府财政部门应当自本级人民代表大会批准本级政府预算之日起30日内，批复本级各部门预算。

各部门应当自本级财政部门批复本部门预算之日起15日内，批复所属各单位预算。

【例4-13】地方各级政府预算由（　　）审查和批准。

A．上级人民政府　　B．本级人民政府

C．本级人民代表大会　　D．本级人民代表大会常务委员会

答案：C

【解析】根据《预算法》的规定，中央预算由全国人民代表大会审查和批准，地方各级政府预算由本级人民代表大会审查和批准。

【例4-14】财政部应当自全国人民代表大会批准中央预算之日起（　　）内，批复中央各部门预算。

A．10日　　B．15日　　C．20日　　D．30日

答案：D

【解析】各级政府财政部门应当自本级人民代表大会批准本级政府预算之日起30日内，批复本级各部门预算。各部门应当自本级财政部门批复本部门预算之日起15日内，批复所属各单位预算。

3．预算的执行

（1）各级预算由本级政府组织执行，具体工作由本级政府财政部门负责。

（2）预算收入征收部门必须按照法律、行政法规的规定，及时、足额征收应征的预算收入。

（3）各级政府财政支出部门必须依照法律、行政法规和国务院财政部门的规定，及时、足额地拨付预算支出资金，加强对预算支出的管理和监督。

（4）各级政府、各部门、各单位的支出必须按照预算执行。

（5）预算的收入和支出必须通过国库进行。各级国库存款的支配权属于本级政府财政部门。

参与政府预算的执行部门包括各级政府（组织者）、各级政府财政部门（管理者）、预算收入征收部门（收钱的）、财政支出部门（花钱的）、国库（存钱的）。

4．预算的调整

预算的调整是指经全国人民代表大会批准的中央预算和经地方各级人民代表大会批准的本级预算，在执行中因特殊情况需要增加支出或减少收入，使原批准的收支平衡的预算的总支出超过总收入，或者使原批准的预算中举借债务的数额增加的部分变更。

（1）审批。县级以上包括中央，由人民代表大会常务委员会审批；乡、民族乡、镇政府预算的调整方案必须提请本级人民代表大会审查和批准。未经批准，不得调整预算。

（2）备案。地方各级政府预算的调整方案经批准后，由本级政府报上一级政府备案。

（3）不属于预算调整的范围。

① 在预算执行中，因上级政府返还或给予补助而引起的预算收支变化，不属于预算调整。

② 接受返还或者补助款项的县级以上地方各级政府应当向本级人民代表大会常务委员会报告有关情况。

③ 接受返还或者补助款项的乡、民族乡、镇政府应当向本级人民代表大会报告有关情况。

【例 4-15】关于预算调整原因的叙述中，正确的有（　　）。

A．原批准的预算在执行中因特殊情况需要增加支出

B．原批准的预算中举借债务的数额变更的部分

C．原批准的预算在执行中因特殊情况需要减少收入

D．原批准的收支平衡的预算的总支出超过总收入

答案：A、C、D

【解析】选项 B，原批准的预算中举借债务的数额增加的部分的变更属于预算调整。

六、决算

决算是对年度预算收支执行结果的会计报告，是预算执行的总结，是国家管理预算活动的最后一道程序，包括决算报告和文字说明。

1．决算草案的编制

决算草案由各级政府、各部门、各单位在每一预算年度终了后按照国务院规定的时间编制。

2．决算草案的审批

国务院财政部门编制中央决算草案，报国务院审定后，由国务院提请全国人民代表大会常务委员会审查和批准。

县级以上地方各级政府财政部门编制本级决算草案，报本级政府审定后，由本级政府提请本级人民代表大会常务委员会审查和批准。

乡、民族乡、镇政府编制本级决算草案，提请本级人民代表大会审查和批准。

【例 4-16】下列表述中正确的有（　　）。

A．由国务院财政部门编制的中央决算草案，经国务院审定后，由国务院提请全国人民代表大会批准

B．由国务院财政部门编制的中央决算草案，经国务院审定后，由国务院提请全国人民代表大会常务委员会审批

C．由县级以上地方各级政府财政部门编制的本级决算草案，经本级政府审定后，由本级人民代表大会常务委员会审批

D．由乡级政府编制的决算草案，由本级人民代表大会审批

答案：B、C、D

【解析】国务院财政部门编制中央决算草案，报国务院审定后，由国务院提请全国人民代表大会常务委员会审查和批准。

【例 4-17】国务院财政部门编制中央决算草案后，由其提请全国人民代表大会常务委员会审查和批准。（　）

答案：×

【解析】国务院财政部门编制中央决算草案，报国务院审定后，由国务院提请全国人民代

表大会常务委员会审查和批准。

七、预算、决算的监督

预决算的监督主体有各级国家权力机关、各级政府部门、财政部门和审计部门4个。

1．权力机关的监督

（1）全国人民代表大会及常务委员会对中央和地方预算、决算进行监督。

（2）县级以上各级人民代表大会及常务委员会对本级和下级政府预算、决算进行监督。

注意

与预算管理职权中人民代表大会常务委员会的监督权进行区分：人民代表大会只能执行事前及事后监督。

2．各级政府部门的监督

各级政府监督下级政府的预算执行；下级政府应当定期向上一级报告预算执行情况。

3．财政部门的监督

各级政府财政部门负责监督检查本级各部门及其所属各单位预算的执行，并向本级政府和上一级政府财政部门报告预算执行情况。

4．审计部门的监督

各级政府审计部门对本级各部门、各单位和下级政府的预算执行和决算实行审计监督。

【例4-18】下列有关预算、决算监督的表述中正确的是（　　）。

A．全国人民代表大会及其常务委员会对中央和地方预算、决算进行监督

B．县级以上地方各级人民代表大会及其常务委员会对本级和下级政府预算、决算进行监督

C．乡、民族乡、镇人民代表大会对本级预算、决算进行监督

D．各级政府审计部门对本级各部门、各单位和下级政府的预算执行、决算实行审计监督

答案：A、B、C、D

【解析】A、B、C、D四项都属于预决算的监督体系。

【例4-19】对本级各部门、各单位和下级政府的预算执行、决算实施审计监督的部门是（　　）。

A．各级政府财政部门　B．各级政府　C．各级政府审计部门　D．上一级政府财政部门

答案：C

【解析】各级政府审计部门对本级各部门、各单位和下级政府的预算执行和决算实行审计监督。

第二节　政府采购法律制度

一、政府采购法律制度的构成

政府采购法律制度由《中华人民共和国政府采购法》、国务院各部门特别是财政部颁布的一系列部门规章以及地方性法规和政府规章组成。

《政府采购法实施条例》经2014年12月31日国务院第75次常务会议通过，2015年1月

30日国务院令第658号公布。

1.《政府采购法》

《政府采购法》是规范我国政府采购活动的根本性法律，也是制定其他政府采购法规制度的基本依据。

2. 政府采购部门规章

政府采购部门规章由国务院各部门特别是财政部制定，包括《政府采购信息公告管理办法》《中央单位政府采购管理实施办法（补充）》《政府采购货物和服务招标投标管理办法》等。

3. 政府采购地方性法规和政府规章

地方性法规：由省、自治区、直辖市以及省、自治区人民政府所在地的市和经国务院批准的较大的市的人民代表大会及其常务委员会制定。

地方性政府规章：由省、自治区、直辖市和较大的市的人民政府制定。

【例4-20】下列各项中，我国政府采购法律制度中效力最高的法律文件是（　　）。

A.《政府采购法》　　B.《衡阳市政府采购办法》

C.《政府采购货物和服务招标投标管理办法》　　D.《政府采购信息公告管理办法》

答案：A

【解析】《政府采购法》是规范我国政府采购活动的根本性法律，也是制定其他政府采购法规制度的基本依据。选项B属于政府采购地方性政府规章，选项C、D属于政府采购部门规章。

二、政府采购的概念

政府采购是指各级国家机关、事业单位和团体组织使用财政性资金采购依法制定的集中采购目录以内的或者采购限额标准以上的货物、工程和服务的行为。

1. 政府采购的主体范围

政府采购的主体范围是国家机关、事业单位和团体组织。国有企业、私营企业和集体企业都不属于政府采购的主体范围。

2. 政府采购的资金范围

财政性资金包括财政预算资金、预算外资金、与财政资金相配套的单位自筹资金。

3. 政府集中采购目录和政府采购限额标准

（1）属于中央预算的政府采购项目，其集中采购目录和政府采购限额标准由国务院确定并公布。

（2）属于地方预算的政府采购项目，其集中采购目录和政府采购限额由省、自治区、直辖市人民政府或者其授权的机构确定并公布。

4. 政府采购的对象范围

政府采购的对象范围是货物、工程和服务。

【例4-21】下列选项中，不适用《政府采购法》的有（　　）。

A. 某外商独资企业采购原材料

B. 某国有独资公司采购生产设备

C. 某体育局用体育经费拨款购买体育设施

D. 某建筑公司承揽了国家的某项重点工程新建项目而采购建筑材料

答案：A、B、D

【解析】政府采购的主体范围包括国家机关、事业单位和团体组织。国有企业、私营企业和集体企业都不属于政府采购的主体范围。

【例 4-22】下列各项中，对政府采购的资金来源说法正确的有（　　）。

A．政府采购资金可以来源于需要偿还的公共借款

B．政府采购资金可以来源于财政性资金

C．政府采购资金可以来源于企业利润

D．政府采购资金可以来源于个人存款

答案：A、B

【解析】企业、个人不属于政府采购的主体范围，所以选项 C、D 错误。

三、政府采购的原则

（1）“公开透明”原则。

（2）“公平竞争”原则：站在供应商的角度。

（3）“公正”原则：站在采购人的角度。公正原则要求政府采购要按照事先约定的条件和程序进行，对所有供应商一视同仁，不得有歧视条件和行为。

（4）“诚实信用”原则（“三公一诚”）。

【例 4-23】下列体现政府采购中“公开透明”原则的有（　　）。

A．政府采购当事人在政府采购活动中，本着诚实、守信的态度履行各自的权利和义务

B．政府采购要按照事先约定的条件和程序进行，对所有供应商一视同仁

C．政府采购的招标信息要公开

D．政府采购的中标结果要公开

答案：C、D

【解析】选项 A 体现了“诚实信用”原则，选项 B 体现了“公正”原则。

【例 4-24】下列各项中，不属于政府采购机构应该向社会公开的信息是（　　）。

A．采购人员　　B．采购项目　　C．采购机构　　D．采购目录

答案：A

【解析】应该公开的政府采购信息包括政府采购法规政策，省级以上人民政府公布的集中采购目录，政府采购限额标准和公开招标数额标准，政府采购招标业务代理机构名录，招标、投标信息，财政部门受理政府采购投诉的联系方式及投诉处理决定，财政部门对集中采购机构的考核结果，采购代理机构、供应商不良行为记录名单等。

四、政府采购的功能

（1）节约财政支出，提高采购资金的使用效益。

（2）强化宏观调控。

（3）活跃市场经济。

（4）推进反腐倡廉。

（5）保护民族产业。

【例 4-25】政府采购通常被称为“阳光采购”，这说明政府采购具备的功能是（　　）。

A．活跃市场经济　　B．推进反腐倡廉　　C．保护民族产业　　D．扶持重点企业

答案：B

【解析】政府采购置于全社会监督之下，被称为“阳光采购”，因而规范化的政府采购可以避免暗箱操作，促进廉政建设，提高政府形象。

五、政府采购的执行模式

我国政府采购采取集中采购和分散采购相结合的模式。

1．集中采购

集中采购是指由政府设立的职能机构统一为其他政府机构提供采购服务的一种采购组织实施形式。

（1）集中采购必须委托采购机构代理采购。设区的市、自治州以上的人民政府根据本级政府采购项目组织集中采购的需要设立集中采购机构。

（2）纳入集中采购目录的政府采购项目应当实行集中采购。

（3）集中采购的优、缺点如下。

优点：取得规模效益，减低采购成本，保证采购质量，贯彻落实政府采购的政策导向，便于实施统一的管理和监督。

缺点：集中采购周期长、程序复杂，难以满足用户多样化的需求，特别是无法满足紧急情况的采购需要。

2．分散采购

分散采购是由各预算单位自行采购的模式。

（1）采购未纳入集中采购目录的政府采购项目，可以自行采购，也可以委托集中采购机构在委托范围内代理采购。

（2）分散采购的优、缺点如下。

优点：有利于满足采购及时性和多样性的需求，手续简单。

缺点：失去了规模效益，加大了采购成本，也不便于实施统一的管理和监督。

【例 4-26】政府采购必须委托集中采购机构代理采购。（ ）

答案：×

【解析】按照《政府采购法》的规定，采纳未纳入集中采购目录的政府采购项目，可以自行采购，也可以委托集中采购机构在委托范围内代理采购。

【例 4-27】下列关于实行分散采购的优点，说法正确的有（ ）。

A．灵活性强　　B．降低采购成本　　C．取得规模效益　　D．满足采购的及时性

答案：A、D

【解析】B、C 选项属于集中采购的优点。

六、政府采购当事人

1．采购人——国家机关、事业单位和团体组织

（1）采购人的权利。采购人的权利包括自行选择采购代理机构的权利；要求采购代理机构遵守委托协议约定的权利；审查政府采购供应商资格的权利；依法确定中标供应商的权利；签订采购合同并参与对供应商履约验收的权利；特殊情况下提出特殊要求的权利，如纳入集中采购目录属于本部门、本系统有特殊要求的项目，可以实行部门集中采购；属于本单位有特殊要求的项目，经省级以上人民政府批准，可以自行采购；其他合法权利。

（2）采购人的义务。采购人的义务包括遵守政府采购的各项法律、法规和规章制度；接受和配合政府采购监督管理部门的监督检查，同时还要接受和配合审计机关的审计监督以及监察机关的监察；尊重供应商的正当合法权益；遵守采购代理机构的工作秩序；在规定时间内与中标供应商签订政府采购合同；在指定媒体及时向社会发布政府采购信息、招标结果；依法答复供应商的询问和质疑；妥善保存反映每项采购活动的采购文件；其他法定义务。

【例 4-28】下列各项中，属于政府采购采购人应承担的义务的有（　　）。

A．在指定媒体及时向社会发布政府采购信息、招标结果

B．依法答复供应商的询问和质疑

C．妥善保存反映每项采购活动的采购文件

D．要求采购代理机构遵守委托协议的约定

答案：A、B、C

【解析】选项 D 属于政府采购采购人应享有的权利。

2．供应商——向采购人提供货物、工程或者服务的法人、其他组织或者自然人

两个以上的自然人、法人或者其他组织可以组成一个联合体，以一个供应商的身份共同参加政府采购。

（1）供应商的权利。供应商的权利包括平等地取得政府采购供应商资格的权利；平等地获得政府采购信息的权利；自主、平等地参加政府采购竞争的权利；就政府采购活动事项提出询问、质疑和投诉的权利；自主、平等地签订政府采购合同的权利；要求采购人或采购代理机构保守其商业秘密的权利；监督政府采购依法公开、公正进行的权利；其他合法权利。

（2）供应商的义务。供应商的义务包括遵守政府采购的各项法律、法规和规章制度；按规定接受供应商资格审查，并在资格审查中客观、真实地反映自身情况；在政府采购活动中，满足采购人或采购代理机构的正当要求；投标中标后，按规定程序签订政府采购合同并严格履行合同义务；其他法定义务。

（3）供应商参加政府采购活动的条件。供应商参加政府采购活动的条件包括具有独立承担民事责任的能力；具有良好的商业信誉和健全的财务会计制度；具有履行合同所必需的设备和专业技术能力；有依法缴纳税收和社会保障资金的良好记录；参加政府采购活动前 3 年内，在经营活动中没有重大违法记录；法律、行政法规规定的其他条件。

【例 4-29】下列各项中，属于政府采购供应商应具备的条件的有（　　）。

A．具有独立承担民事责任的能力

B．有依法缴纳税收和社会保障资金的良好记录

C．具有履行合同所必需的设备和专业技术能力

D．具有良好的商业信誉和健全的财务会计制度

答案：A、B、C、D

【解析】政府采购供应商参加政府采购活动必须具有独立承担民事责任的能力；具有良好的商业信誉和健全的财务会计制度；具有履行合同所必需的设备和专业技术能力；有依法缴纳税收和社会保障资金的良好记录；参加政府采购活动前三年内，在经营活动中没有重大违法记录；法律、行政法规规定的其他条件。

3．采购代理机构

采购代理机构是指具备一定条件，经政府有关部门批准而依法拥有政府采购代理资格的社会中介机构。

【例 4-30】政府采购当事人的范围不包括（　　）。

A．采购人　B．供应商　　C．政府采购监督管理机构　　D．采购代理机构

答案：C

【解析】政府采购当事人是指在政府采购活动中享有权利和承担义务的各类主体，包括采购人、供应商和采购代理机构等。

七、政府采购方式

1．公开招标

（1）公开招标是指采购人或者代理采购机构以招标公告的方式邀请不特定的供应商参加投标的方式（主要采购方式）。

（2）货物服务采购项目达到公开招标数额标准的，必须采用公开招标方式。

（3）采购人不得将应当以公开招标方式采购的货物或者服务化整为零或者以其他任何方式规避公开招标采购。

（4）采用公开招标方式采购的，自招标文件开始发出之日起至投标人提交投标文件截止之日止，不得少于 20 日。

2．邀请招标——邀请 3 家以上供应商

符合下列情形之一的货物或者服务，可以依照法律采用邀请招标方式采购。

（1）具有特殊性，只能从有限范围的供应商处采购的。

（2）采用公开招标方式的费用占政府采购项目总价值的比例过大的。

3．竞争性谈判——与不少于 3 家供应商谈判

符合下列情形之一的货物或者服务，可以依照法律采用竞争性谈判方式采购。

（1）招标后没有供应商投标、没有合格标的或者重新招标未能成立的。

（2）技术复杂或者性质特殊，不能确定详细规格或者具体要求的。

（3）采用招标所需时间不能满足用户紧急需要的。

（4）不能事先计算出价格总额的。

4．单一来源——唯一

符合下列情形之一的货物或者服务，可以依法采用单一来源方式采购。

（1）只能从唯一供应商处采购的。

（2）发生了不可预见的紧急情况不能从其他供应商处采购的。

（3）必须保证原有采购项目一致性或者服务配套的要求，需要继续从原供应商处添购，且添购资金总额不超过原合同采购金额 10%的。

5．询价

向 3 家以上供应商发出询价单，对一次性报出的价格进行比较，最后按照符合采购需求、质量和服务相等且报价最低的原则，确定成交供应商的方式。

适用范围：货物规格、标准单一，现货货源充足而且价格变动幅度比较小的采购项目。

6．废标

在招标采购中，出现下列情形之一的应予废标。

（1）符合专业条件的供应商或者对招标文件做出实质响应的供应商不足 3 家的。

（2）出现影响采购公正的违法、违规行为的。

（3）投标人的报价均超过了采购预算，采购人不能支付的。

（4）因重大变故，采购任务取消的。

【例 4-31】某政府部门拟组织社会科研力量对一项政策进行立项研究，全国范围内有 3 家大学的管理学院有能力承担此项目，该任务的要求是非常明确的。在此情况下，该项目可以采用的采购方式是（　　）。

A．邀请招标　　B．单一来源　　C．竞争性谈判　　D．询价

答案：A

【解析】具有特殊性，只能从有限范围的供应商处采购的可以采用邀请招标方式采购。

【例 4-32】下列各项中，属于政府采购可以采用的采购方式的有（　　）。

A．公开招标　　B．邀请招标　　C．单一来源采购　　D．询价

答案：A、B、C、D

【解析】根据《政府采购法》的规定，政府采购采用公开招标、邀请招标、竞争性谈判、单一来源采购、询价，以及国务院政府采购监督管理部门认定的其他采购方式。

【例 4-33】符合（　　）情形之一的货物或服务，可以采用单一来源方式采购。

A．只能从唯一供应商处采购的

B．发生了不可预见的紧急情况不能从其他供应商处采购的

C．必须保证原有采购项目一致性或者服务配套的要求，需要继续从原供应商处添购，且添购资金总额不超过原合同采购金额 10%的

D．某供应商在政府采购活动中，一直质优价廉、讲究信誉的

答案：A、B、C

【解析】符合可以采用单一来源采购方式的情形有：①只能从唯一供应商处采购的；②发生了不可预见的紧急情况，不能从其他供应商处采购的；③必须保证原有采购项目一致性或者服务配套的要求，需要继续从原供应商处添购，且添购资金总额不超过原合同采购金额 10%的。

八、政府采购的监督检查

（1）各级人民政府财政部门是负责政府采购监督管理的部门。

（2）审计机关应当对政府采购进行审计监督。监察机关应当加强实施监察。

（3）集中采购机构、采购人等应当建立健全内部监督机制。

（4）任何单位和个人对政府采购活动中的违法行为，有权控告和检举。

第三节　国库集中收付制度

一、国库集中收付制度的概念

国库集中收付制度（国库单一账户制度）是指由财政部门代表政府设置国库单一账户体系，所有的财政性资金均纳入国库单一账户体系收缴、支付和管理的制度。

二、国库单一账户体系

1．概念

国库单一账户体系是指以财政国库存款账户为核心的各类财政性资金账户的集合，所有财政性资金的收入、支付、存储及资金清算活动均在该账户体系中进行。

2．构成

我国财政国库账户设置为国库单一账户、零余额账户（财政部门零余额账户、预算单位零

余额账户）、预算外资金财政专户、小额现金账户和特设专户5类账户的集合，统称为国库单一账户体系。

国库单一账户体系如表4-6所示。

表4-6 国库单一账户体系

账户		开户银行	适用范围
国库单一账户		中国人民银行	用于记录、核算和反映纳入预算管理的财政收入和财政支出活动，并与财政部门零余额账户进行清算，实现支付
预算外资金财政专户		商业银行	用于记录、核算和反映预算外资金的收入和支出，并对预算外资金的日常收支进行清算
零余额账户	财政部门零余额账户	商业银行	用于财政直接支付和与国库单一账户清算 注意：在国库会计中使用，行政事业单位不设置该账户
	预算单位零余额账户	商业银行	用于财政授权支付和清算。该账户可以办理转账、提取现金等结算业务，可以向本单位按账户管理规定保留的相应账户划拨工会经费、住房公积金、提租补贴以及财政部门批准的特殊款项，不得违反规定向本单位其他账户和上级主管单位、所属下级单位账户划拨资金
特设专户		商业银行	用于记录、核算和反映预算单位特殊专项支出活动，并用于与国库单一账户清算

国库单一账户体系如图4-2所示。

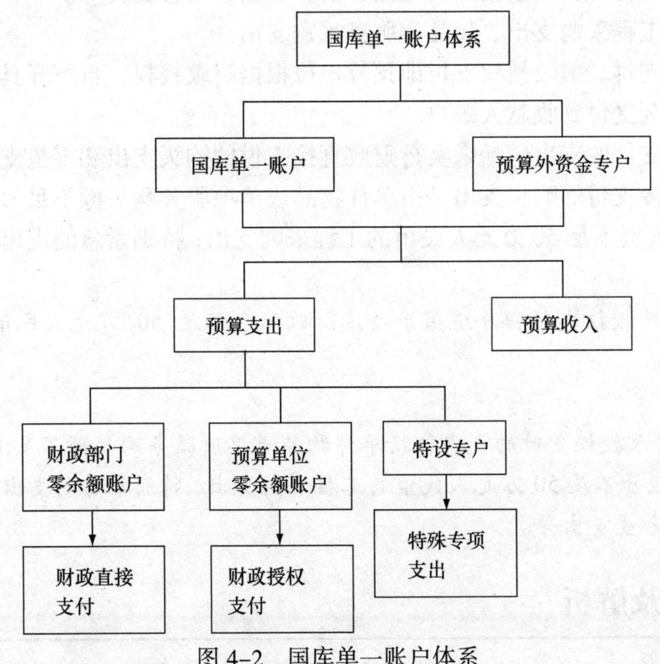

图4-2 国库单一账户体系

【例4-34】用于财政直接支付和与国库单一账户支出清算的账户是（ ）。

A. 国库单一账户 B. 财政部门零余额账户 C. 特殊专户 D. 预算单位零余额账户

答案：B

【解析】财政部门按资金使用性质在商业银行开设的零余额账户（简称财政部门零余额账户），用于财政直接支付和与国库单一账户清算。

【例 4-35】下列各项关于预算单位使用零余额账户的情形中，不正确的有（　）。

A．通过零余额账户向下级单位账户划拨资金用于支付下级单位的日常办公支出

B．通过零余额账户借款给下级单位

C．通过零余额账户借款给上级单位

D．通过零余额账户向上级单位账户划拨资金用于支付上级单位的日常办公支出

答案：A、B、C、D

【解析】预算单位零余额账户不得违反规定向本单位其他账户和上级主管单位、所属下级单位账户划拨资金。

三、财政收支方式

1．财政收入收缴方式

（1）直接缴库。直接缴库即由预算单位或缴款人按规定，直接将应缴收入缴入国库单一账户或者预算外资金财政专户。

（2）集中汇缴。集中汇缴即由征收机关按有关法律规定，将所收的应缴收入汇总缴入国库单一账户或预算外资金财政专户。

2．财政支出支付方式

（1）财政直接支付。财政直接支付即由财政部门开具支付令，通过国库单一账户体系直接将财政资金支付到收款人或用款单位账户。

实行财政直接支付的支出包括工资支出、购买支出、转移支付等。

购买支出包括工程采购支出、物品和服务采购支出。

（2）财政授权支付。财政授权支付即预算单位根据财政授权，自行开具支付令，通过国库单一账户体系将资金支付到收款人账户。

实行财政授权支付的支出包括未实行财政直接支付的购买支出和零星支出等。

未实行财政直接支付的购买支出是指单件物品或单项服务购买额不足 10 万元人民币的购买支出；年度财政投资不足 50 万元人民币的工程采购支出；特别紧急的支出和经财政部门批准的其他支出。

【例 4-36】财政授权支付程序适用于年度财政资金不足 50 万元人民币的工程采购支出。（　）

答案：√

【解析】实行财政授权支付的支出包括单件物品或单项服务购买额不足 10 万元人民币的购买支出；年度财政投资不足 50 万元人民币的工程采购支出，特别紧急的支出和经财政部门批准的其他支出及其他零星支出等。

历年真题及解析

一、单项选择题

1. 竞争性谈判方式是指要求采购人就有关采购事项，与不少于（　）家供应商进行谈判。

A．2　　B．3　　C．4　　D．5

答案：B

【解析】竞争性谈判方式是指要求采购人就有关采购事项，与不少于 3 家供应商进行谈判，最后按照预先规定的成交标准，确定成交供应商的方式。

2. 财政支出支付方式中由财政部向中国人民银行和代理银行签发支付指令，代理银行根据支付指令通过国库单一账户体系将资金直接支付到收款人或用款单位账户的方式称为（　　）。

A. 财政直接支付　B. 财政授权支付　C. 财政委托支付　D. 财政集中支付

答案：A

【解析】本题考核财政支付的方式。财政直接支付是指由财政部向中国人民银行和代理银行签发支付指令，代理银行根据支付指令通过国库单一账户体系将资金直接支付到收款人或用款单位账户。

3. 下列国库单一账户体系中的银行账户中，用于记录、核算和反映纳入预算管理的财政收入和财政支出活动的是（　　）。

A. 国库单一账户　B. 预算单位零余额账户

C. 特设专户　D. 预算外资金财政专户

答案：A

【解析】国库单一账户为国库存款账户，用于记录、核算和反映纳入预算管理的财政收入和支出活动，并用于与财政部门在商业银行开设的零余额账户进行清算，实现支付。

4. 下列各项中，负责审查和批准乡政府预算调整方案的是（　　）。

A. 乡人民代表大会常务委员会　B. 乡人民代表大会

C. 乡本级人民政府　D. 乡财政部门

答案：B

【解析】由于乡镇级未设人民代表大会常务委员会，因此由乡人民代表大会负责审查和批准乡政府预算调整方案。

5. 下列各项中，不属于政府采购对象范围的是（　　）。

A. 货物　B. 工程　C. 服务　D. 人员

答案：D

【解析】政府采购的范围包括货物、工程和服务。

二、多项选择题

1. 地方各级一般公共预算支出包括（　　）。

A. 地方本级支出　B. 对上级政府的上解支出

C. 对下级政府的税收返还　D. 转移支付

答案：A、B、C、D

【解析】地方各级一般公共预算支出包括地方本级支出、对上级政府的上解支出、对下级政府的税收返还和转移支付。

2. 下列关于预算单位零余额账户的说法中正确的有（　　）。

A. 零余额账户核算财政性资金

B. 向代理银行直接申请办理开户手续

C. 一个基层预算单位开设一个

D. 可用于财政授权支付、转账、提现等业务

答案：A、C、D

【解析】预算单位零余额账户有以下特点：①预算单位使用财政性资金，应当按规定的程序和要求，向财政部门提出设立零余额账户的申请，财政部门同意预算单位开设零余额账户后

通知代理银行；②代理银行根据《人民币银行结算账户管理办法》的规定，具体办理开设预算单位零余额账户业务，并将所开设账户的开户银行名称、账号等详细情况书面报告财政部门和人民银行，由财政部门统一通知一级预算单位；③预算单位根据财政部门的开户通知，具体办理预留印鉴手续。

3. 下列各项中，属于政府采购当事人的有（　　）。

A. 律师事务所　　B. 采购人　　C. 供应商　　D. 采购代理机构

答案：B、C、D

【解析】政府采购当事人是指在政府采购活动中享有权利和承担义务的各类主体，包括采购人、供应商和采购代理机构等。律师事务所属于企业，不属于政府采购当事人。

三、判断题

1. 财政的零余额账户只在国库会计中使用，在事业单位和行政单位会计中不使用，该账户用于财政直接支付和与国库单一账户支出清算。（　　）

答案：√

【解析】财政部门的零余额账户用于财政直接支付和与国库单一账户支出清算。事业单位和行政单位会计中一般使用的是预算单位零余额账户。

2. 集中采购机构进行政府采购活动，应当符合采购价格高于市场平均价格、采购效率更高、采购质量优良和服务良好的要求。（　　）

答案：×

【解析】集中采购机构进行政府采购活动，应当符合采购价格低于市场平均价格、采购效率更高、采购质量优良和服务良好的要求。

3. 采购中的集中采购根据集中程度不同可以分为全国集中采购和地区集中采购两类。（　　）

答案：×

【解析】采购中的集中采购根据集中程度不同可以分为集中采购和分散采购。

4. 竞争性谈判属于政府采购的主要采购方式。（　　）

答案：×

【解析】公开招标是政府采购的主要采购方式。

5. 集中采购可以减少腐败，降低采购费用，提高价格谈判能力，节约财政支出。（　　）

答案：√

【解析】集中采购的优点包括可获得规模效益，降低采购和物流成本。可发挥采购特长，提高效率。易于稳定与供应商的关系，实现成效最佳的长期合作。公开采购，集中决策，可有效地防止腐败。

6. 财政直接支付是由预算单位向中国人民银行和代理银行签发支付指令。（　　）

答案：√

【解析】本题考核财政支付的方式。财政直接支付是指由财政部向中国人民银行和代理银行签发支付指令，代理银行根据支付指令通过国库单一账户体系将资金直接支付到收款人或用款单位账户。

四、案例分析题

甲单位是实行国库集中支付事业的单位。2013 年 6 月，甲单位通过询价的方式采购一台办公仪器乙设备。甲单位对两家供应商进行了询价，其中供应商丙企业进行了两次报价。

根据以上资料，请回答如下问题。

（1）下列关于甲单位采购乙设备的说法中正确的有（　　）。

A. 采用询价方式采购时，应向3家以上供应商发出询价单

B. 采用询价方式采购时，可以向两家供应商发出询价单

C. 采用询价方式采购时，可以向一家供应商发出询价单

D. 采用询价方式采购时，允许向一家供应商两次报价

答案：A

【解析】采用询价方式采购时，至少应向三家供应商发出询价单。

（2）下列各项中，属于政府采购可以采用的采购方式有（　　）。

A. 公开招标　　B. 询价采购　　C. 邀请招标　　D. 单一来源采购

答案：A、B、C、D

【解析】政府采购的方式包括：公开招标、邀请招标、竞争性谈判、单一来源采购、询价、国务院政府采购监督管理部门认定的其他采购方式。

（3）下列关于政府采购方式，适用询价采购方式的有（　　）。

A. 货物规格标准单一，现货货源充足且价格变动幅度较小的政府采购项目

B. 只能从唯一供应商处采购的

C. 不能事先计算出价格总额的

D. 具有特殊性，只能从有限范围的供应商处采购的

答案：A

【解析】A适用于询价采购方式，BCD选项适用于单一来源采购方式。

（4）下列关于政府采购，说法正确的有（　　）。

A. 政府采购当事人包括采购人、供应商和采购代理机构

B. 政府采购的主体包括国有企业

C. 政府采购的资金来源是财政性资金

D. 政府采购的对象是货物、工程和服务

答案：A、C、D

【解析】B选项中国有企业不是政府采购的主体

（5）下列关于政府采购原则，说法正确的有（　　）。

A. “公开透明”原则　　B. “公平竞争”原则

C. “公正”原则　　D. “诚实信用”原则

答案：A、B、C、D

【解析】政府采购应遵循公开透明原则；公平竞争原则；公正原则；诚实信用原则。

强化练习

一、单项选择题

1.（　　）是指以财政国库存款账户为核心的各类财政性资金账户的集合，所有财政性资金的收入、支付、存储及资金清算活动均在该账户体系中运行。

A. 国库单一账户体系　　B. 政府账户体系

C. 零余额账户体系　　D. 特殊账户

2. 财政部门开设的零余额账户，营业中单笔支付额在（　　）的，应当及时与国库单一账户清算。

A. 2 000 万元人民币以上（含 2 000 万元）　B. 2 000 万元人民币以下（含 2 000 万元）
C. 5 000 万元人民币以上（含 5 000 万元）　D. 5 000 万元人民币以下（含 5 000 万元）

3. 下列选项中，为了记录、核算和反映预算单位日常发生的一些零星分散、数额小、支付频繁的支出而设置的账户是（　　）。

A. 小额现金账户　B. 国库单一账户　C. 预算外资金财政专户　D. 特设专户

4. 将所有财政性资金全部集中到国库单一账户，并规定所有的支出必须由国库直接支付给商品或劳务供应者或用款单位，实行收支两条线管理的制度称为（　　）。

A. 国库集中收付制度　B. 国库集中支付制度
C. 国库集中收入收缴管理制度　D. 现金管理制度

5. 国库集中收付制度也称为（　　）。

A. 国库收入收缴制度　B. 国库集中管理制度
C. 国库单一账户制度　D. 国库集中支付制度

6. 下列关于政府采购监督管理部门的说法中，错误的是（　　）。

A. 政府采购监督管理部门不得设置集中采购机构
B. 政府采购监督管理部门不得评价政府采购人员的职业素质和专业技能
C. 政府采购监督管理部门不得参与政府采购项目的采购活动
D. 采购代理机构与行政机关不得存在隶属关系或者其他利益关系

7. 可以采用单一来源方式采购的情形之一，是必须保证原有采购项目一致性或者服务配套的要求，需要继续从原供应商处添购，且添购资金总额不超过原合同采购金额的（　　）。

A. 15%　B. 8%　C. 10%　D. 5%

8. 根据《政府采购法》的规定，下列各项关于政府采购的表述中，不正确的是（　　）。

A. 政府采购具有保护民族产业的功能
B. 政府采购中采购人具有审查政府采购供应商资格的权利
C. 邀请招标是政府采购的主要采购方式
D. 政府采购中采购代理机构具有依法发布采购信息的义务

9. 由财政部门或另由一个专门负责的部门负责本级政府所有采购的模式是（　　）。

A. 集中分散结合采购　B. 集中采购
C. 分散采购　D. 统一采购

10. 下列关于实行分散采购的缺点，表述错误的是（　　）。

A. 加大了采购成本　B. 失去了规模效益
C. 不便于实施统一的管理和监督　D. 难以满足采购及时性和多样性的需求

11. 我国的政府采购实行的是（　　）的执行模式。

A. 集中采购　B. 分散采购
C. 集中采购与分散采购相结合　D. 分批采购

12. 根据规定，负责政府采购监督管理的部门是（　　）。

A. 各级人民政府　B. 各级人民政府财政部门
C. 各级人民政府审计机关　D. 各级人民政府税务机关

13. 根据《政府采购法》的有关规定，招标后没有供应商投标、没有合格标的或者重新招标未能成立的，其适用的政府采购方式是（　　）。

A. 单一来源　　B. 邀请招标方式　　C. 公开招标方式　　D. 竞争性谈判方式

14. 根据《政府采购法》的规定，供应商在参加政府采购活动前（　　）年，在经营活动中应没有重大违法记录。

A. 1　　B. 2　　C. 3　　D. 4

15. 下列选项中，属于《政府采购法》主体范围的是（　　）。

A. 私营企业　　B. 有限合伙企业

C. 人民检察院　　D. 个人独资有限责任公司

16.《中华人民共和国政府采购法》于（　　）通过。

A. 2002 年 5 月 1 日　　B. 2002 年 6 月 1 日

C. 2002 年 5 月 29 日　　D. 2002 年 6 月 29 日

17. 对本级各部门、各单位和下级政府的预算执行. 决算实施审计监督的部门是（　　）。

A. 各级政府财政部门　　B. 各级政府

C. 各级政府审计部门　　D. 上一级政府财政部门

18. 我国国家预算收入的最主要部分是（　　）。

A. 税收收入　　B. 依照规定应当上缴的国有资产收益

C. 专项收入　　D. 其他收入

19. 下列关于预算执行的说法中，错误的是（　　）。

A. 预算的收入和支出可以通过国库或其他方式进行

B. 预算执行是指各级财政部门和其他预算主体组织预算收入和划拨预算支出的活动

C. 各级预算由本级政府组织执行，具体工作由本级政府财政部门负责

D. 预算收入征收部门，必须按照法律、行政法规的规定，及时、足额征收应征的预算收入

20. 下列对中央和地方预算、决算进行监督的机关是（　　）。

A. 地方各级人民代表大会及其常务委员会

B. 财政部

C. 全国人民代表大会及其常务委员会

D. 全国人民代表大会常务委员会

21. 中央预算由（　　）组成。

A. 各省总预算　　B. 中央各部门（含直属单位）的预算

C. 各自治区总预算　　D. 各直辖市总预算

22. 下列属于地方各级政府财政部门预算管理职权的是（　　）。

A. 具体编制中央预算、决算草案

B. 定期向本级政府和上一级政府财政部门报告本级总预算的执行情况

C. 提出中央预算预备费动用方案

D. 具体编制中央预算的调整方案

23. 我国的国家预算实行一级政府一级预算，共分为（　　）。

A. 中央、省（自治区、直辖市）、市（自治州）、县（不设区的市、市辖区）4 级预算

B. 中央、省（自治区、直辖市）、市（自治州）、县（不设区的市、市辖区）、乡（镇）5级预算

C. 中央、省（自治区、直辖市）、市（自治州）3级预算

D. 中央、省（自治区、直辖市）、市（自治州）、县（不设区的市、市辖区）、乡（镇）、村6级预算

24. 下列选项中，不属于我国地方预算构成的是（　　）。

A. 省的总预算　B. 自治区总预算

C. 直辖市总预算　D. 中央直属单位预算

25. 预算收入反映国民经济发展规模和经济效益水平，预算支出反映各项建设事业发展的基本情况。这体现了国家预算的（　　）作用。

A. 资金保护　B. 反映监督　C. 财力保证　D. 调节制约

26. 我国国家预算年度是指（　　）。

A. 自公历1月1日起，至12月31日止

B. 自公历1月1日起，至次年1月1日止

C. 自公历12月31日起，至次年12月31日止

D. 自上年公历12月31日起，至本年12月31日止

27. 下列关于我国国家预算的说法中，错误的是（　　）。

A. 我国的国家预算是社会主义国家为实现其职能的需要

B. 我国的国家预算是国家的基本财政计划

C. 我国的国家预算并非政府预算

D. 我国的国家预算是国家年度财政收支计划

28. 经过法定程序批准的国家年度财政收支计划称为（　　）。

A. 国家预算　B. 地方预算　C. 地区预算　D. 国家决算

29. 下列属于我国国家预算作用的是（　　）。

A. 资金保护作用　B. 税收保障作用　C. 支付结算作用　D. 调节制约作用

30. 下列不属于我国《预算法》规定的预算支出形式的是（　　）。

A. 卫生事业发展支出　B. 司法机关的行政管理费支出

C. 企业离退休人员工资　D. 少数民族地区补助费

31. 我国的预算制度实行（　　）制度。

A. 一级政府一级预算　B. 统一管理　C. 分级领导　D. 各级自行决定

32. 我国政府采购的主要法律依据是（　　）。

A.《中央单位政府采购管理实施办法》　B.《政府采购法》

C.《政府采购信息公告管理办法》　D.《政府采购管理规定》

33.（　　）是我国第一部财政基本法律，是我国国家预算管理工作的根本性法律以及制定其他预算法规的基本依据。

A.《会计法》　B.《经济法》　C.《票据法》　D.《预算法》

34. 调整国家进行预算资金的筹措、分配、使用和管理过程中发生的经济关系的法律规范的总称是（　　）。

A. 财政法律制度　B. 预算法律制度　C. 税收法律制度　D. 金融法律制度

35. 经国务院和省级人民政府批准或授权财政部门开设的特殊过渡性专户，用于记录、核算和反映预算单位的特殊专项支出活动，并用于与国库单一账户清算的是（　　）。

A. 小额现金账户　B. 国库单一账户　C. 预算外资金财政专户　D. 特设专户

36. 下列关于政府集中采购机构的性质和认定的说法中，正确的是（　　）。

A. 必须经过认定才可以代理采购　B. 属于非营利性机构

C. 属于社会中介机构　D. 具有一定的营利性

37. 根据规定，预决算的监督按照时间先后不同分为（　　）。

A. 事前监督和事后监督　B. 事中监督和事后监督

C. 事前监督和事中监督　D. 事前、事中和事后监督

38. 下列不属于政府采购原则的是（　　）。

A. “公开透明”原则　B. “公平竞争”原则

C. “诚实信用”原则　D. “单一性”原则

39. 能够作为我国的财政分配和宏观调控的主要手段，具有分配、调控和监督职能的是（　　）。

A. 地方预算　B. 国家预算　C. 税收收入　D. 财政收入

40. 根据我国《预算法》的规定，不属于国务院财政部门预算职权的是（　　）。

A. 具体编制中央预算、决算草案　B. 具体组织中央和地方预算的执行

C. 审查和批准中央预算的调整方案　D. 具体编制中央预算的调整方案

二、多项选择题

1. 下列有关政府采购限额标准的说法正确的是（　　）。

A. 属于中央预算的政府采购项目，由国务院确定并公布

B. 属于地方预算的政府采购项目，由省、自治区、直辖市人民政府确定并公布

C. 属于地方预算的政府采购项目，由省、自治区、直辖市人民政府授权的机构确定并公布

D. 属于地方预算的政府采购项目，由国务院制定并公布

2. 我国《预算法》规定的预算收入的形式包括（　　）。

A. 税收收入　B. 依照规定应当上缴的国有资产收益

C. 专项收入　D. 其他收入

3. 下列各项中，（　　）属于按照国家行政区域和政权结构对总预算进行划分。

A. 中央总预算　B. 省（自治区、直辖市）总预算

C. 市总预算　D. 乡镇总预算

4. 下列关于财政支出支付方式的说法中，正确的有（　　）。

A. 年度财政投资不足 50 万元人民币的工程采购支出适用于财政授权支付

B. 不足 10 万元人民币的工资支出适用于财政授权支付

C. 特别紧急的支出适用于财政授权支付

D. 财政支出支付方式包括直接支付和授权支付

5. 下列货物或者服务，可以采用邀请招标方式采购的有（　　）。

A. 采用公开招标方式的费用占政府采购项目总价值的比例过大的

B. 采购的货物规格、标准统一、现货货源充足且价格变化幅度小的

C. 技术复杂或者性质特殊，不能确定详细规格或者具体要求的

D. 具有特殊性，只能从有限范围的供应商处采购的

6. 决算是对年度预算收支执行结果的会计报告，它包括（　　）。

A. 决算报告　　B. 执行计划　　C. 文字说明　　D. 图表说明

7. 下列关于国家预算的说法中，正确的有（　　）。

A. 国家预算作为财政分配和宏观调控的主要手段，具有分配、调控和监督职能

B. 我国的国家预算是社会主义国家为实现其职能需要，而有计划地筹集和分配由国家集中掌握的财政资金的工具，是国家的基本财政计划

C. 国家预算是指经过法定程序批准的国家年度财政收支计划

D. 国家预算也称政府预算，是指经过法定程序批准的国家年度财政收支计划

8. 下列关于国家预算作用的表述中，正确的有（　　）。

A. 是政府实施各项社会经济政策的有效保证

B. 其收支规模可调节社会总供给和总需求的平衡，预算支出的结构可调节国民经济结构

C. 通过国家预算的编制和执行便于掌握国民经济的运行状况、发展趋势以及出现的问题，从而采取对策措施，促进国民经济稳定协调发展

D. 是财政实行宏观控制的主要依据和主要手段

9. 下列各项中，不属于财政收入直接缴库方式的有（　　）。

A. 缴款单位直接将应缴收入缴入国库单一账户

B. 缴款单位直接将应缴收入缴入预算外资金财政专户

C. 缴款单位直接将应缴收入缴入财政部门零余额账户

D. 缴款单位直接将应缴收入缴入预算单位零余额账户

10. 下列关于财政直接支付的表述中，不正确的有（　　）。

A. 由中国人民银行向代理银行签发支付指令

B. 由财政部门向中国人民银行和代理银行签发支付指令

C. 代理银行根据财政部门支付指令通过国库单一账户体系将资金直接支付到收款人账户

D. 代理银行根据预算单位支付指令通过国库单一账户体系将资金直接支付到收款人账户

11. 根据规定，财政性资金的支付实行（　　）。

A. 财政集中支付　　B. 财政直接支付　　C. 财政授权支付　　D. 财政间接支付

12. 下列关于国库单一账户体系的说法中正确的有（　　）。

A. 所有财政资金在支付行为实际发生前均保存在国库单一账户内

B. 财政部门零余额账户每日发生的支付，于次日营业终了前与国库单一账户清算

C. 预算单位零余额账户在行政单位和事业单位会计中使用

D. 预算单位零余额账户可以向本单位按账户管理规定保留的相应账户划拨工会经费、住房公积金、提租补贴及财政部门批准的特殊款项

13. 预算单位零余额账户不可以向（　　）划拨资金。

A. 本单位其他账户　　B. 上级主管单位

C. 按账户管理规定保留的相应账户　　D. 所属下级单位账户

14. 对某些需要通过政策性银行封闭运行的资金支出，还需要设置特殊专户管理，主要包括（　　）。

A. 粮食风险基金　　B. 住房基金　　C. 预算外资金　　D. 社会保障基金

15. 下列关于实行国库集中收付制度作用的表述中，正确的有（　　）。

A. 有利于提高财政资金的拨付效率和规范化运作程度

B. 有利于加强对收入缴库和支出拨付过程的监管

C. 有利于预算单位用款及时和便利

D. 有利于增强财政资金收付过程的透明度

16. 国库集中收付制度包括（　　）。

A. 国库集中支付制度　　B. 收入收缴管理制度

C. 政府采购法律制度　　D. 预算法律制度

17. 下列关于政府采购监督管理部门的监督的说法中，正确的有（　　）。

A. 对于审计机关依法进行的政府采购审计，有关单位和个人应积极配合，不得拒绝，否则应承担相应的法律责任

B. 采购代理机构与行政机关不得存在隶属关系或者其他利益关系

C. 集中采购中的采购人员经考核不合格的，不得继续任职

D. 监察机关应当加强对参与政府采购活动的国家机关、国家公务员和国家行政机关任命的其他人员的监察

18. 依照《政府采购法》规定，采用询价方式采购应满足的条件是（　　）。

A. 采购的货物规格统一　　B. 采购的货物标准统一

C. 现货货源充足　　D. 价格变化幅度小

19. 根据规定，政府采购的采购人具有两个重要特征是指（　　）。

A. 采购人是依法进行政府采购的国家机关、事业单位和团体组织

B. 采购人是依法进行政府采购的国家机关、企事业单位和团体组织

C. 采购人的政府采购行为从筹划、决策到实施，都必须在《政府采购法》等法律法规的规范内进行

D. 采购人是政府采购中货物、工程和服务的直接使用者

20. 供应商参加政府采购合同应当具备的条件包括（　　）。

A. 具有独立承担民事责任的能力

B. 具有良好的商业信誉和健全的财务会计制度

C. 有依法缴纳税收和社会保障资金的良好记录

D. 参加政府采购活动的前5年内，在经营活动中没有重大违法记录

21. 下列情形中，体现政府采购功能中“节约财政支出，提高采购资金的使用效益”功能的有（　　）。

A. 优先采购国产的货物

B. 通过规范化的政府采购以避免暗箱操作

C. 实行政府集中采购

D. 将采购资金直接拨付给供应商，减少了资金流通环节

22. 根据规定，政府采购执行模式表述正确的有（　　）。

A. 采购纳入集中采购目录的政府采购项目，应当实行集中采购

B. 集中采购必须委托集中采购机构代理采购

C. 采购未纳入集中采购目录的政府采购项目，只能实行自行采购

D. 采购未纳入集中采购目录的政府采购项目，可以自行采购，也可以委托集中采购机构在委托的范围内代理采购

23. 下列各项中（　　）属于应当公开的政府采购信息。

A. 省级以上人民政府公布的集中采购目录　B. 公开招标数额标准

C. 政府采购限额标准　D. 招标投标信息

24. 下列体现政府采购中“公平竞争”原则的有（　　）。

A. 实行优胜劣汰，让采购人通过优中选优的方式，获得价廉物美的货物、工程或者服务

B. 政府采购活动在完全透明的状态下运作

C. 不能设置妨碍充分竞争的不正当条件

D. 政府采购要按照事先约定的条件和程序进行，不得有歧视条件和行为

25. 下列关于政府采购法律制度构成的说法中，正确的是（　　）。

A. 政府采购法律制度是调整各级国家机关、事业单位、公司制企业、团体组织，使用各类资金依法采购货物、工程和服务的活动的法律规范的总称

B.《中华人民共和国政府采购法》是我国政府采购的主要法律依据

C. 我国《政府采购法》的立法宗旨是为了规范政府采购行为，提高政府采购资金的使用效益，维护国家利益和社会公共利益，保护政府采购当事人的合法权益，促进廉政建设

D.《辽宁省政府采购管理规定》属于政府采购的部门规章

26. 下列各项中，属于各级国家权力机关、政府及其财政审计部门对各级政府预算、决算进行监督的内容有（　　）。

A. 对预算编制的监管 B. 对预算执行的监管 C. 对预算调整的监管 D. 对决算的监管

27. 下列关于决算的说法中，正确的有（　　）。

A. 决算是预算执行的总结

B. 决算是对年度预算收支执行结果的会计报告

C. 决算是国家管理预算活动的第一道程序

D. 决算草案由各级政府、各部门、各单位在每一预算年度终了后按照国务院规定的时间编制

28. 下列关于决算的审批程序，表述正确的是（　　）。

A. 由国务院财政部门编制的中央决算草案，经国务院审定后，由国务院提请全国人民代表大会批准

B. 由国务院财政部门编制的中央决算草案，报国务院审定后，由国务院提请全国人民代表大会常务委员会审批

C. 由县级以上地方各级政府财政部门编制的本级决算草案，经本级政府审定后，由本级人民代表大会常务委员会审批

D. 由镇政府编制的本级决算草案，由本级财政部门审批

29. 关于预算调整原因的叙述中，正确的有（　　）。

A. 原批准的预算在执行中因特殊情况需要增加预算总支出

B. 原批准的预算在执行中因特殊情况需要减少预算总收入

C. 原批准的预算在执行中因特殊情况需要增加举借债务数额的
D. 原批准的预算在执行中因特殊情况需要调减预算安排的重点支出数额的

30. 下列关于预算调整的说法中，正确的是（　　）。
A. 预算是一种计划，它确定以后，往往会受到主客观条件的影响和制约
B. 各级政府对于必须进行的预算调整，应当编制预算调整方案
C. 中央预算的调整方案必须提请全国人民代表大会常务委员会审查和批准
D. 县级以上地方各级政府预算的调整方案必须提请本级人民代表大会审查和批准

31. 我国《预算法》规定预算支出中的补贴支出形式包括（　　）。
A. 粮油补贴　　B. 农业机耕器械的补贴
C. 对外援助支出　　D. 财政贴息支出

32. 我国《预算法》规定的预算收入形式中的专项收入包括（　　）。
A. 征收排污费专项收入　　B. 铁道专项收入
C. 电力建设基金专项收入　　D. 罚没收入

33. 下列关于国家预算的构成的说法中，正确的有（　　）。
A. 中央预算由中央各部门预算和地方各级预算组成
B. 地方各级总预算由本级预算和汇总的下一级总预算组成
C. 中央政府预算指的就是中央预算
D. 各部门预算由所属各单位预算组成

34. 下列各项中，属于我国国家预算级次结构设计依据的有（　　）。
A. 国家政权结构　　B. 经济发展区域规划
C. 行政区域划分　　D. 财政管理体制

35. 关于我国国家预算的级次和构成，下列说法中正确的有（　　）。
A. 我国国家预算实行一级政府一级预算
B. 地方各级总预算由本级政府预算和汇总的下一级总预算组成
C. 中央预算由中央各部门（含直属单位）的预算组成
D. 地方预算由各省、自治区、直辖市总预算组成

36. 我国国家预算的作用包括（　　）。
A. 维护政权　　B. 财力保证　　C. 调节制约　　D. 反映监督

37. 国家预算的编制遵循的原则包括（　　）。
A. 统一性　　B. 完整性　　C. 公开性　　D. 可靠性

38. 下列关于国家预算的说法中正确的有（　　）。
A. 国家预算的原则包括公开性、可靠性、完整性、统一性、年度性
B. 国家预算的作用包括财力保证作用、调节制约作用和反应监督作用
C. 通过国家预算的编制和执行便于掌握国民经济的运行状况、发展趋势以及出现的问题，从而采取对策措施，促进国民经济稳定协调地发展，体现的是调节制约作用
D. 我国的国家预算共分 5 级

39. 关于我国的预算法律制度，下列说法中正确的有（　　）。
A. 预算是指国家预算，它是国家对会计年度内的收入和支出的预先结算
B. 预算法律制度是调整国家进行预算资金的筹措、分配、使用和管理过程中发生的经济关系的法律规范的总称

C. 预算包括中央预算和地方预算

D. 预算法是财政发展到一定阶段的产物

40.《预算法》的宗旨有（　　）。

A. 健全国家对预算的管理　　B. 健全国家宏观调控

C. 强化预算的分配和监督职能　　D. 保障经济和社会的健康发展

三、判断题

1. 采用公开招标方式的费用占政府采购项目总价值的比例过大的，可以采用邀请招标方式采购。（　　）

2. 采购人使用国际组织和外国政府贷款进行的政府采购必须适用《政府采购法》。（　　）

3. 决算的内容包括决算草案的编制、审批以及决算的批复。（　　）

4. 根据《预算法》的规定，与财政部直接发生预算缴款、拨款关系的企业和事业单位等各单位应当按照国家规定上缴预算收入，并接受国家有关部门的监督。（　　）

5. 根据国库集中收付制度，所有财政性资金都纳入国库单一账户管理，收入直接缴入国库或财政专户，支出通过国库单一账户管理采用直接支付的方法直接支付到商品和劳务供应者或用款单位。（　　）

6. 由财政部门或另由一个专门负责的部门负责本级政府所有采购的模式是集中采购模式。（　　）

7. 预算调整是对已经产生法律效力的预算的变动，必须严格依照法定程序来进行。（　　）

8. 明确划分国家各级权力机关、各级政府、各级财政部门以及各部门各单位在预算活动中的职权，是保证依法管理预算的前提条件。（　　）

9. 集中汇缴方式是由征收机关和依法享有征收权限的单位按规定，将所收取的应缴收入汇总缴入国库单一账户，属预算外资金的，则直接缴入预算外资金财政专户，也不再通过过渡性账户收缴。（　　）

10. 用于财政授权支付和与国库单一账户进行支付清算的账户是预算单位零余额账户。（　　）

11. 预算单位零余额账户可以用来提取现金。（　　）

12. 国库是办理预算收入的收纳、划分、留解和库款支拨的专门机构，也称中央国库。（　　）

13. 对于审计机关依法进行的审计，有关单位和个人应积极配合，不得拒绝，否则应承担相应的法律责任。（　　）

14. 政府采购监督管理部门应当对集中采购机构的采购价格、节约资金效果、服务质量、信誉状况、有无违法行为等事项进行考核，并定期如实公布考核结果。（　　）

15. 采购人不得将应当以公开招标方式采购的货物或者服务化整为零来规避公开招标采购。（　　）

16. 一般采购代理机构是根据本级政府采购项目组织集中采购的需要而设立的。（　　）

17. 政府采购的功能中包括强化宏观调控和活跃市场经济。（　　）

18. 政府采购中的集中采购是指由政府设立的职能机构统一为其他政府机构提供采购服务的一种采购组织实施形式。（　　）

19. 各级政府有权监督下级政府的财政预算执行，对下级政府在预算执行中违反法律、行政法规和国家方针政策的行为，依法予以制止和纠正。（　　）

20. 乡、民族乡、镇政府编制本级决算草案，提请本级人民代表大会审查和批准。(   )

21. 国库是预算执行的中间环节，是国家进行预算收支活动的出纳机关。(   )

22. 国务院在全国人民代表大会举行会议时，向大会做关于中央和地方预算草案的报告。(   )

23. 本级预算收入和支出与上一年度结余用于本年度安排的支出均是中央预算和地方各级政府预算的编制内容。(   )

24. 我国研制中子弹、反物质武器等尖端武器的科研支出属于国防支出预算。(   )

25. 我国为了防止农产品价格上涨而增大了农产品物资的储备，相应的储备支出属于我国预算支出的形式。(   )

26. 中央预算不包括军队和政党组织的预算。(   )

27. 国家预算及其执行情况必须完全公开，为人民所了解并置于人民的监督之下。(   )

28. 每一收支项目的数字指标必须运用科学的方法，依据充分确实的资料，并总结出规律性进行计算，不得假定、估算，更不能任意变造，体现了国家预算的“完整性”原则。(   )

29. 无论乡、民族乡、镇是否有设立预算条件，都一定要设立预算。(   )

30. 预算法律制度在财政法的体系中处于核心地位。(   )

四、案例分析题

A 单位是实行国库集中支付的事业单位，经批准，乙单位的工资支出和设备购置实行财政直接支付，日常办公及零星支出实行财政授权支付。2016 年 2 月，审计机构对该单位财政资金使用进行检查，发现：

2015 年 3 月，该单位通过零余额账户向上级单位基本户划转资金 22 万元，用于为上级单位员工购买个人商业保险；

6 月，该单位通过零余额账户向下级单位基本户划拨资金 19 万元，用于为下级单位支付设备采购款；

10 月，乙单位购买办公用品，通过零余额账户向本单位在商业银行开设的基本户转账 10 万元，再通过基本户支付采购款项；

12 月，该单位使用财政性资金购买了一台大型专用设备，该单位通过零余额账户向本单位其他户转账 100 万元，再通过单位基本户向供应商支付设备款。

要求：根据上述资料，回答下列问题。

1. 下列各项中，属于国库支付方式的有（   ）。

   A. 财政直接支付　B. 财政授权支付　C. 财政直接缴库　D. 财政集中汇缴

2. 根据上述资料，该单位的下列做法中，错误的有（   ）。

   A. 通过零余额账户向下级单划转资金，为下级单位购买设备

   B. 通过零余额账户向本单位基本户划转资金，再通过基本户支付本单位日常零星支出

   C. 通过零余额账户向上级单划转资金，为上级单位员工购个人商业保险

   D. 通过零余额账户向本单位基本户划拨资金，再通过基本户支付本单位大型设备的价款

3. 下列各项关于预算单位使用零余额账户的表述中，正确的有（   ）。

   A. 通过零余额账户提取现金，用于支付本单位的日常办公零星支出

   B. 通过零余额账户转账支付本单位的日常办公零星支出

   C. 通过零余额账户转账支付按规定应采用财政直接支付方式发放的职工工资

   D. 通过零余额账户向本单位按账户规定保留的相应账户划拨工会经费

4. 下列银行账户体系中，应通过财政授权支付的账户为（　　）。
A. 该单位在商业银行开设的基本户
B. 财政部门在商业银行为该单位开设的零余额账户
C. 财政部门在商业银行开设的预算外资金财政专户
D. 财政部门按资金使用性质在商业银行开设的零余额账户

5. 下列各项关于财政收支的方式的表述中，正确的为（　　）。
A. 财政收入的收缴分为直接缴库和集中汇缴两种方式
B. 集中汇缴方式是由预算单位或缴款人按规定，直接将收入缴入国库单一账户，属预算外资金的，则直接缴入预算外资金财政专户，不再设立各类过渡性账户
C. 财政性资金的支付方式实行财政直接支付和财政授权支付两种方式
D. 财政直接支付是指预算单位按照财政部门的授权，自行向代理银行签发支付指令，代理银行根据支付指令，在财政部门批准的预算单位的用款额度内，通过国库单一账户体系将资金支付到收款人账户。

强化练习参考答案及解析

一、单项选择题

1. 答案：A

【解析】本题考核国库单一账户体系。国库单一账户是指以财政国库存款账户为核心的各类财政性资金账户的集合，所有财政性资金的收入、支付、存储及资金清算活动均在该账户体系中运行。

2. 答案：C

【解析】本题考核国库单一账户体系的构成。财政部门开设的零余额账户，营业中单笔支付额在 5 000 万元人民币以上（含 5 000 万元）的，应当及时与国库单一账户清算。

3. 答案：A

【解析】本题考核小额现金账户的用途。小额现金账户是财政部门为预算单位在代理银行开设的，用于记录、核算和反映预算单位的小额零星支出，并与国库单一账户进行清算。设立此类账户主要是方便预算单位日常发生的一些零星分散、数额小、支付频繁的支出。

4. 答案：A

【解析】由财政部门代表政府设置国库单一账户体系，所有的财政性资金均纳入国库单一账户体系收缴、支付和管理的制度。财政收入通过国库单一账户体系，直接缴入国库；财政支出通过国库单一账户体系，以财政直接支付和财政授权支付的方式，将资金支付到商品和劳务供应者或用款单位，即预算单位使用资金但见不到资金；未支用的资金均保留在国库单一账户，由财政部门代表政府进行管理运作，降低政府筹资成本，为实施宏观调控政策提供可选择的手段。

5. 答案：C

【解析】本题考核国库集中收付制度。国库集中收付制度一般也称为国库单一账户制度，包括国库集中支付制度和收入收缴管理制度。

6. 答案：B

【解析】本题考核政府采购监督管理部门的监督。《政府采购法》规定，政府采购监督管理

部门不得设置集中采购机构，不得参与政府采购项目的采购活动。采购代理机构与行政机关不得存在隶属关系或者其他利益关系。政府采购人员的职业素质和专业技能是监督管理部门监督检查的主要内容。

7. 答案：C

【解析】本题考核单一来源方式。可以采用单一来源方式采购的情形之一是必须保证原有采购项目一致性或者服务配套的要求，需要继续从原供应商处添购，且添购资金总额不超过原合同采购金额10%的。

8. 答案：C

【解析】选项C公开招标是政府采购的主要采购方式。

9. 答案：B

【解析】本题考核政府采购的执行模式。

10. 答案：D

【解析】本题考核分散采购。实行分散采购的不足之处是失去了规模效益，加大了采购成本，不便于实施统一的管理和监督。

11. 答案：C

【解析】本题考核政府采购的执行模式。《政府采购法》规定，我国政府采购实行集中采购和分散采购相结合。

12. 答案：B

【解析】《政府采购法》规定，各级人民政府财政部门是负责政府采购监督管理的部门。

13. 答案：D

【解析】本题考核政府采购方式。符合下列情形之一的货物或者服务，可以采用竞争性谈判方式采购：①招标后没有供应商投标、没有合格标的或者重新招标未能成立的；②技术复杂或者性质特殊，不能确定详细规格或者具体要求的；③采用招标所需时间不能满足用户紧急需要的；④不能事先计算出价格总额的。

14. 答案：C

【解析】本题考核政府采购当事人的相关规定。供应商在参加政府采购活动的前3年内，在经营活动中应没有重大违法记录。

15. 答案：C

【解析】本题考核政府采购的主体范围。《政府采购法》规定："在中华人民共和国境内进行的政府采购适用本法。"即各级国家机关、事业单位和团体组织在我国境内进行的，使用财政性资金采购依法制定的集中采购目录以内的或者采购限额标准以上的货物、工程和服务的行为适用《政府采购法》。

16. 答案：D

【解析】本题考核《政府采购法》。2002年6月29日，第九届全国人民代表大会常务委员会第二十八次会议通过的《中华人民共和国政府采购法》是我国政府采购的主要法律依据。

17. 答案：C

【解析】本题考核预算和决算监督的相关规定。各级审计机关应当依照《中华人民共和国审计法》以及有关法律、行政法规的规定，对本级预算执行情况，对本级各部门和下级政府预算的执行情况和决算进行审计监督。

18. 答案：A

【解析】本题考核预算收入的形式。税收收入是国家预算收入的最主要的部分。

19. 答案：A

【解析】本题考核预算执行的相关规定。预算的收入和支出必须通过国库进行。

20. 答案：C

【解析】《预算法》规定，全国人民代表大会及其常务委员会对中央和地方预算、决算进行监督。

21.【答案】B

【解析】本题考核预算的组成。国家预算由中央预算和地方预算组成，中央预算由中央各部门（含直属单位）的预算组成。

22. 答案：B

【解析】本题考核地方各级政府财政部门预算管理职权。选项 A、C、D 属于国务院财政部门预算管理职权。

23. 答案：B

【解析】本题考核国家预算的级次划分。我国实行一级政府一级预算，一共分为 5 级，包括中央预算；省级（包括省、自治区、直辖市）预算；地市级（设区的市、自治州）预算；县级（县、自治县，不设区的市、市辖区、旗）预算；乡（民族乡、镇）预算。

24. 答案：D

【解析】本题考核国家预算的构成。中央预算由中央各部门（含直属单位）的预算组成。

25. 答案：B

【解析】本题考核国家预算的作用。国家预算是国民经济的综合反映，预算收入反映国民经济发展规模和经济效益水平，预算支出反映各项建设事业发展的基本情况。因此，通过国家预算的编制和执行便于掌握国民经济的运行状况、发展趋势以及出现的问题，从而采取对策措施，促进国民经济稳定协调地发展。这是国家预算反映监督作用的体现。

26. 答案：A

【解析】本题考核我国的预算年度。我国采取的是公历年制，自公历 1 月 1 日起至 12 月 31 日止。

27. 答案：C

【解析】本题考核国家预算的概念。国家预算也称政府预算，是指经过法定程序批准的国家年度财政收支计划。

28. 答案：A

【解析】本题考核国家预算的概念。国家预算也称政府预算，是指经过法定程序批准的国家年度财政收支计划。

29. 答案：D

【解析】本题考核国家预算的作用。我国国家预算的作用包括财力保证作用、调节制约作用和反映监督作用。

30. 答案：C

【解析】本题考核预算支出的形式。我国《预算法》规定的预算支出形式包括：①经济建设支出；②教育、科学、文化、卫生、体育等事业发展支出；③国家管理费用支出；④国防支出，包括国防费、国防科研事业费、民兵建设费等；⑤各项补贴支出，包括粮油补贴、农业生产资料价差补贴等；⑥其他支出，包括对外援助支出、财政贴息支出、国家物资储备支出、少数民族地区补助费等。

31. 答案：A

【解析】本题考核我国预算的级次划分。我国实行的是一级政府一级预算的制度。

32. 答案：B

【解析】本题考核政府采购法的构成。2002 年 6 月 29 日，第九届全国人民代表大会常务委员会第二十八次会议通过的《中华人民共和国政府采购法》是我国政府采购的主要法律依据。

33. 答案：D

【解析】本题考核《预算法》。《预算法》是我国第一部财政基本法律，是我国国家预算管理工作的根本性法律以及制定其他预算法规的基本依据。

34. 答案：B

【解析】本题考核预算法律制度的概念。预算法律制度是调整国家进行预算资金的筹措、分配、使用和管理过程中发生的经济关系的法律规范的总称。

35. 答案：D

【解析】特设专户是经国务院和省级人民政府批准或授权财政部门开设的特殊过渡性专户，用于记录、核算和反映预算单位的特殊专项支出活动，并用于与国库单一账户清算。

36. 答案：B

【解析】政府设立的政府集中采购机构属于非营利性机构，负责组织实施集中采购活动。由政府设立的集中采购机构不实行政府采购代理机构资格认定制度。

37. 答案：D

【解析】根据规定，预算和决算的监督按照时间先后不同分为事前监督、事中监督和事后监督。

38. 答案：D

【解析】政府采购应当遵循“公开透明”原则、“公平竞争”原则、“公正”原则和“诚实信用”原则。

39. 答案：B

【解析】国家预算作为财政分配和宏观调控的主要手段，具有分配、调控和监督职能。

40. 答案：C

【解析】审查和批准中央预算的调整方案属于全国人民代表大会常务委员会的职权。

二、多项选择题

1. 答案：A、B、C

【解析】属于中央预算的政府采购项目由国务院确定并公布。属于地方预算的政府采购项目由省、自治区、直辖市人民政府或者其授权的机构确定并公布。

2. 答案：A、B、C、D

【解析】我国的预算收入形式包括税收收入、依规定应上缴的国有资产收益、专项收入和其他收入。其他收入包括规费收入、罚没收入等。

3. 答案：A、B、C、D

【解析】我国的国家预算按照国家行政区域和政权结构不同，分为中央预算、地方预算、各级总预算、部门预算和单位预算。其中，总预算包括中央总预算、省（自治区、直辖市）总预算、市总预算、县总预算等。

4. 答案：A、C、D

【解析】选项B，单件物品或单项服务购买额不足10万元人民币的购买支出适用于财政授权支付。

5. 答案：A、D

【解析】选项B适用竞争性谈判方式，选项C适用询价方式。

6. 答案：A、C

【解析】决算包括决算报告和文字说明两个部分。

7. 答案：A、B、C、D

【解析】国家预算也称政府预算，是政府的基本财政收支计划，即经法定程序批准的国家年度财政收支计划。国家预算是实现财政职能的基本手段，反映国家的施政方针和社会经济政策，规定政府活动的范围和方向。国家预算具有分配、调控和监督职能。

8. 答案：A、B、C、D

【解析】本题考核国家预算的作用。选项A属于财力保证作用，选项B属于调节制约作用，选项C属于反映监督作用，选项D属于调节制约作用。

9. 答案：C、D

【解析】直接缴库是指由缴款单位或者缴款人直接将应缴收入缴入国库单一账户或者预算外资金财政专户。

10. 答案：A、D

【解析】财政直接支付由中国人民银行向代理银行签发支付指令，代理银行根据预算单位支付指令通过国库单一账户体系将资金直接支付到收款人账户的方式，BC属于财政授权支付。

11. 答案：B、C

【解析】本题考核财政支出支付方式。财政性资金的支付实行财政直接支付和财政授权支付两种方式。

12. 答案：A、C、D

【解析】财政部门零余额账户每日发生的支付，于当日营业终了前与国库单一账户清算。

13. 答案：A、B、D

【解析】预算单位零余额账户用于财政授权支付，可以向本单位按账户管理规定保留的相应账户划拨工会经费、住房公积金及提租补贴，以及财政部门批准的特殊款项，不得违反规定向本单位其他账户和上级主管单位、所属下级单位账户划拨资金。

14. 答案：A、B、D

【解析】本题考核特设专户的范围。由于现阶段政策性支出项目还比较多，对某些需要通过政策性银行封闭运行的资金支出，还需要设置特殊专户管理，如粮食风险基金、社会保障基金、住房基金等。

15. 答案：A、B、C、D

【解析】本题考核实行国库集中收付制度的作用。

16. 答案：A、B

【解析】国库集中收付制度包括国库集中支付制度和收入收缴管理制度。

17. 答案：A、B、C、D

【解析】A、B、C、D均属于政府采购监督管理部门的监督内容。

18. 答案：A、B、C、D

【解析】本题考核政府采购方式。

19. 答案：A、C

【解析】本题考核政府采购的采购人。政府采购的采购人一般具有两个重要特征：一是采纳人是依法进行政府采购的国家机关、事业单位和团体组织；二是采购人的政府采购行为从筹划、决策到实施，都必须在《政府采购法》等法律法规的规范内进行。

20. 答案：A、B、C

【解析】本题考核供应商参加政府采购合同应当具备的条件。供应商参加政府采购活动的前3年内在经营活动中没有重大违法记录。

21. 答案：C、D

【解析】选项A体现的是“保护民族产业”功能；选项B体现的是“推进反腐倡廉”功能。

22. 答案：A、B、D

【解析】本题考核政府采购的执行模式。根据《政府采购法》的规定，采购未纳入集中采购目录的政府采购项目可以自行采购，也可以委托集中采购机构在委托的范围内代理采购。

23. 答案：A、B、C、D

【解析】本题考核“公开透明”原则。政府采购应当遵循“公开透明”原则，应当公开的政府采购信息包括政府采购法规政策，省级以上人民政府公布的集中采购目录、政府采购限额标准和公开招标数额标准、政府采购招标业务代理机构名录、招标投标信息、财政部门受理政府采购投诉的联系方式及投诉处理决定，财政部门对采购机构的考核结构，采购代理机构、供应商不良行为记录名单等。

24. 答案：A、C

【解析】本题考核政府采购的原则。选项B体现的是“公开透明”原则；选项D体现的是“公正”原则。

25. 答案：B、C

【解析】本题考核政府采购法律制度的构成。政府采购法律制度是调整各级国家机关、事业单位和团体组织，使用财政性资金依法采购货物、工程和服务的活动的法律规范的总称，因此选项A的表述错误；《辽宁省政府采购管理规定》属于政府采购地方性法规。

26. 答案：A、B、C、D

【解析】本题考核按照监督的内容分类。

27. 答案：A、B、D

【解析】本题考核决算的相关规定。决算是国家管理预算活动的最后一道程序，因此选项C的说法错误。

28. 答案：B、C

【解析】本题考核决算草案的相关规定，对于选项A，国务院财政部门编制中央决算草案，报国务院审定后，由国务院提请全国人民代表大会常务委员会审查和批准；对于选项D，乡、民族乡、镇政府编制本级决算草案，提请本级人民代表大会审查和批准。

29. 答案：A、B、C、D

【解析】根据预算发第六十七条经全国人民代表大会批准的中央预算和经地方各级人民代表大会批准的地方各级预算，在执行中出现下列情况之一的，应当进行预算调整：①需要增加或者减少预算总支出的；②需要调入预算稳定调节基金的；③需要调减预算安排的重点支出数额的；④需要增加举借债务数额的。

30. 答案：A、B、C

【解析】选项D，县级以上地方各级政府预算的调整方案必须提请本级人民代表大会常务委员会审查和批准。

31. 答案：A、B

【解析】本题考核预算支出的形式。各项补贴支出包括粮油补贴、农业生产资料价差补贴等。选项C、D属于其他支出的内容。

32. 答案：A、B、C

【解析】本题考核我国预算收入的形式。专项收入，即为了满足某种专门需要而有权收取的部门筹集的有专项用途的资金，如铁道专项收入、征收排污费专项收入、电力建设基金专项收入。

33. 答案：B、C、D

【解析】本题考核国家预算的构成。对于选项A，中央预算是由中央各部门的预算组成的，不包括地方各级预算。

34. 答案：A、C、D

【解析】本题考核国家预算的级次划分。国家政权结构、行政区域划分和财政管理体制是我国国家预算级次结构的设计依据。

35. 答案：A、B、C、D

【解析】本题考核国家预算的级次和构成。

36. 答案：B、C、D

【解析】本题考核国家预算的作用。国家预算的作用包括财力保证作用、调节制约作用和反映监督作用。

37. 答案：A、B、C、D

【解析】本题考核国家预算的原则，包括公开性、可靠性、完整性、统一性和年度性。

38. 答案：A、B、D

【解析】选项C，通过国家预算的编制和执行便于掌握国民经济的运行状况、发展趋势以及出现的问题，从而采取对策措施，促进国民经济稳定协调地发展，体现的是反映监督作用。

39. 答案：A、B、C、D

【解析】本题考核我国预算法律制度的相关规定。

40. 答案：A、B、C、D

【解析】本题考核《预算法》的制定宗旨。《预算法》是我国财政法规范性文件体系中的一部至为重要的法律，其宗旨是强化预算的分配和监督职能，健全国家对预算的管理，健全国家宏观调控，保障经济和社会的健康发展。

三、判断题

1. 答案：√

【解析】符合下列情形之一的货物或者服务，可以采用邀请招标方式采购：①具有特殊性，只能从有限范围的供应商处采购的；②采用公开招标方式的费用占政府采购项目总价值的比例过大的。

2. ×

【解析】鉴于政府采购客观上存在一些特殊情况，以下4种情况不适用《政府采购法》，①军事采购；②采购人使用国际组织和外国政府贷款进行的政府采购；③对因严重自然灾害和其他不可抗力事件所实施紧急采购和涉及国家安全和秘密的采购；④香港、澳门两个特别行政区的政府采购。

3. 答案：√

【解析】决算包括决算草案的编制、决算草案的审批和决算的批复。

4. 答案：√

【解析】本题考查的是预算的管理和监督。

5. 答案：×

【解析】由于目前的国情，还难以做到将所有财政性资金都纳入国库单一账户管理，实现每笔支出都通过国库单一账户直接支付到最终收款人。因此，有国库单一账户、零余额账户、预算外资金财政专户、小额现金账户和特设专户 5 类账户，支出也有直接支付和授权支付两种。

6. 答案：√

【解析】本题考核政府采购模式。

7. 答案：√

【解析】预算调整固然是正常的活动，但它又是对已经产生法律效力的预算的变动，必须严格依照法定程序来进行，任何政府或者部门都不得擅自变动预算。

8. 答案：√

【解析】明确划分国家各级权力机关、各级政府、各级财政部门以及各部门各单位在预算活动中的职权，是保证依法管理预算的前提条件，也是将各级预算编制、预算审批、预算执行、预算调整和预算决算的各环节纳入法制化、规范化轨道的必要措施。

9. 答案：√

【解析】本题考核财政收入集中汇缴方式。

10. 答案：√

【解析】本题考核国库单一账户体系的构成。

11. 答案：√

【解析】本题考核国库单一账户体系。预算单位零余额账户可以办理转账、提取现金等结算业务。

12. 答案：×

【解析】本题考核国库的概念和划分。国库是办理预算收入的收纳、划分、留解和库款支拨的专门机构，分为中央国库和地方国库。

13. 答案：√

【解析】本题考核政府采购监督管理机构的相关规定。

14. 答案：√

【解析】本课考核政府采购监督管理的规定。

15. 答案：√

【解析】本题考核政府采购方式。采购人不得将应当以公开招标方式采购的货物或者服务化整为零或者以其他任何方式规避公开招标采购。

16. 答案：×

【解析】本题考核采购代理机构。集中采购机构是为了集中采购的需要而设立的。

17. 答案：√

【解析】本题考核政府采购的功能。政府采购的功能包括节约财政支出、提高采购资金的使用效益；强化宏观调控；活跃市场经济；推进反腐倡廉；保护民族产业。

18. 答案：√

【解析】集中采购是指由政府设立的职能机构统一为其他政府机构提供采购服务的一种采购组织实施形式。

19. 答案：√

【解析】本题考查预算监督的相应知识点。

20. 答案：√

【解析】由于乡镇未设立乡人大常委会，因此预决算均由乡人大审批。

21. 答案：√

【解析】本题考核预算的执行。

22. 答案：√

【解析】《中华人民共和国预算法》第四十七条规定：国务院在全国人民代表大会举行会议时，向大会作关于中央和地方预算草案以及中央和地方预算执行情况的报告。

23. 答案：√

【解析】中央预算和地方各级政府预算的编制内容包括：本级预算收入和支出、上一年度结余用于本年度安排的支出、上级返还或者补助的收入、返还或者补助下级的支出、上解上级的支出、下级上解的收入。

24. 答案：√

【解析】本题考核我国预算支出的内容。我国《预算法》规定的预算支出的国防支出包括国防费、国防科研事业费、民兵建设费等。

25. 答案：√

【解析】本题考核我国预算支出的内容。我国《预算法》规定的预算支出的其他支出包括对外援助支出、财政贴息支出、国家物资储备支出、少数民族地区补助费等。

26. 答案：×

【解析】本题考核中央预算。中央政府预算由中央各部门（含直属单位）的预算组成。其中，中央各部门是指与财政部直接发生预算缴款、拨款关系的国家机关、军队、政党组织和社会团体；直属单位是指与财政部直接发生预算缴款、拨款关系的企业和事业单位。

27. 答案：×

【解析】本题考核国家预算的原则。国家预算及其执行情况必须采取一定形式公开，为人民所了解并置于人民的监督之下。

28. 答案：×

【解析】本题考核国家预算的原则。题干是可靠性的表述。

29. 答案：×

【解析】本题考核预算法律制度。根据规定，不具备设立预算条件的乡、民族乡、镇，经省、自治区、直辖市政府确定，可以暂不设立预算。

30. 答案：√

【解析】本题考核预算法律制度的地位。预算法律制度在财政法的体系中处于核心地位。

四、案例分析题

1. 答案：A、B

【解析】本题考核国库支付方式。包括财政直接支付和财政授权支付。

2. 答案：A、B、C、D

【解析】本题考核零余额账户的使用。预算单位零余额账户可以办理转账、提取现金等结算业务，可以向本单位按账户管理规定保留的相应账户划拨工会经费、住房公积金及提租补贴，以及经财政部门批准的特殊款项，不得违反规定向本单位其他账户和上级主管单位、所属下级单位账户划拨资金。

3. 答案：A、B、D

【解析】本题考核预算单位零余额账户的使用。预算单位零余额账户可以办理转账、提取现金等结算业务，可以向本单位按账户管理规定保留的相应账户划拨工会经费、住房公积金及提租补贴，以及经财政部门批准的特殊款项，不得违反规定向本单位其他账户和上级主管单位、所属下级单位账户划拨资金。

4. 答案：B

【解析】财政部门在商业银行为预算单位开设的零余额账户用于财政授权支付和与国库单一账户进行清算。

5. 答案：A、C

【解析】本题考核财政收支的方式。选项B，直接缴库方式是由预算单位或缴款人按规定，直接将收入缴入国库单一账户，属预算外资金的，则直接缴入预算外资金财政专户，不再设立各类过渡性账户；选项D，财政授权支付是指预算单位按照财政部门的授权，自行向代理银行签发支付指令，代理银行根据支付指令，在财政部门批准的预算单位的用款额度内，通过国库单一账户体系将资金支付到收款人账户。

第五章
会计职业道德

主要考点

1．会计职业道德的概念
2．会计职业道德的功能
3．会计职业道德与会计法律制度的关系（重要）
4．会计职业道德规范的主要内容
5．各项会计职业道德规范的基本要求（重要）
6．会计职业道德的教育形式
7．会计职业道德的教育内容
8．会计职业道德的教育途径
9．会计职业道德建设的组织与实施
10．财政部门组织实施会计职业道德建设的途径

复习重点

第一节 会计职业道德概述

一、职业道德的概念、特征与作用

1．职业道德的概念

职业道德是指在一定职业活动中应遵循的、体现一定职业特征的、调整一定职业关系的职业行为准则和规范。

【例 5-1】职业道德是同职业联系在一起的，它的形成和发展是由于出现了（　　）。

A．劳动分工　　B．社会分工　　C．职业分工　　D．专业分工

答案：B

【解析】职业道德是随着社会分工的产生和发展而逐渐形成的。伴随着社会分工的需要产生的各种职业是职业道德产生的必要条件。

【例 5-2】随着社会分工的需要产生的（　　）是职业道德产生的必要条件。

A．职业利益　　B．职业关系　　C．各种职业　　D．劳动分工

答案：C

【解析】伴随着社会分工的需要产生的各种职业是职业道德产生的必要条件。

2．职业道德的特征

（1）职业性。职业道德只适用于特定范围的从业人员，而且只适用于从业人员在职业活动中的具体行为。不同职业的人有不同的职业道德准则。

（2）实践性。职业道德总是与具体的职业活动紧密联系，要对人们职业活动中的具体行为进行规范，更偏重于实用性而不是精神性。

（3）继承性。同一种职业会有大体一致的服务对象、服务手段、职业活动内容、活动方式、职业利益、职业责任和义务，并且被世代继承和延续，如医生的救死扶伤、教师的为人师表等。

（4）多样性。《公民道德建设实施纲要》提出的"爱国守法，明礼诚信，团结友善，勤俭自强，敬业奉献"的基本道德规范就是职业道德多样性的体现。

【例 5-3】职业道德的特征包括（　　）。

A．职业性　　B．实践性　　C．继承性　　D．多样性

答案：A、B、C、D

【解析】职业道德的特征有四个，分别是职业性、实践性、继承性、多样性。

3．职业道德的作用

（1）职业道德可促进职业活动的有序进行。

（2）职业道德对社会道德风尚将产生积极的影响。

【例 5-4】职业道德的作用是促进职业行为的正常进行。（　　）

答案：×

【解析】职业道德的作用是促进职业活动的有序进行。

二、会计职业道德的概念与特征

1．会计职业道德的概念

会计职业道德是指在会计职业活动中应当遵守的、体现会计职业特征的、调整会计职业关系的职业行为准则和规范。

（1）会计职业道德是调整会计职业活动利益关系的手段。

（2）会计职业道德具有相对稳定性。

（3）会计职业道德具有广泛的社会性。会计职业道德的优劣将影响国家和社会公众利益。

2．会计职业道德的特征

（1）较多关注公众利益。在会计职业活动中，发生道德冲突时要坚持准则，把社会公众利益放在第一位。

（2）具有一定的强制性。

【例 5-5】下列关于会计职业道德的说法中正确的是（　　）。

A．会计职业道德规范的对象为单位从事会计工作的会计人员

B．会计职业道德的功能包括指导功能、规范功能和教化功能

C．会计职业道德与会计法律制度作用的范围不同

D．会计职业道德要求会计人员在职业活动中，发生道德冲突时把单位的集体利益放在第一位

答案：C

【解析】选项 A，会计职业道德规范的对象既有单位会计人员，也有注册会计师；选项 B，会计职业道德的功能包括指导功能、评价功能和教化功能；选项 D，会计职业道德要求会计人员在职业活动中发生道德冲突时把社会公众利益放在第一位。

三、会计职业道德的功能与作用

1．会计职业道德的功能

会计职业道德的功能包括指导功能、评价功能和教化功能。

2．会计职业道德的作用

（1）会计职业道德是对会计法律制度的重要补充。会计法律制度是会计职业道德的最低要求。

（2）会计职业道德是规范会计行为的基础。应当引导、规劝、约束会计人员树立正确的职业观念，遵循职业道德要求，从而达到规范会计行为的目的。

（3）会计职业道德是实现会计目标的重要保证。会计目标是为会计职业关系中的各个服务对象提供有用的会计信息。会计职业道德规范约束着会计人员的职业行为，是实现会计目标的重要保证。

（4）会计职业道德是会计人员提高素质的内在要求，是会计人员素质的重要体现。一个高素质的会计人员应当爱岗敬业、努力提高专业能力。

【例 5-6】狭义的职业道德是指在一定的职业活动中应遵循的、体现一定职业特征、调整一定职业关系的（　　）。

A．职业行为关系　　B．职业行为准则　　C．职业行为活动　　D．职业行为规范

答案：B、D

【解析】会计职业道德是指在会计职业活动中应当遵守的、体现会计职业特征、调整会计职业关系的职业行为准则和规范。

【例 5-7】会计职业道德的作用主要是（　　）。

A．实现会计目标的重要保证　　B．提高会计人员素质的内在要求
C．会计法律制度的重要补充　　D．规范会计行为的基础

答案：A、B、C、D

【解析】会计职业道德的作用有：①是对会计法律制度的重要补充；②是规范会计行为的基础；③是实现会计目标的重要保证；④是会计人员提高素质的内在要求。

四、会计职业道德与会计法律制度的关系

1．会计职业道德与会计法律制度的联系

（1）在作用上相互协调、相互补充。

（2）在内容上相互借鉴、相互吸收。

2．会计职业道德与会计法律制度的区别

（1）在性质上的不同。会计法律制度体现了国家统治阶级在会计活动中的愿望和意志，具有普遍的法律效力，是约束和调整会计从业人员的最基本的要求。而会计职业道德很多来自职业习惯和约定俗成，体现了很强的自律性。

（2）在作用范围上不同。会计法律制度侧重于调整会计人员的外在行为和结果的合法化；会计从业道德不仅要求调整会计人员的外在行为，还要调整会计人员内在的精神世界。

（3）在表现形式上不同。会计法律制度的表现方法是用具体、正式的文字明确规定的法令、条例，带有明显的强制性，一般表现为禁止性规范和命令性规范。而会计职业道德的表现方法既有明确的成文规定，也有不成文的规范。

（4）实施的保障机制不同。会计法律制度依靠规定的制裁和审判机关，由国家强制力保障实施。而会计职业道德主要依靠社会舆论、道德评价及自觉遵守来实现，有一些也会依靠国家强制力保障实施。

（5）评价标准不同。会计法律制度依据的是国家的法律法规及规章；会计职业道德依据的是社会职业习惯和约定俗成。

3．会计法律制度与会计职业道德的相互作用

（1）会计职业道德是会计法律制度的坚实基础。会计职业道德可以大大提高会计法律制度的作用和威力，成为会计法律制度的坚实基础。

（2）会计法律制度是会计职业道德的有力保证。会计职业道德中的基本行为规范需要会计法律规范予以保障。同时，会计法规与其他法律一起严肃、有力地打击经济犯罪活动，显示法律的威力，并且还有助于对广大会计人员的职业道德教育，有助于会计职业道德舆论的开展和效果的提高。

【例 5-8】会计法律制度与会计职业道德的相互作用表现为（　　）。

A．会计职业道德是会计法律制度的坚实基础

B．会计职业道德是会计法律制度的前提条件

C．会计法律制度是会计职业道德的有力保证

D．会计法律制度是会计职业道德的行为规范

答案：A、C

【解析】会计法律制度与会计职业道德的相互作用有：①会计职业道德是会计法律制度的坚实基础；②会计法律制度是会计职业道德的有力保证。

【例 5-9】职业道德行为习惯是衡量会计人员职业道德素质高低的重要标志。（　　）

答案：√

【解析】职业道德行为习惯，指人们在一定的职业道德认识、情感、意志、信念等支配下采取的行动，是衡量一个人的职业道德素质高低的重要标志。

【例 5-10】会计职业活动是会计职业道德产生和发展的实践基础。（　　）

答案：√

【解析】会计职业道德具有实践性特征，是和会计职业行为紧密相连，会计职业活动是会计职业道德产生和发展的实践基础。

第二节｜会计职业道德规范的主要内容

一、爱岗敬业

（1）正确认识会计职业，树立职业荣誉感。

（2）热爱会计工作，敬重会计职业。

（3）安心工作，任劳任怨。

（4）严肃认真，一丝不苟。

（5）忠于职守，尽职尽责。

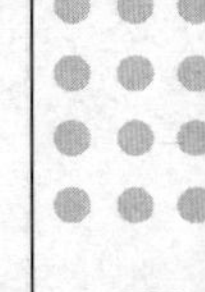

只有敬重会计职业，才能热爱会计岗位，并忠实地服务于会计事业。忠于职守的内涵主要体现为3个方面，即忠实于国家、忠实于服务对象（所服务的单位）、忠实于社会公众。

【例5-11】爱岗敬业是从事会计工作的（　　）。

A. 内在要求　B. 基本原则　C. 基本要求　D. 外在动力

答案：A

【解析】爱岗敬业是从事会计工作的内在要求。

二、诚实守信

1. 诚实守信的含义

诚实是指人的言行与思想一致，能忠实于事物的本来面貌，不歪曲篡改事实，不弄虚作假，不为不可告人的目的而欺骗他人，做老实人、办老实事。

守信是指遵守自己所做出的承诺，讲信用，重信用，信守诺言，保守秘密。

（1）诚实守信是社会主义市场经济发展的需要。

（2）诚实守信是遵守会计职业道德的基本要求。

2. 诚实守信的要求

（1）做老实人，说老实话，办老实事，弄虚作假。

（2）保守秘密，不为利益所诱惑。

（3）执业谨慎，信誉至上。

【例5-12】"民无信不立"出自（　　）。

A.《大学》　B.《中庸》　C.《老子》　D.《论语》

答案：D

【解析】《论语》载："子贡问政。子曰：'足食，足兵，民信之矣。'子贡曰：'必不得已而去，于斯三者何先?'曰：'去兵。'子贡曰：'必不得已而去，于斯二者何先?'曰：'去食，自古皆有死，民无信不立。"

【例5-13】诚实守信是遵守会计职业道德的（　　）。

A. 效率规则　B. 基本要求　C. 质量标准　D. 外在要求

答案：B

【解析】诚实守信是遵守会计职业道德的基本要求。

三、廉洁自律

（1）牢固树立正确的人生观和价值观。树立正确的人生观、价值观，加强人生观、价值观的教育，以马克思主义、毛泽东思想、邓小平理论和"三个代表"重要思想武装会计人员的头脑，自觉抵制享乐主义、个人主义、拜金主义等错误思想，是在会计工作中做到廉洁自律的思想基础。

（2）公私分明，不贪不占。

（3）遵纪守法，一身正气。

【例5-14】"理万金分文不沾""常在河边走，就是不湿鞋"，这两句话体现的会计职业道德是（　　）。

A. 参与管理　B. 廉洁自律　C. 提高技能　D. 强化服务

答案：B

【解析】廉洁自律要求做到公私分明，不贪不占。"理万金分文不沾""常在河边走，就是不湿鞋”体现了廉洁自律的道德要求。

【例 5-15】会计职业道德最重要的基本原则，一是“依法理财”原则，二是（　　）原则。

A.“客观公正”　　B.“坚持准则”　　C.“廉洁奉公”　　D.“真实可靠”

答案：C

【解析】社会主义会计职业道德有两个最重要的原则：一是“依法理财”原则；二是“廉洁奉公”原则。

四、客观公正

客观公正是指会计人员在处理会计事物时，应恪守“客观公正”原则，依法办事，实事求是，维护每个人的合法利益。

客观公正应成为会计工作和会计人员追求的一种执业目标。

客观公正的基本要求是依法办事、实事求是、如实反映。

【例 5-16】会计人员必须坚持“客观公正”原则，最基本的是坚持（　　）。

A.“不做假账”　　B.“诚实守信”　　C.“廉洁自律”　　D.“依法办事”

答案：A

【解析】不做假账，是指会计人员要按照会计法律、法规、规章的规定做好会计工作，保证会计凭证、会计账簿、财务会计报告等会计信息的真实完整。不做假账是会计人员最基本的职业道德。

五、坚持准则

1．准则的含义

准则是指会计人员进行会计工作的标准和依据，包括会计法律法规和会计准则、制度以及与之相关的法律规范，如《会计法》《注册会计师法》《企业会计准则》《企业会计制度》《金融企业会计制度》《会计基础工作规范》《会计从业资格管理办法》《票据法》《现金管理暂行条例》《支付结算办法》《个人所得税法》《增值税暂行条例》《企业所得税暂行条例》等。

坚持准则是会计人员履行会计职责的标准和依据。

2．坚持会计准则的基本要求

（1）熟悉准则，提高会计人员遵守准则的能力。熟悉准则是要求会计人员了解和掌握《会计法》和国家统一的会计制度以及与会计相关的法律制度。

① 会计人员应根据自己的实际需要，了解和熟悉与会计职业活动相关的法律规范，如《中华人民共和国私营企业暂行条例》《破产法》《合同法》等。

② 会计人员在实际工作中应熟练掌握与会计准则相关的法律法规，主要包括会计法律法规、会计准则、财务管理制度、审计法律法规、独立审计准则等。

③ 会计人员还要熟悉本部门、本单位的内部管理制度。

（2）遵循准则，提高会计人员执行准则的能力。不以权代法，徇私舞弊，更不能根据职务高低、关系远近来确定执行准则的宽严松紧程度。

（3）敢于同违法行为做斗争。

【例 5-17】下列各项中，不属于企业会计基本准则的内容是（　　）。

A．财务会计报告目标　　B．会计报表具体格式

C．会计基本假设和会计基础　　D．会计信息质量要求

答案：B

【解析】准则是指会计人员进行会计工作的标准和依据，包括会计法律法规和会计准则、制度以及与之相关的法律规范。

【例 5-18】坚持会计准则的基本要求主要包括（　　）。

A．宣传准则　　B．坚持准则　　C．熟悉准则　　D．遵循准则

答案：C、D

【解析】坚持准则的基本要求包括：① 熟悉准则；②遵循准则；③敢于同违法行为做斗争。

六、提高技能

1．提高技能的含义

提高技能是指会计人员通过学习、培训和实践等途径，持续提高自身的会计理论水平、会计实务能力、职业判断能力、自动更新知识的能力、提供会计信息的能力、沟通交流能力以及职业经验等，以达到和维持必备的专业胜任能力。（注意多选题）

提高技能、精通业务是会计人员胜任会计工作的基本条件。

2．提高技能的基本要求

（1）具有不断提高会计专业技能的意识和愿望。

（2）具有勤学苦练的精神和科学的学习方法。

【例 5-19】提高技能中的技能主要包括（　　）。

A．会计理论水平　　B．职业判断能力　　C．沟通交流能力　　D．职业经验

答案：A、B、C、D

【解析】会计技能是指会计理论水平、会计实务能力、职业判断能力、自动更新知识的能力、提供会计信息的能力、沟通交流能力以及职业经验等。

七、参与管理

1．参与管理的含义

参与管理，简单地说就是间接参加管理活动，为管理者当参谋，为管理活动服务。

会计人员在参与管理的过程中并不直接从事管理活动，只是尽职尽责地履行会计职责，间接地从事或参与管理活动，为管理服务。

例如，中国航空工业第二集团所属的保定向阳航空精密机械有限公司全面推行的“成本工程”，大大降低了企业营运成本，使企业一举扭亏为盈。“成本工程”不是传统意义上的“节约”，而是创造性地进行了许多“以进为退”的改革措施。公司实行资金统一管理、统一调配与使用的模式，制定了《财务收支审批制度》，公司各生产经营单位开设了“只付不收”的银行账号。通过一系列措施，在公司上下形成了“人人讲成本，人人算成本，人人降成本”的良好风气。这项改革与公司财务会计部门积极参与管理是密不可分的。

2．参与管理的基本要求

（1）努力钻研业务，熟悉财经法规和相关制度，提高业务技能，为参与管理打下坚实的基础。

（2）熟悉服务对象的经营活动和业务流程，使参与管理的决策更具针对性和有效性。

【例 5-20】会计人员参与管理主要是间接参与管理活动，为管理服务。（　　）

答案：√

【解析】会计人员在参与管理的过程中并不直接从事管理活动，只是履行会计职责，间接地从事管理活动或者说参与管理活动，为管理服务。

八、强化服务

1. 强化服务的含义及重要性

强化服务是要求会计人员具有文明的服务态度、强烈的服务意识和优良的服务质量。

强化服务的关键是提高服务质量。

会计职业强化服务的结果，就是奉献社会。爱岗敬业是会计职业道德的出发点，强化服务、奉献社会是会计职业道德的归宿点。

2. 强化服务的基本要求

（1）强化服务意识。"良言一句三冬暖，恶语伤人六月寒。"文明用语、礼貌待人、以理服人是会计人员道德规范的基本要求。在解决各种矛盾和问题时，不能以势压人、以权欺人，而是要尊重领导、尊重同事、尊重事实，心平气和地解释和沟通。要做到说话和气，以诚相待，认真听取对方的意见，以理服人；要做到沟通讲策略，用语讲准确，建议看场合；要做到大事讲原则，小事讲风格，如果是自己存在的问题，就要主动向对方承认错误，以得到对方的谅解，即使自己有理也要做到文明礼貌，平等对待对方。

会计人员不仅要自觉地培养团结协作、互相支持的道德观念，并以此来规范自己的言行，而且还要严于律己，宽以待人；同时，要正确处理各部门之间以及上下级之间的关系。

（2）提高服务质量。质量上乘并非无原则地满足服务主体的需要，而是在坚持原则、坚持准则的基础上尽量满足用户或服务主体的需要。

四川成都市某家大型商场，在总会计师领导下，会计部门从实际出发，除每年按会计制度要求对外编制报送现金流量表外，每半年、每季、每月编制供内部管理使用的完整的现金流量表；每旬编制简易的现金流量表；每天还要编制现金日报，为单位领导决策提供第一手资料。这就是强化服务的体现。

【例 5-21】强化服务的关键是提高服务质量。（ ）

答案：√

【解析】"强化服务"是要求会计人员具有文明的服务态度，强烈的服务意识和优良的服务质量。

【例 5-22】某公司财务部门预测本年度公司将亏损 800 万元。公司总经理责成总会计师必须千方百计实现当年盈利目标，并说"实在不行，可以对会计报表做一些技术处理，总会计师按照总经理的意图编制了当年的会计报表。请问：总会计师的行为违背了会计职业道德中会计人员应当（ ）的要求。

A．爱岗敬业　　B．诚实守信　　C．客观公正　　D．遵守准则

答案：B、C、D

【解析】总会计师的行为违背了会计职业道德中的会计人员应当诚实守信、客观公正、遵守准则的要求。诚实守信要求会计人员以诚待人，实事求是，不搞虚假。客观公正要求会计人员遵守准则、依法办事。故 B、C、D 选项正确。

第三节　会计职业道德教育

一、会计职业道德教育的含义

会计职业道德教育是指根据会计工作的特点，有目的、有组织、有计划地对会计人员施加系

统的会计职业道德影响，促使会计人员形成会计职业道德品质，履行会计职业道德义务的活动。

二、会计职业道德教育的形式

会计职业道德教育的形式包括接受教育（外在教育）和自我修养（内在教育）。

三、会计职业道德教育的内容

会计职业道德教育内容包括：①会计职业道德观念教育；②会计职业道德规范教育；③会计职业道德警示教育；④其他教育。

四、会计职业道德教育的途径

1．接受教育的途径

接受教育的途径主要有岗前职业道德教育和岗位职业道德继续教育。

2．自我修养的途径

自我修养的途径主要有慎独慎欲、慎省慎微和自警自励。

【例 5-23】会计人员继续教育中，最基础的会计职业道德教育是（　　）。

A．法制教育　　B．形势教育　　C．自我教育　　D．品德教育

答案：D

【解析】最基础的会计职业道德教育是品德教育。

【例 5-24】会计职业道德修养主要表现为个人的（　　）。

A．改造活动　　B．教育活动　　C．思想意识活动　　D．提高活动

答案：C

【解析】职业道德修养主要表现为思想意识活动。

【例 5-25】加强会计职业道德修养是提高（　　）、维护国家和集体利益的需要。

A．会计理论水平　　B．会计工作质量　　C．会计核算能力　　D．会计管理能力

答案：B

【解析】加强会计职业道德修养以提高会计工作质量为目的。

第四节　会计职业道德建设

一、财政部门的组织推动

各级财政部门应当负起组织和推动本地区会计职业道德建设的责任，把会计职业道德建设与会计法制建设紧密结合起来。

二、会计行业的自律

充分发挥协会等会计职业组织的作用，改革和完善会计职业组织自律机制，有效发挥自律机制在会计职业道德建设中的促进作用。

三、企事业单位的内部监督

形成内部约束机制，防范舞弊和经营风险，支持并督促会计人员遵循会计职业道德，依法开展会计工作。

四、社会各界的监督与配合

加强会计职业道德建设既是提高广大会计人员素质的一项基础性工作，又是一项复杂的

社会系统工程；不仅是某一个单位、某一个部门的任务，也是各地区、各部门、各单位的共同责任。

广泛开展会计职业道德的宣传教育，加强舆论监督，在全社会会计人员中倡导诚信为荣、失信为耻的职业道德意识，引导会计人员加强职业修养。

【例 5-26】会计职业道德建设的内容有（　　）。

A．财政部门的组织推动　　　　B．会计行业的自律

C．企事业单位的内部监督　　　　D．社会各界的监督与配合

答案：A、B、C、D

【解析】会计职业道德建设的内容主要有：①财政部门的组织推动；②会计行业的自律；③企事业单位的内部监督；④社会各界的监督与配合。

第五节｜会计职业道德的检查与奖惩

一、会计职业道德检查与奖惩的意义

会计职业道德检查与奖惩的意义主要有：①具有促使会计人员遵守职业道德规范的作用；②具有裁决与教育作用；③有利于形成抑恶扬善的社会环境。

二、会计职业道德的检查与奖惩机制

会计职业道德的检查与奖惩机制包括：①财政部门的监督检查；②会计行业组织的自律管理与约束；③激励机制的建立。

【例 5-27】财政部门对会计职业道德监督检查的途径有（　　）。

A．《会计法》执法检查与会计职业道德检查相结合

B．会计从业资格证书注册登记管理与会计职业道德检查相结合

C．会计专业技术资格考评与会计职业道德检查相结合

D．会计专业技术资格聘用与会计职业道德检查相结合

答案：A、B、C、D

【解析】本题考核财政部门对会计职业道德监督检查的途径。财政部门对会计职业道德监督检查的途径包括：将《会计法》执法检查与会计职业道德检查相结合；将会计从业资格证书注册登记管理与会计职业道德检查相结合；将会计专业技术资格考评、聘用与会计职业道德检查相结合。

历年真题及解析

一、单项选择题

1. 会计职业道德是指在会计职业活动中应当遵循的、体现（　　）特征和调整会计职业关系的职业行为准则和规范。

A. 会计工作　　B. 会计职业　　C. 会计活动　　D. 会计人员

答案：B

【解析】本题考核会计职业道德的概念。会计职业道德是指在会计职业活动中应当遵循的、体现会计职业特征和调整会计职业关系的职业行为准则和规范。

2. 下列各项关于会计职业道德和会计法律制度两者区别的论述中，正确的是（　　）。

A. 会计法律制度具有很强的他律性，会计职业道德具有很强的自律性

B. 会计法律制度调整会计人员的外在行为，会计职业道德只调整会计人员的内心精神世界

C. 会计法律制度有成文规定，会计职业道德无具体的表现形式

D. 违反会计法律制度可能会受到法律制裁，违反会计职业道德只会受到道德谴责

答案：A

【解析】本题考核会计职业道德与会计法律制度的区别和联系。会计法律制度侧重于调整会计人员的外在行为和结果，具有较强的客观性；会计职业道德不仅强调会计人员的外在行为，还要调整会计人员的内在动机和内在精神世界；会计职业道德的表现形式既有明确、成文的规定，也有不成文的约定；违反会计职业道德不仅可能受到道德谴责，还可能受到法律的制裁。

3. 下列关于会计职业道德与会计法律制度的联系的说法中，不正确的是（　　）。

A. 两者有共同的目标、相同的调整对象，承担着同样的职责

B. 两者在内容上相互渗透、相互重叠

C. 两者在地位上相互转化、相互吸收

D. 两者在实现形式上都是具体的、明确的和成文的

答案：D

【解析】本题考核会计职业道德与会计法律制度的联系。会计职业道德的表现形式既有明确、成文的规定，也有不成文的约定。

4. 某公司的会计人员于某大学毕业后被分配到单位财务部门从事出纳工作，随着时间的推移，于某慢慢对出纳工作产生了厌烦情绪，上班无精打采，工作中差错不断，业务考核在部门里位列倒数第一。单位要求会计人员提出“加强成本核算，提高经济效益”的合理化建议，他认为那是领导们的事情，与己无关。于某在该公司的言行违背的会计职业道德规范中不包括（　　）。

A. 爱岗敬业　　B. 提高技能　　C. 参与管理　　D. 诚实守信

答案：D

【解析】本题考核会计职业道德的规范要求。在题目所述的情况中，于某违反的会计职业道德规范中不包括诚实守信。

5. 会计人员热爱会计工作、安心本职岗位、忠于职守、尽心尽力、尽职尽责，这是会计职业道德中（　　）原则的具体体现。

A．诚实守信　　B．爱岗敬业　　C．提高技能　　D．强化服务

答案：B

【解析】本题考核会计职业道德的要求。会计人员热爱会计工作、安心本职岗位、忠于职守、尽心尽力、尽职尽责是爱岗敬业的体现。

6. 某股份有限公司会计王某不仅熟悉会计电算化业务，而且对利用现代技术手段加强经营管理颇有研究。“非典”期间，王某向公司总经理建议，开辟网上业务洽谈，并实行优惠的折扣政策。公司采纳了王某的建议，当期销售额克服“非典”影响，保持了快速增长。王某的行为主要体现了会计职业道德中的（　　）。

A. 爱岗敬业　　B. 坚持准则　　C. 参与管理　　D. 强化服务

答案：C

【解析】本题考核会计职业道德的内容。王某的行为主要体现了会计职业道德中参与管理的要求。

7. “坚持好制度胜于做好事，制度大于天，人情薄如烟”，这句话体现的会计职业道德内容要求是（　　）。

A. 参与管理　　B. 提高技能　　C. 坚持准则　　D. 强化服务

答案：C

【解析】本题考核会计职业道德的内容。这句话体现了会计职业道德要求中的坚持准则。

8. 客观公正的基本要求是（　　）。

A. 依法办事、实事求是、不偏不倚、保持应有的独立性

B. 坚持准则、实事求是、不偏不倚、保持应有的独立性

C. 公私分明、依法办事、实事求是、保持应有的独立性

D. 端正态度、忠于职守、实事求是、保持应有的独立性

答案：A

【解析】本题考核会计职业道德规范的主要内容。客观公正的基本要求是依法办事、实事求是、不偏不倚、保持应有的独立性。

9. 下列观点中，符合会计职业道德要求的是（　　）。

A. 既然《会计法》已明确规定单位负责人应当保证财务会计报告真实、完整，那么会计人员就应该听领导的，在自己不贪不占的前提下，领导让干什么就干什么

B. 公司的生产经营决策是领导的事情，会计人员没有必要参与，也没有必要过问

C. 会计人员应保守单位的商业秘密，在任何情况下，都不能向外界提供或者泄露单位的会计信息

D. 会计人员应该按照国家统一的会计制度的规定记账、算账、报账，如实反映单位的经济业务活动情况

答案：D

【解析】本题考核会计职业道德的主要内容。会计人员应按照国家统一的会计制度的规定记账、算账、报账，如实反映单位的经济活动情况，该表述符合会计人员坚持准则、客观公正的职业道德要求。

10. 会计职业道德警示教育主要通过（　　）提高会计人员会计职业道德观念和辨别是非的能力。

A. 理论教育和课堂讲授　　B. 典型案例讨论和剖析

C. 理论教育和自我学习　　D. 实际情况讨论和分析

答案：B

【解析】本题考核职业道德警示教育。会计职业道德警示教育是指通过对违反会计职业道德行为和违法会计行为典型案例进行讨论和剖析，给会计人员以启发和警示，提高会计人员的法律意识和辨别是非的能力。

11. 下列各项中，不属于会计职业道德教育内容的是（　　）。

A. 警示教育　　B. 专业理论教育　　C. 观念教育　　D. 规范教育

答案：B

【解析】本题考核会计职业道德教育的内容。会计职业道德教育的内容包括：①会计职业道德规范教育；②会计职业道德观念教育；③会计职业道德警示教育。

12. 会计人员违反职业道德情节严重的，由（　　）吊销其会计从业资格证书。

A. 工商行政管理部门　　B. 人事管理部门

C. 财政部门　　D. 会计行业组织

答案：C

【解析】本题考核会计人员违反职业道德的后果。会计人员违反职业道德情节严重的，由财政部门吊销其会计从业资格证书。

二、多项选择题

1. 会计职业道德的功能包括（　　）。

A. 指导功能　　B. 评价功能　　C. 规范功能　　D. 教化功能

答案：A、B、D

【解析】本题考核会计职业道德的功能。会计职业道德的功能包括指导功能、评价功能和教化功能。

2. 会计职业道德与会计法律制度存在很大区别，下列表述中错误的有（　　）。

A. 会计职业道德不仅要求调整会计人员的外在行为，还要求调整会计人员内在的精神世界

B. 会计职业道德主要依靠会计人员的自觉性

C. 会计法律制度既有成文的规定，也有不成文的规范

D. 会计职业道德侧重于调整会计人员的外在行为和结果的合法化

答案：C、D

【解析】本题考核会计法律制度与会计职业道德的关系。选项 C，会计法律制度的实现形式是具体的、明确的、正式形成文字的成文规定；选项 D，会计法律制度侧重于调整会计人员的外在行为和结果的合法化。

3. 下列各项中，属于会计职业道德中提高技能要求的有（　　）。

A. 勤学苦练，刻苦钻研　　B. 不断进取，提高业务水平

C. 增强提高专业技能的自觉性和紧迫感　　D. 尽心尽力，尽职尽责

答案：A、B、C

【解析】本题考核提高技能的基本要求。选项 D 属于爱岗敬业的基本要求。

4. 下列各项中，体现会计职业道德诚实守信要求的有（　　）。

A. 言行一致、表里如一　　B. 做老实人、说老实话、办老实事

C. 保守商业秘密，不为利益所诱惑　　D. 不弄虚作假，信誉至上

答案：A、B、C、D

【解析】本题考核诚实守信的要求。

5. 某单位领导要求本单位出纳员石某将收到的下脚料销售款 10 000 元另行存放不入账。石某没有按照该领导的要求执行，而是按规定将其作为零星收入入账，致使该领导很不高兴。财务科长王某知道后对石某进行了批评，他提出作为会计人员应该服从领导安排，领导让干啥就干啥。请问财务科长王某的做法违背了会计职业道德规范中的（　　）。

A. 客观公正　　B. 坚持准则　　C. 爱岗敬业　　D. 强化服务

答案：A、B

【解析】本题考核会计职业道德的内容。财务科长王某没有站在公正的立场上支持石某的

做法，反而批评石某，并提出了错误的观点，很显然违背了会计职业道德规范中的客观公正和坚持准则的要求。

6. 张某为某单位的会计人员，平时工作努力、钻研业务、积极提供合理化建议，这体现了张某具有（　　）的职业道德。

A. 爱岗敬业　　B. 客观公正　　C. 提高技能　　D. 参与管理

答案：A、C、D

【解析】本题考核会计职业道德的要求。工作努力、钻研业务、积极提供合理化建议体现了爱岗敬业、提高技能和参与管理的职业道德要求。

7. 下列属于会计职业道德修养方法的有（　　）。

A. 不断地进行“内省”　　B. 虚心向先进人物学习

C. 要互相监督、指导　　D. 要提倡“慎独”精神

答案：A、B、D

【解析】本题考核会计职业道德修养的方法。会计职业道德修养的方法主要有：①不断地进行“内省”；②要提倡“慎独”精神；③虚心向先进人物学习。

8. 会计职业道德教育的途径有（　　）。

A. 学历教育　　B. 形势教育　　C. 自我教育与修养　　D. 法制教育

答案：A、B、C、D

【解析】本题考核会计职业道德教育的途径。会计职业道德教育的途径有学历教育和继续教育等。形势教育、品德教育和法制教育属于继续教育。

9. 对会计人员违反会计职业道德的行为可由（　　）给予处罚。

A. 财政部门　　B. 人民法院　　C. 本公司　　D. 会计职业团体

答案：A、C、D

【解析】本题考核对违反会计职业道德行为的处罚。违反会计职业道德的行为可能会由财政部门、行为人所在单位或者会计职业团体给予处罚。

10. 财政部门对会计职业道德监督检查的途径有（　　）。

A.《会计法》执法检查与会计职业道德检查相结合

B. 会计从业资格证书注册登记管理与会计职业道德检查相结合

C. 会计专业技术资格考评与会计职业道德检查相结合

D. 会计专业技术资格聘用与会计职业道德检查相结合

答案：A、B、C、D

【解析】: 本题考核财政部门对会计职业道德监督检查的途径。财政部门对会计职业道德监督检查的途径包括：将《会计法》执法检查与会计职业道德检查相结合、将会计从业资格证书注册登记管理与会计职业道德检查相结合、将会计专业技术资格考评、聘用与会计职业道德检查相结合。

三、判断题

1. 会计职能道德对会计人员的行为产生约束作用，主要依靠社会舆论和会计从业人员的自觉性。（　　）

答案：√

【解析】会计职能道德对会计人员自律的要求，主要依靠会计从业人员的自觉性。

2. 会计职业道德是会计法律规范实施的重要社会和思想基础，会计法律制度是促进会计职业道德规范形成和遵守的制度保障。(　　)

答案：√

【解析】会计职业道德是会计法律基础，会计法律是会计职业道德规范遵守的保障。

3. 会计职业道德与会计法律制度有着共同的目标、相同的调整对象、承担着共同的职责，但其地位不能互相转化。(　　)

答案：×

【解析】会计职业道德与会计法律制度其地位上相互转化、相互吸收。

4. 会计职业道德教育中的接受教育是为规范会计人员的职业行为，维护国家和社会公众利益的教育。(　　)

答案：√

【解析】接受教育是通过学校或培训单位对会计人员进行以职业责任、职业义务为核心内容的正面灌输，以规范其职业行为，维护国家和社会公众利益的教育。

5. 在会计工作中一定要提供上乘的服务质量，不管服务主体提出什么样的要求，会计人员都要尽量满足服务主体的需要。(　　)

答案：×

【解析】本题考核强化服务的内容。提供上乘的服务质量，并非是无原则的满足服务主体的需要，而是在坚持原则、坚持准则的基础上尽量满足用户或服务主体的需要。

6. 当单位利益与社会公共利益发生冲突时，会计人员应首先考虑单位利益，然后再考虑社会公众利益。(　　)

答案：×

【解析】当单位利益与社会公共利益发生冲突时，会计人员应把社会公众利益放在第一位。

7. 小黄是单位的会计，她认为只要爱岗敬业，没有娴熟的会计技能也是可以的，只要不出大错就行。小黄的想法是正确的。(　　)

答案：×

【解析】本题考核提高技能的基本要求会计人员的技能水平是会计人员职业道德水平的保证没有娴熟的会计技能再好的个人道德品行也无法干好会计工作。

8. 会计职业道德规范中的坚持准则要求会计人员在处理业务过程中，严格按照会计法律办事，不得为主观或他人意志所左右。(　　)

答案：√

【解析】严格按照会计法律办事是坚持准则的基本要求。

9. 评价功能是指对会计人员的行为，根据一定的道德标准进行评价，包括褒奖功能和谴责功能。(　　)

答案：√

【解析】道德评价根据一定的标准进行，包括褒奖和谴责两个方面。

10. 小王是公司的会计，凭借职位方便，经常临时借用公司现金，但一般都及时归还了，小王认为这种临时借用的行为不会影响公司的日常经营活动，所以不违反会计职业道德。(　　)

答案：×

【解析】本题考查廉洁自律的基本要求。小王的行为属于挪用公款、公私不分，违背了会计职业道德规范中对于廉洁自律的要求。

四、案例分析题

甲公司2014年发生如下业务。

（1）会计人员分析坏账形成的原因，提出了加强授信管理、加快货款回收的建议。

（2）会计人员积极参加财政部门组织的会计法规制度培训，对单位财务工作提出了合理化建议。

（3）出纳员徐某认为做会计工作没出息，工作上应付差事，敷衍了事，也从未参加会计人员继续教育。

（4）会计人员张某将本公司的商业秘密提供给其在乙民营企业任总经理的好朋友，致使乙企业获利，给甲公司造成一定损失，张某获得了好朋友给他的好处。

（5）单位负责人认为，会计职业道德建设只是财政部的事，与单位关系不大。

根据上述材料，回答下列问题。

1. 业务（2）中的行为符合会计职业道德的（　　）的要求。

A. 提高技能　　B. 参与管理　　C. 爱岗敬业　　D. 坚持准则

答案：A、B

【解析】会计人员积极参加财政部门组织的会计法规制度培训，体现了提高技能的要求；对单位财务工作提出了合理化建议，体现了参与管理的要求。

2. 业务（5）中关于会计职业道德建设的组织与实施的说法中正确的有（　　）。

A. 各级财政部门要组织推动本地区会计职业道德建设

B. 会计职业组织要改革和完善自律机制

C. 企事业单位要进行内部监督

D. 社会各界要监督与配合

答案：A、B、C、D

【解析】会计职业道德建设的组织与实施包括：(1) 各级财政部门要组织推动本地区会计职业道德建设；(2) 会计职业组织要改革和完善自律机制；(3) 企事业单位要进行内部监督；(4) 社会各界要监督与配合。

3. 业务（4）中的行为违反了会计职业道德的（　　）的要求。

A. 提高技能　　B. 廉洁自律　　C. 诚实守信　　D. 坚持准则

答案：B、C

【解析】会计人员王某将接触到本公司的商业秘密提供给其在乙民营企业任总经理的好朋友，致使乙企业获利，说明违反了诚实守信的要求；王某获得了好朋友给他的好处，说明违反了廉洁自律的要求。

4. 业务（3）中的行为违反了会计职业道德的（　　）的要求。

A. 提高技能　　B. 廉洁自律　　C. 爱岗敬业　　D. 坚持准则

答案：A、C

【解析】出纳员李某认为干会计工作没出息，工作上应付差事，敷衍了事，说明违反了爱岗敬业的要求；从未参加会计人员继续教育，说明违反了提高技能的要求。

5. 业务（1）中的行为符合的会计职业道德的（　　）的要求。

A. 强化服务　　B. 参与管理　　C. 爱岗敬业　　D. 坚持准则

答案：A

【解析】会计人员提出了加强授信管理、加快货款回收的建议。符合参与管理的含义。

强化练习

一、单项选择题

1. 会计职业道德的功能不包括（　　）。

A. 指导功能　　B. 规范功能　　C. 评价功能　　D. 教化功能

2. 会计工作是一门专业性和技术性很强的工作，从业人员必须具备一定的会计专业知识和技能才能胜任会计工作。由此可以体现，会计人员急需加强的会计职业道德是（　　）。

A. 坚持准则　　B. 廉洁自律　　C. 客观公正　　D. 提高技能

3. 坚持依法办理会计事项，体现了（　　）的会计职业道德。

A. 坚持准则　　B. 提高技能　　C. 参与管理　　D. 廉洁自律

4. 会计职业道德与会计法律制度的保障机制不同，会计法律制度是通过（　　）来推行的会计行为规范。

A. 上层建筑　　B. 权力机关　　C. 财政部门　　D. 国家强制力

5. 勤学苦练、不断进取是会计职业道德（　　）的基本要求。

A. 参与管理　　B. 提高技能　　C. 廉洁自律　　D. 强化服务

6. 南京市某公司财务部门年末时发现，该年度业务招待费超过规定的开支标准，于是会计人员按照领导意图，拿来一些假发票，准备将超支的业务招待费列入管理费用，会计人员的行为违反了会计职业道德中的（　　）。

A. 廉洁自律　　B. 爱岗敬业　　C. 参与管理　　D. 坚持准则

7. 会计职业道德的基本工作准则是（　　）。

A. 客观公正　　B. 诚实守信　　C. 办事公道　　D. 服务群众

8. 应大力提倡会计人员进行（　　），在实践中不断地加强职业道德修养，养成良好的道德行为，从而实现道德境界的升华。

A. 岗前职业道德教育　　B. 学校会计学历教育
C. 自我教育　　D. 会计继续教育

9. 会计职业道德修养的前提和首要环节是（　　）。

A. 会计职业道德认知　　B. 会计职业道德情感
C. 会计职业道德信念　　D. 会计职业道德行为

10. 下列各项中，不属于会计职业道德教育内容的是（　　）。

A. 会计职业道德观念教育　　B. 会计职业道德规范教育
C. 会计人员继续教育　　D. 会计职业道德警示教育

11. 会计人员克服“贪”“占”“欲”，拒绝受贿和监守自盗等贪污行为，是会计职业道德中（　　）原则的具体体现。

A. 廉洁自律　　B. 爱岗敬业　　C. 提高技能　　D. 强化服务

12. 下列各项中，要求“做老实人，说老实话，办老实事”的会计职业道德规范是（　　）。

A. 参与管理　　B. 诚实守信　　C. 爱岗敬业　　D. 提高技能

13. 下列对于会计职业道德与会计法律制度的表述中，不正确的是（　　）。

A. 在一个阶级社会里，会计职业道德不是唯一的
B. 违反会计职业道德的行为，一定也是违法行为

C. 会计法律制度是通过一定的程序由国家立法机关或行政管理机关制定的

D. 会计法律制度需要一套实施保障机制

14. 下列会计职业道德规范中，要求会计人员在工作中应主动就单位经营管理中存在的问题提出合理化建议，协助领导决策体现的是（　　）。

A. 提高技能　　B. 参与管理　　C. 坚持准则　　D. 爱岗敬业

15. “具备锲而不舍的勤学精神”是会计职业道德中（　　）的基本要求。

A. 廉洁自律　　B. 提高技能　　C. 客观公正　　D. 坚持准则

16. 下列各会计法律规范中，规定对忠于职守、坚持原则、做出显著成绩的会计人员给予精神或物质奖励的是（　　）。

A.《会计法》　　B.《注册会计师法》

C.《会计基础工作规范》　　D.《会计从业资格管理办法》

17. 保持应有的独立性，是（　　）会计职业道德的要求。

A. 服务群众　　B. 客观公正　　C. 诚实守信　　D. 提高技能

18. 下列不属于职业道德情感的是（　　）。

A. 职业自豪感　　B. 职业责任感　　C. 职业幸福感　　D. 个人荣誉感

19. 下列各项中，属于提高服务质量的是（　　）。

A. 客观公正　　B. 强化服务　　C. 提高技能　　D. 廉洁自律

20. 下列各项会计职业道德规范中，要求会计人员树立服务意识，提高服务质量，努力维护和提升会计职业的良好社会形象的是（　　）。

A. 爱岗敬业　　B. 客观公正　　C. 提高技能　　D. 强化服务

21. 会计人员热爱会计工作，安心本职岗位，忠于职守，尽职尽责，这是会计职业道德规范中（　　）的具体体现。

A. 爱岗敬业　　B. 诚实守信　　C. 提高技能　　D. 强化服务

22. 会计职业道德建设的组织与实施应依靠（　　）。

A. 会计职业组织的行业自律　　B. 社会各界齐抓共管

C. 财政部门的组织推动　　D. 树立坚定的会计职业道德信念

23. 会计职业道德建设与会计专业技术资格应实行（　　）制度。

A. 考试　　B. 评审

C. 聘用　　D. 考评、聘用相结合

24. 会计职业道德中对会计人员具有教育和感化功能的是（　　）。

A. 评价功能　　B. 指导功能　　C. 教化功能　　D. 规范功能

25.（　　）是会计人员做好本职工作的基础和条件，是其应具备的基本道德素质。

A. 爱岗敬业　　B. 廉洁自律　　C. 坚持准则　　D. 参与管理

26. 客观公正是会计职业道德所追求的（　　）。

A. 基本标准　　B. 理想目标　　C. 最低标准　　D. 最高标准

27. 下列各项关于会计职业道德与会计法律制度关系的论述中，错误的是（　　）。

A. 两者在实施过程中相互作用、相互补充

B. 违反会计法律制度，一定违反会计职业道德

C. 会计法律制度是会计职业道德的最低要求

D. 违反会计职业道德，一定违反会计法律制度

28. 下列各项中，不属于职业道德特征的是（　　）。

A. 职业性　　B. 强制性　　C. 多样性　　D. 实践性

29. 会计职业道德教育的主要内容包括（　　）。

A. 会计职业道德观念教育、会计职业道德警示教育、会计职业道德规范教育

B. 会计职业道德信念教育、会计职业道德权利教育、会计职业道德荣誉教育

C. 会计职业道德警示教育、会计职业道德义务教育、会计职业道德荣誉教育

D. 会计职业道德信念教育、会计职业道德义务教育、会计职业道德法制观念教育

30. 会计法律制度所规定的行为规范是会计职业道德的（　　）要求。

A. 最高　　B. 最低　　C. 一般　　D. 基本

31. 爱岗敬业、诚实守信、廉洁自律、客观公正、坚持准则、提高技能、参与管理和强化服务等，这些均是（　　）的主要内容。

A. 会计职业道德观念教育　　B. 会计职业道德规范教育

C. 会计继续教育　　D. 会计职业道德警示教育

32. 会计人员对于工作中知悉的商业秘密应依法保守，不得泄露，这是会计职业道德中（　　）的具体体现。

A. 诚实守信　　B. 廉洁自律　　C. 客观公正　　D. 坚持准则

33. “做老实人，说老实话，办老实事”，这句话体现的会计职业道德规范内容是（　　）。

A. 参与管理　　B. 诚实守信　　C. 爱岗敬业　　D. 提高技能

34.（　　）是职业道德的出发点和归宿。

A. 坚持准则　　B. 办事公道　　C. 服务群众　　D. 奉献社会

35.（　　）是做人的基本准则，是人们在古往今来的交往中产生出的最根本的道德规范，也是会计职业道德的精髓。

A. 爱岗敬业　　B. 诚实守信　　C. 坚持准则　　D. 奉献社会

二、多项选择题

1. 下列对会计人员形成正确的会计职业道德认知的方法中，说法正确的有（　　）。

A. 学习有关的职业道德知识

B. 正确理解和掌握会计职业道德规范、道德理想和道德品质的基本内容

C. 提高自己判断和识别善恶的能力

D. 增强履行职责和道德义务的自觉性

2. 下列各项中，属于各级财政部门对会计职业道德情况实施必要的行政监管主要措施的有（　　）。

A. 执法检查与会计职业道德检查相结合

B. 注册会计师考评与会计职业道德检查相结合

C. 会计专业技术资格考评、聘用与会计职业道德检查相结合

D. 会计从业资格证书注册登记和年检与会计职业道德检查相结合

3. 会计职业道德警示教育的目的和作用有（　　）。

A. 从典型案例中得到警示和启发　　B. 提高法律道德观念

C. 树立会计职业道德观念　　D. 提高辨别是非的能力

4. 会计职业道德与会计法律制度存在很大区别，下列表述中错误的有（　　）。
   A. 会计职业道德不仅要求调整会计人员的外在行为，还要求调整会计人员内在的精神世界
   B. 会计职业道德主要依靠会计人员的自觉性
   C. 会计法律制度既有成文的规定，也有不成文的规范
   D. 会计职业道德侧重于调整会计人员的外在行为和结果的合法化
5. 会计职业道德的功能包括（　　）。
   A. 指导功能　B. 评价功能　C. 规范功能　D. 教化功能
6. 廉洁自律要求会计人员（　　）。
   A. 公私分明　B. 不贪不占
   C. 遵纪守法　D. 树立正确的人生观
7. 全面系统地加强会计人员职业道德教育，主要包括（　　）。
   A. 职业道德观念教育　B. 职业道德修养教育
   C. 职业道德规范教育　D. 职业道德警示教育
8. 下列符合会计职业道德“提高技能”要求的有（　　）。
   A. 出纳人员向银行工作人员请教辨别假钞的技术
   B. 会计主管与单位其他会计人员交流隐瞒业务收入的做法
   C. 会计人员积极参加会计职称培训
   D. 总会计师通过自学提高会计职业判断能力、精通经济政策
9. 会计法律制度与会计职业道德之间的联系包括（　　）。
   A. 实施过程中相互作用　B. 作用上相互转化
   C. 内容上相互借鉴　D. 两者的评价标准不同
10. 会计职业道德教育的途径包括（　　）。
   A. 自警自励　B. 会计专业学历教育
   C. 慎省慎微　D. 岗位职业道德继续教育
11. 下列各项中，属于职业道德特征的有（　　）。
   A. 职业性　B. 实践性　C. 继承性　D. 多样性
12. 下列各项中，符合会计职业道德规范中强化服务要求的有（　　）。
   A. 出纳人员对前来报销差旅费的人员耐心解释凭证粘贴的要求
   B. 会计人员耐心地向生产车间工人宣讲会计基础知识，推动了班组核算制度的顺利开展
   C. 稽核人员认真检查凭证内容与格式，并就规范领导审批程序提出建议
   D. 会计师和会计机构负责人认真组织财务分析和财务控制，提出推行全面预算管理、促进增收节支、提高经济效益的建议
13. 下列关于会计职业道德和会计法律制度性质不同的表述中，正确的有（　　）。
   A. 会计法律制度具有很强的他律性　B. 会计职业道德具有很强的他律性
   C. 会计法律制度具有很强的自律性　D. 会计职业道德具有很强的自律性
14. 下列各项中，属于会计职业道德规范主要内容的有（　　）。
   A. 自尊自爱　B. 爱岗敬业　C. 诚实守信　D. 强化服务

15. 下列各项中，符合会计职业道德参与管理要求的有（　　）。
A. 全面熟悉本单位的经营活动和业务流程
B. 主动提出合理化建议
C. 熟悉财经法规和相关制度，提高业务技能
D. 定期对本单位的会计资料进行内部审计
16. 下列各项中，属于强化服务基本要求的有（　　）。
A. 具有文明的服务态度　　B. 强烈的服务意识
C. 优良的服务质量　　D. 锲而不舍的学习精神
17. 下列各项会计职业道德与会计法律制度区别的论述中，不正确的是（　　）。
A. 会计法律制度具有很强的他律性，而会计职业道德具有很强的自律性
B. 会计法律制度调整会计人员的外在行为，具有很强的客观性，而会计职业道德调整会计人员的内在精神世界，具有很强的主观性
C. 会计法律制度有成文规定，而会计职业道德无具体的表现形式
D. 违反会计法律制度可能会受到法律制裁，而违反会计职业道德只会受到道德谴责
18. 下列各项中，属于会计职业道德教育内容的有（　　）。
A. 会计职业道德观念教育　　B. 会计职业道德规范教育
C. 会计职业道德警示教育　　D. 其他与会计职业道德相关的教育
19. 下列关于廉洁与自律关系的表述不正确的有（　　）。
A. 廉洁是自律的基础　　B. 自律是廉洁的基础
C. 自律是廉洁的保证　　D. 廉洁是自律的保证
20. 下列各项中，体现会计职业道德爱岗敬业基本要求的有（　　）。
A. 工作一丝不苟　　B. 热爱会计工作
C. 工作忠于职守　　D. 工作精益求精
21. 下列各项中，属于目前我国会计职业道德教育主要途径的有（　　）。
A. 岗位职业道德继续教育　　B. 岗前职业道德教育
C. 慎独慎欲　　D. 自警自励
22. 会计职业道德中会计人员的参与管理主要体现在（　　）。
A. 熟悉财经法规，为单位管理者提供专业支持
B. 树立服务意识
C. 努力钻研业务，为参与管理打下基础
D. 全面熟悉服务对象的经营活动和业务流程
23. 下列各项中，属于会计职业道德规范的主要内容的是（　　）。
A. 服务群众　　B. 爱岗敬业　　C. 提高技能　　D. 参与管理
24. 会计职业道德教育的内容包括（　　）。
A. 会计职业道德观念教育　　B. 会计职业道德警示教育
C. 会计职业道德规范教育　　D. 会计职业道德形势教育
25. 下列各项中，属于进行会计职业道德建设的主要措施的有（　　）。
A. 会计行业的自律　　B. 财政部门的组织推动
C. 企事业单位的内部监督　　D. 社会各界的监督与配合

26. 廉洁自律的基本要求包括（　　）。

A. 做老实人，说老实话，办老实事，不弄虚作假

B. 树立正确的人生观和价值观

C. 公私分明，不贪不占

D. 保守秘密，不为利益所诱惑

27. 一般来说，职业道德具有的特点有（　　）。

A. 行业性　　B. 实践性　　C. 继承性　　D. 多样性

28. 会计职业道德规范中的强化服务对会计人员的要求有（　　）。

A. 强化服务意识　　B. 提高服务质量

C. 保持应有的谨慎性　　D. 具有勤学苦练的精神

29. 下列各项中，属于会计职业道德检查与奖惩的主要意义的有（　　）。

A. 具有裁决与教育作用

B. 具有保护会计人员的作用

C. 有利于形成抑恶扬善的社会环境

D. 具有促使会计人员遵守职业道德规范的作用

30. 会计专业技术资格分为（　　）。

A. 初级资格　　B. 中级资格　　C. 高级资格　　D. 中高级资格

31. 下列关于会计职业道德和会计法律制度二者关系的观点中，正确的有（　　）。

A. 两者在实施过程中相互作用、相互补充

B. 会计法律制度是会计职业道德的最低要求

C. 违反会计法律制度一定违反会计职业道德

D. 违反会计职业道德也一定违反会计法律制度

32. 诚实守信的基本要求有（　　）。

A. 不弄虚作假　　B. 保守秘密　　C. 执业谨慎　　D. 信誉至上

33. 下列各项中，体现会计职业道德中爱岗敬业要求的有（　　）。

A. 忠于职守　　B. 尽职尽责　　C. 一丝不苟　　D. 保守秘密

34. 下列各项中，能体现提高技能这一会计职业道德规范要求的有（　　）。

A. 安心工作，任劳任怨　　B. 勤学苦练，刻苦钻研

C. 不断进取，精益求精　　D. 忠于职守，尽职尽责

35. 下列各项中，属于会计职业技能的有（　　）。

A. 提供会计信息的能力　　B. 会计实务操作能力

C. 职业判断能力　　D. 沟通交流能力

三、判断题

1. 会计职业道德是会计人员在会计职业活动中应当遵循的、体现会计职业特征的、调整会计职业关系的职业行为准则和规范。（　　）

2. 会计法律制度是会计职业道德的最低要求。（　　）

3. 会计人员不钻研业务，不加强新知识的学习，造成工作上的差错，缺乏胜任工作的能力。这是一种既违反会计职业道德，又违反会计法律制度的行为。（　　）

4. 会计人员在工作中“懒”“惰”“拖”的不良习惯和作风，是会计人员违背会计职业道德

规范中诚实守信的具体体现。(　　)

5. 会计人员克服“贪”“占”“欲”，拒绝受贿和监守自盗等贪污行为，体现了会计职业道德中廉洁自律原则的基本要求。(　　)

6. 会计职业道德中保守秘密指的就是会计人员要保守企业自身秘密。(　　)

7. 聘任会计人员专业职务时，除必须具备同级专业技术资格外，也应考查其遵守职业道德的情况。(　　)

8. 培养高尚的会计职业道德情感是会计职业道德修养的环节之一。(　　)

9. 会计人员违反职业道德规范，情节严重的，可以追究刑事责任。(　　)

10. 较高层次的会计职业道德存在于人们的意识和信念之中，依靠社会舆论、道德教育、传统习俗和道德评价来实现。(　　)

四、案例分析题

1. 某公司 2016 年发生以下情况。

（1）财务部经理张某努力学习理论知识，抓住公司经营管理中的薄弱环节，以强化成本核算和管理为突破口，将成本逐层分解至各部门并实行过程控制，大大降低了成本，提高了经济效益。

（2）为帮助各部门及时反映成本费用、落实成本控制指标，会计人员徐某精心设计核算表格，并对相关人员进行核算业务指导，提高了该项工作的质量。

（3）公司处理一批报废汽车收入 15 000 元，公司领导要求不在公司收入账上反映，指定会计人员李某另行保管，以便经理室应酬所用，会计人员李某遵照办理。

（4）新兴公司财务经理找到丁公司王某，以给 5 000 元好处费为诱饵，希望王某促成丁公司为新兴公司银行贷款做担保，遭到王某拒绝。

根据上述情况，回答下列问题。

（1）张某的行为体现的会计职业道德要求有（　　）。

A. 廉洁自律　　B. 坚持准则　　C. 参与管理　　D. 提高技能

（2）徐某的行为体现的会计职业道德要求有（　　）。

A. 客观公正　　B. 坚持准则　　C. 参与管理　　D. 强化服务

（3）李某的行为违反的会计职业道德要求有（　　）。

A. 客观公正　　B. 坚持准则　　C. 诚实守信　　D. 提高技能

（4）王某的行为体现的会计职业道德要求有（　　）。

A. 客观公正　　B. 坚持准则　　C. 廉洁自律　　D. 提高技能

（5）会计职业道德建设的力量有（　　）。

A. 财政部门的组织推动　　B. 会计职业组织的行业自律

C. 社会各界齐抓共管　　D. 单位负责人的切实落实

2. 某集团公司 2016 年存在以下问题。

会计人员甲认为会计不过是打打算盘数数钞、写写数字填填表的琐碎工作，因此，在工作中消极懈怠，不主动学习，也从不对单位的管理提供任何合理化建议。而会计人员乙则认为会计是为单位服务的，对前来办理会计业务的人员“官大办得快，官小办得慢，无官拖着办”。通过公司组织的会计法和职业道德培训，甲和乙均认识到了自己的错误。

公司因技术改造，需要向银行贷款 1 000 万元。公司董事长指令会计人员丙和丁将提供给银行的报表进行技术处理，丙坚决反对编制虚假的财务报表，董事长命令人事部将丙调离会计岗位。丁虽然不愿意，但担心自己被炒鱿鱼，因此，编制了一份虚假的会计报告，使公司获得了银行贷款。

根据上述情况，回答下列问题。

（6）甲会计人员违反的会计职业道德要求有（　　）。

A. 坚持准则　　B. 爱岗敬业　　C. 参与管理　　D. 提高技能

（7）乙会计人员“官大办得快，官小办得慢，无官拖着办”的行为违反的会计职业道德要求有（　　）。

A. 强化服务　　B. 诚实守信　　C. 参与管理　　D. 提高技能

（8）丙会计人员坚持的会计职业道德要求有（　　）。

A. 廉洁自律　　B. 诚实守信　　C. 坚持准则　　D. 客观公正

（9）对于董事长命令人事部将丙调离会计工作的行为，下列说法中正确的有（　　）。

A. 董事长有人事权，可以自由决定丙的工作岗位

B. 董事长的行为构成了对丙的打击报复

C. 对丙应当进行经济赔偿

D. 对丙应当恢复其名誉和原有职务、级别

（10）丁会计人员编制虚假财务会计报告的行为，违反的会计职业道德要求有（　　）。

A. 廉洁自律　　B. 诚实守信　　C. 坚持准则　　D. 客观公正

3. 某集团公司 2016 年发生如下业务。

（1）公司为获得一项工程合同，拟向工程发包方有关人员支付好处费 10 万元。财会部经理卞某认为，该项支出不符合有关规定，但考虑到公司主要领导已做了批示，即同意拨付该笔款项。

（2）出纳人员顾某热爱自己的工作岗位，对前来报销差旅费的人员笑脸相迎，并耐心解释凭证粘贴要求。

（3）会计机构负责人认真组织财务分析和财务控制，提出推行全面预算管理、促进增收节约、提高经济效益的建议。

根据上述情况，回答下列问题。

（11）关于参与管理与强化服务的关系，正确的有（　　）。

A. 不强化服务，难以保持参与管理的热情

B. 参与管理是强化服务的一种表现形式

C. 强化服务有利于参与管理

D. 不参与管理，也完全可以提高服务水平和质量

（12）业务（1）中，违反的会计职业道德有（　　）。

A. 卞某的行为违反了坚持准则的会计职业道德要求

B. 卞某的行为违反了客观公正的会计职业道德要求

C. 卞某的行为符合参与管理的会计职业道德要求

D. 卞某的行为违反了诚实守信的会计职业道德要求

（13）业务（2）中，符合的会计职业道德有（　　）。

A. 顾某的行为符合会计职业道德中强化服务的要求

B. 顾某的行为符合会计职业道德中参与管理的要求

C. 顾某的行为符合会计职业道德中爱岗敬业的要求

D. 顾某的行为符合会计职业道德中坚持准则的要求

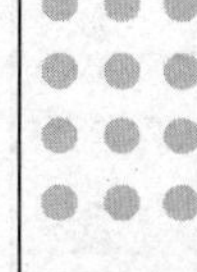

（14）下列各项中，属于会计职业道德规范的主要内容的有（　　）。

A. 诚信为本、依法治国、民主理财、科学决策、奉献社会

B. 爱岗敬业、诚实守信、办事公道、服务群众、奉献社会

C. 文明礼貌、助人为乐、爱护公物、保护环境、遵纪守法

D. 爱岗敬业、诚实守信、廉洁自律、客观公正、坚持准则、提高技能、参与管理、强化服务

（15）业务（3）中，符合的会计职业道德有（　　）。

A. 符合会计职业道德中强化服务的要求　　B. 符合会计职业道德中参与管理的要求

C. 符合会计职业道德中爱岗敬业的要求　　D. 符合会计职业道德中坚持准则的要求

4. 郭某毕业于某大学，自从参加工作以来一直从事办公室文秘工作，恪守职责，兢兢业业，深受公司领导和同事们的好评。由于单位会计部门人手奇缺，公司领导要求郭某担任财务部门的出纳工作。领导认为，虽然郭某没有取得会计从业资格证书，但出纳并不是会计岗位，郭某工作能力强，很快就能适应。

郭某从事出纳工作半年后，参加了当年全省会计从业资格的统一考试，并取得了会计从业资格证书。后郭某因工作努力，钻研业务，积极提出合理化建议，多次被公司评为“先进会计工作者”。郭某的丈夫在一家私有电子企业任总经理，在其丈夫的多次请求下，郭某将在工作中接触到的公司新产品研发计划及相关会计资料复印件提供给其丈夫，给公司造成了一定的损失，但尚未构成犯罪。公司认为她不宜继续担任会计工作。

根据上述情况，回答下列问题。

（16）根据《会计工作基础规范》的规定，下列属于会计工作岗位的是（　　）。

A. 稽核岗位　　B. 总会计师岗位

C. 工资核算岗位　　D. 单位内部审计岗位

（17）下列关于领导任用郭某担任出纳的行为，观点正确的是（　　）。

A. 领导的决定符合会计法律的规定

B、出纳确实不属于会计岗位，但郭某应该实习 1 个月，不能立刻上岗

C、郭某应当取得会计从业资格证书后才能从事出纳工作

D、出纳属于会计岗位的范围

（18）郭某工作努力，钻研业务，积极提供合理化建议，体现了她具有（　　）的职业道德。

A. 爱岗敬业　　B. 客观公正　　C. 提高技能　　D. 参与管理

（19）郭某将公司新产品的研发资料复印件给其丈夫，给公司造成损失，违背了的会计职业道德中（　　）的要求。

A. 客观公正　　B. 诚实守信　　C. 廉洁自律　　D. 强化服务

（20）对郭某违反会计职业道德的行为可由（　　）给予处罚。

A. 财政部门　　B. 人民法院　　C. 本公司　　D. 会计职业团体

强化练习参考答案及解析

一、单项选择题

1. 答案：B

【解析】本题考核会计职业道德的功能。会计职业道德的功能主要有指导功能、评价功能

和教化功能。

2. 答案：D

【解析】本题考核提高技能的内容。

3. 答案：A

【解析】本题考核坚持准则的内容。

4. 答案：D

【解析】本题考核会计职业道德与会计法律制度。两者的实施保障机制不同，会计法律制度是靠国家强制力保障实施的，会计职业道德上则更需要会计人员的自觉遵守。

5. 答案：B

【解析】本题考核提高技能的基本要求。提高技能要具有勤学苦练的精神和科学的学习方法。

6. 答案：D

【解析】本题考核坚持准则的内容。坚持准则是指会计人员在处理业务的过程中，要严格按照会计法律制度办理，不为主观或他人意志所左右。

7. 答案：B

【解析】朱镕基同志为国家会计学院题词："诚信为本，操守为重，坚持准则，不做假账"。这就是会计职业道德的基本工作准则。

8. 答案：C

【解析】本题考核会计职业道德教育的形式。应大力提倡会计人员进行自我教育，在实践中不断地加强职业道德修养，养成良好的道德行为，从而实现道德境界的升华。

9. 答案：A

【解析】本题考核会计职业道德修养的环节。形成正确的会计职业道德认知，是指对会计职业道德的行为、准则及其意义的理解和掌握，这是会计职业道德修养的前提和首要环节。

10. 答案：C

【解析】本题考核会计职业道德教育的内容。会计职业道德教育的内容包括会计职业道德观念教育、会计职业道德规范教育、会计职业道德警示教育和其他教育。

11. 答案：A

【解析】本题考核廉洁自律的内容。廉洁自律要求会计从业人员在日常工作中做到公私分明、不贪不占。

12. 答案：B

【解析】诚实守信的基本要求有做老实人，说老实话，办老实事，不弄虚作假；保密守信，不为利益所诱惑；执业谨慎，信誉至上。

13. 答案：B

【解析】本题考核会计职业道德与会计法律制度的相关知识。违反会计职业道德的行为不一定违反会计法律制度，所以不一定就是违法行为。

14. 答案：B

【解析】本题考核参与管理的内容。会计人员在工作中应主动就单位经营管理中存在的问题提出合理化建议，协助领导决策体现的是参与管理。

15. 答案：B

【解析】本题考核提高技能的基本要求。

16. 答案：A

【解析】本题考核《会计法》的相关内容。我国《会计法》规定，对认真执行《会计法》，忠于职守，坚持原则，做出显著成绩的会计人员，给予精神或物质奖励。

17. 答案：B

【解析】本题考核客观公正的知识。依法办事是会计工作保持客观公正的前提，它要求依据法律、法规和制度的规定进行会计业务处理，并对复杂疑难的经济业务，做出客观的会计职业判断。

18. 答案：D

【解析】本题考核会计职业道德修养的环节。职业自豪感、职业荣誉感、职业幸福感、职业责任感等都是职业道德情感。

19. 答案：B

【解析】强化服务的基本要求有强化服务意识和提高服务质量。

20. 答案：D

【解析】本题考核强化服务的内容。强化服务就是要求会计人员具有文明的服务态度、强烈的服务意识和优良的服务质量。强化服务的基本要求有强化服务意识和提高服务质量。

21. 答案：A

【解析】本题考核爱岗敬业的内容。爱岗敬业的基本要求有正确认识会计职业，树立职业荣誉感；热爱会计工作，敬重会计职业；安心工作，任劳任怨；严肃认真，一丝不苟；忠于职守，尽职尽责。

22. 答案：C

【解析】各级财政部门应当负起组织和推动本地区会计职业道德建设的责任，把会计职业道德建设与会计法制建设紧密结合起来。

23. 答案：D

【解析】本题考核会计职业道德建设。会计职业道德建设与会计专业技术资格考评、聘用相结合。

24. 答案：C

【解析】本题考核会计职业道德的功能。会计职业道德的教化功能是指会计职业道德对会计人员具有教育和感化功能。

25. 答案：A

【解析】本题考核爱岗敬业的内容。爱岗敬业是指忠于职守的精神，这是会计职业道德的基础。

26. 答案：B

【解析】客观公正是会计职业道德所追求的理想目标。

27. 答案：D

【解析】本题考核会计职业道德与会计法律制度的联系。会计法律制度是会计职业道德的最低要求，所以违反会计职业道德不一定违反会计法律制度。

28. 答案：B

【解析】职业道德具有职业性（行业性）、实践性、继承性和多样性等特征。会计作为社会经济活动中的一种特殊职业，除具有职业道德的一般特征外，还具有一定的强制性和较多关注公众利益的特征。

29. 答案：A

【解析】本题考核会计职业道德教育的主要内容。会计职业道德教育的内容包括会计职业道德观念教育、会计职业道德规范教育、会计职业道德警示教育和其他教育。

30. 答案：B

【解析】会计法律制度所规定的行为规范是会计职业道德的最低要求。

31. 答案：B

【解析】本题考核会计职业道德教育的内容。会计职业道德规范的主要内容是爱岗敬业、诚实守信、廉洁自律、客观公正、坚持准则、提高技能、参与管理和强化服务等。

32. 答案：A

【解析】本题考核诚实守信的基本要求。会计人员对于工作中知悉的商业秘密应依法保守，不得泄露，体现的是诚实守信会计职业道德的要求。

33. 答案：B

【解析】本题考核诚实守信的基本要求。诚实守信的基本要求有做老实人，说老实话，办老实事，不弄虚作假；保密守信，不为利益所诱惑；执业谨慎，信誉至上。

34. 答案：D

【解析】奉献社会是职业道德的出发点和归宿。

35. 答案：B

【解析】本题考核诚实守信的内容。诚实守信是做人的基本准则，是人们在古往今来的交往中产生出的最根本的道德规范，也是会计职业道德的精髓。

二、多项选择题

1. 答案：A、B、C、D

【解析】本题考核会计职业道德修养的环节。

2. 答案：A、C、D

【解析】本题考核财政部门的监督检查。

3. 答案：A、B、D

【解析】本题考核会计职业道德警示教育。通过对违反会计职业道德行为和违反会计行为的典型案例进行讨论和剖析，使会计从业人员从中得到警示，以提高其法律意识和辨别是非的能力。

4. 答案：C、D

【解析】本题考核会计职业道德与会计法律制度的关系。选项C，会计法律制度的实现形式是具体的、明确的、正式形成文字的成文规定；选项D，会计法律制度侧重于调整会计人员的外在行为和结果的合法化。

5. 答案：A、B、D

【解析】本题考核会计职业道德的功能。会计职业道德的功能包括指导功能、评价功能和教化功能。

6. 答案：A、B、C、D

【解析】廉洁自律的基本要求有树立正确的人生观和价值观；公私分明，不贪不占；遵纪守法，一身正气。

7. 答案：A、C、D

【解析】本题考核会计职业道德教育的内容。会计职业道德教育的内容包括会计职业道德观念教育、会计职业道德规范教育、会计职业道德警示教育和其他教育。

8. 答案：A、C、D

【解析】本题考核提高技能的基本要求。提高技能的基本要求有具有不断提高会计专业技能的意识和愿望；具有勤学苦练的精神和科学的学习方法。

9. 答案：A、B、C

【解析】本题考核会计职业道德与会计法律制度的联系。会计职业道德与会计法律制度的联系主要有在作用上相互补充、相互协调；在内容上相互借鉴、相互吸收。

10. 答案：A、B、C、D

【解析】本题考核会计职业道德教育的途径。会计职业道德教育的途径包括：①接受教育的途径——岗前职业道德教育、岗位职业道德继续教育；②自我修养的途径——慎独慎欲、慎省慎微、自警自励。

11. 答案：A、B、C、D

【解析】职业道德具有职业性（行业性）、实践性、继承性和多样性等特征。

12. 答案：A、B、C、D

【解析】本题考核强化服务。强化服务就是要求会计人员具有文明的服务态度、强烈的服务意识和优良的服务质量。本题的各项表述均符合强化服务会计职业道德的要求。

13. 答案：A、D

【解析】本题考核会计职业道德和会计法律制度的区别。

14. 答案：B、C、D

【解析】会计职业道德规范的主要内容包括爱岗敬业、诚实守信、廉洁自律、客观公正、坚持准则、提高技能、参与管理、强化服务。

15. 答案：A、B、C

【解析】本题考核参与管理的内容。

16. 答案：A、B、C

【解析】本题考核强化服务的要求。强化服务就是要求会计人员具有文明的服务态度、强烈的服务意识和优良的服务质量。强化服务的基本要求有强化服务意识、提高服务质量。

17. 答案：B、C、D

【解析】本题考核会计职业道德与会计法律制度的关系。会计法律制度侧重于调整会计人员的外在行为和结果，具有较强的客观性；会计职业道德不仅要调整会计人员的外在行为，还要调整会计人员的内在动机和内在精神世界；会计职业道德的表现形式既有明确、成文的规定，也有不成文的约定；违反会计职业道德不仅可能受到道德谴责，还可能受到法律的制裁。

18. 答案：A、B、C、D

【解析】会计职业道德教育的内容包括会计职业道德观念教育、会计职业道德规范教育、会计职业道德警示教育和其他教育。

19. 答案：B、D

【解析】本题考核廉洁自律的基本要求。会计职业组织和会计人员的廉洁是会计职业道德自律的基础，而自律是廉洁的保证。

20. 答案：A、B、C

【解析】本题考核爱岗敬业的基本要求。爱岗敬业的基本要求有正确认识会计职业，树立职业荣誉感；热爱会计工作，敬重会计职业；安心工作，任劳任怨；严肃认真，一丝不苟；忠于职守，尽职尽责。

21. 答案：A、B、C、D

【解析】会计职业道德教育的途径：①接受教育的途径主要有岗前职业道德教育、岗位职业道德继续教育；②自我修养的途径主要有慎独慎欲、慎省慎微、自警自励。

22. 答案：A、C、D

【解析】本题考核参与管理的基本要求。参与管理是指间接参加管理活动，为管理者当参谋，为管理活动服务。参与管理的基本要求有努力钻研业务，熟悉财经法规和相关制度，提高业务技能，为参与管理打下坚实的基础；熟悉服务对象的经营活动和业务流程，使管理活动更具针对性和有效性。

23. 答案：B、C、D

【解析】本题考核会计职业道德规范的主要内容。我国会计职业道德规范的主要内容有爱岗敬业、诚实守信、廉洁自律、客观公正、坚持准则、提高技能、参与管理、强化服务。

24. 答案：A、B、C

【解析】本题考核会计职业道德教育的内容。会计职业道德教育的内容包括会计职业道德观念教育、会计职业道德规范教育、会计职业道德警示教育和其他教育。

25. 答案：A、B、C、D

【解析】本题考核会计职业道德建设的主要措施。

26. 答案：B、C

【解析】本题考核廉洁自律的基本要求。廉洁自律的基本要求有树立正确的人生观和价值观；公私分明，不贪不占；遵纪守法，一身正气。

27. 答案：A、B、C、D

【解析】本题所有选项都属于职业道德具有的特点。职业道德具有职业性（行业性）、实践性、继承性和多样性等特征。

28. 答案：A、B

【解析】本题考核强化服务的要求。强化服务就是要求会计人员具有文明的服务态度、强烈的服务意识和优良的服务质量。强化服务的基本要求有强化服务意识、提高服务质量。

29. 答案：A、C、D

【解析】会计职业道德检查与奖惩的意义主要有具有促使会计人员遵守职业道德规范的作用；具有裁决与教育作用；有利于形成抑恶扬善的社会环境。

30. 答案：A、B、C

【解析】本题考核会计专业技术资格。会计专业技术资格分为初级资格、中级资格和高级资格。

31. 答案：A、B、C

【解析】本题考核会计职业道德与会计法律制度的关系。

32. 答案：A、B、C、D

【解析】本题考核诚实守信的基本要求。诚实守信的基本要求有做老实人，说老实话，办老实事，不弄虚作假；保密守信，不为利益所诱惑；执业谨慎，信誉至上。

33. 答案：A、B、C

【解析】本题考核爱岗敬业的要求。爱岗敬业的基本要求有正确认识会计职业，树立职业

荣誉感；热爱会计工作，敬重会计职业；安心工作，任劳任怨；严肃认真，一丝不苟；忠于职守，尽职尽责。

34. 答案：B、C

【解析】本题考核提高技能的基本要求。提高技能的基本要求有具有不断提高会计专业技能的意识和愿望；具有勤学苦练的精神和科学的学习方法。

35. 答案：A、B、C、D

【解析】本题考核会计职业技能的内容。

三、判断题

1. 答案：√

【解析】本题考核会计职业道德的概念。

2. 答案：√

【解析】本题考核会计职业道德和会计法律制度的关系。

3. 答案：×

【解析】本题考核违反会计职业道德和会计法律制度行为的判定。会计人员不钻研业务，不加强新知识的学习，造成工作上的差错，缺乏胜任工作的能力，这是违反会计职业道德的行为。

4. 答案：×

【解析】本题考核会计职业道德规范的内容。会计人员在工作中“懒”“惰”“拖”的不良习惯和作风，是会计人员违背会计职业道德规范中爱岗敬业的具体体现。

5. 答案：√

【解析】本题考核会计职业道德规范的内容。

6. 答案：×

【解析】本题考核会计职业道德的内容。根据规定，保守秘密一方面是指会计人员应保守企业自身秘密；另一方面也包括会计人员不得以不道德的手段去获取他人的秘密。

7. 答案：√

【解析】本题考核会计职业道德检查。各单位在聘任会计人员专业职务时，除必须具备同级专业技术资格外，也应考查其遵守会计职业道德的情况，将遵守会计职业道德的情况作为一项主要的考核内容。

8. 答案：√

【解析】本题考核会计职业道德修养的环节。题干的表述是正确的。

9. 答案：×

【解析】本题考核会计人员违反会计职业道德规范的处罚。会计人员违反会计职业道德规范情节严重的，由县级以上人民政府财政部门给予行政处罚。

10. 答案：√

【解析】本题考核会计职业道德的表现形式。

四、案例分析题

（1）答案：C、D

【解析】本题考核会计职业道德规范的主要内容的参与管理、提高技能的基本要求。

（2）答案：C、D

【解析】本题考核会计职业道德规范的主要内容的参与管理、强化服务的基本内容。

（3）答案：B、C

【解析】本题考核会计职业道德规范的主要内容的坚持准则、诚实守信的基本要求。

（4）答案：B、C

【解析】本题考核会计职业道德规范的主要内容的坚持准则、廉洁自律的基本内容。

（5）答案：A、B、C、D

【解析】本题考核会计职业道德建设主体的表现形式，包括财政部门、会计组织、社会、单位负责人。

（6）答案：B、C、D

【解析】本题考核会计职业道德规范的内容的运用和理解。

（7）答案：A

【解析】本题考核会计职业道德规范强化服务的具体要求。

（8）答案：B、C、D

【解析】本题考核会计职业道德规范的内容的运用和理解。

（9）答案：B、D

【解析】本题考核违反会计法律制度的法律责任。单位负责人对依法履行职责的会计人员实行打击报复，构成犯罪的，依法追究刑事责任；尚不构成犯罪的，由其所在单位或者有关单位依法给予行政处分。对受打击报复的会计人员，应当恢复其名誉和原有职务、级别。

（10）答案：B、C、D

【解析】本题考核会计职业道德规范的内容的运用和理解。

（11）答案 A、B、C

【解析】本题考核参与管理与强化服务的关系。

（12）答案：A、B、D

【解析】明知不符合法律规定拨付该笔款项，不严格按照会计制度办事：违反坚持准则、客观公正、诚实守信。

（13）答案：A、C

【解析】笑脸相迎、耐心解释——符合强化服务。热爱自己的工作岗位——爱岗敬业。

（14）答案：D

【解析】选项 D 是会计职业道德规范的主要内容选项 C 是社会公德。

（15）答案：A、B、C

【解析】认真工作——爱岗敬业，提供建议——强化服务、参与管理。

（16）答案：A、B、C

【解析】本题考核会计从业资格证书的相关规定。根据规定，在中国大陆从事会计工作的人员，必须取得会计从业资格证书。单位内部审计不属于会计岗位。

（17）答案：C、D

【解析】根据《会计工作基础规范》的规定，出纳属于会计岗位。

（18）答案：A、C、D

【解析】工作努力、钻研业务、积极提供合理化建议体现了爱岗敬业、提高技能和参与管理的职业道德要求。

（19）答案：B、C

【解析】诚实守信要求会计人员保密守信，即在履行自己的职责时，应树立保密观念，做到保守商业秘密。郭某泄露企业的秘密违反了诚实守信、廉洁自律的会计职业道德要求。

（20）答案：A、C、D

【解析】《会计法》规定，会计人员应当遵守会计职业道德。违反会计职业道德的行为不由人民法院给予处罚；违反会计法律制度可由人民法院给予处罚。

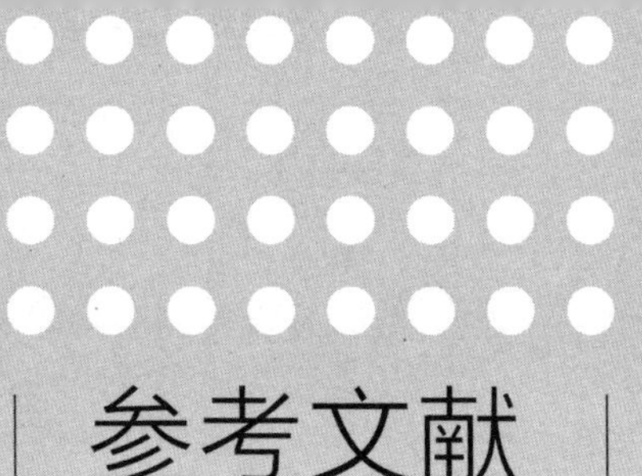

参考文献

[1] 财政部会计资格评价中心. 初级会计资格 初级会计实务[M]. 北京：中国财政经济出版社，2016.

[2] 财政部会计资格评价中心. 中级会计资格 中级会计实务[M]. 北京：中国财政经济出版社，2016.

[3] 财政部会计资格评价中心. 中级会计资格 财务管理[M]. 北京：中国财政经济出版社，2016.

[4] 湖南省会计从业资格证考试学习丛书编委会. 财经法规与会计职业道德[M]. 北京：中国人民大学出版社，2016.

[5] 中华会计网校. 财经法规与会计职业道德应试指南[M]. 北京：人民出版社，2016.